华南师范大学哲学社会科学优秀学术著作出版基金资助出版

泛在学习环境下微课的学习模式与策略

林秀瑜 著

Fan Zai Xuexi Huanjingxia Weike De
Xuexi Moshi Yu Celve

中山大学出版社
·广州·

版权所有　翻印必究

图书在版编目（CIP）数据

泛在学习环境下微课的学习模式与策略/林秀瑜著. —广州：中山大学出版社，2019.7

ISBN 978-7-306-06633-6

Ⅰ.①泛…　Ⅱ.①林…　Ⅲ.①课堂教学—网络教学—研究　Ⅳ.①G434

中国版本图书馆 CIP 数据核字（2019）第 104844 号

出 版 人：王天琪
策划编辑：金继伟
责任编辑：王　璞
封面设计：曾　斌
责任校对：袁双艳
责任技编：何雅涛
出版发行：中山大学出版社
电　　话：编辑部 020-84110771，84113349，84111997，84110779
　　　　　发行部 020-84111998，84111981，84111160
地　　址：广州市新港西路 135 号
邮　　编：510275　传　真：020-84036565
网　　址：http://www.zsup.com.cn　E-mail：zdcbs@mail.sysu.edu.cn
印　刷　者：虎彩印艺股份有限公司
规　　格：787mm×1092mm　1/16　18.25 印张　320 千字
版次印次：2019 年 7 月第 1 版　2019 年 7 月第 1 次印刷
定　　价：48.00 元

如发现本书因印装质量影响阅读，请与出版社发行部联系调换

序

习近平总书记提出因应信息技术的发展，推动教育变革和创新，构建网络化、数字化、智能化、个性化、终身化的教育体系，建设人人皆学、处处能学、时时可学的学习型社会。同时，泛在通信技术也促使教育传播出现了多中心化和分散互动的特性，由被动接受信息的单向传播向主动的双向和多向传播转变。因此，泛在学习模式更强调受众的个性化、泛在化、多元化、互动性和参与性等。由此可见，研究泛在学习环境下的人才培养新模式、教育服务新模式和教育治理新模式是目前教育技术学研究的前沿问题。

林秀瑜的专著《泛在学习环境下微课的学习模式与策略》对泛在学习的支撑环境、微课学习资源、学习模式和学习策略进行了系统性的研究。应用泛在学习具有的信息空间与物理空间相融性、学习资源的泛在性、可以随时随地获得学习支持的特性，以教学系统设计理论、建构主义学习理论、混合学习理论、泛在学习理论和全球学习联盟的学习设计规范为指导，运用文献研究、内容分析和实验研究等方法，展开以下几个方面的研究：①国内外泛在学习环境下微课的学习模式与策略现状研究；②泛在学习环境下微课的评价指标体系设计；③泛在学习环境下微课学习平台设计与开发研究；④泛在学习环境下微课的学习模式研究；⑤泛在学习环境下微课的学习策略研究；⑥泛在学习环境下微课的学习模式与策略应用效果研究。

该专著提出了泛在学习环境下微课学习平台的设计策略和微课设计策略，从学习环境和学习资源的层面为教学研究和实践提供指导。该专著建构了泛在学习环境下微课的学习模式与策略，对促进泛在通信技术深度融入教育教学全过程，提高学习效果与培养高素质的人才，具有重要的理论意义与应用参考价值。

徐福荫
2018 年 11 月
于华南师范大学

徐福荫，教授，博士研究生导师，博士后科研流动站合作导师，第五届、第六届国务院学位委员会教育学科评议组成员、2006—2010 年教育部高等学校教育技术学专业教学指导委员会主任委员、中国教育学会中小学信息技术教育专业委员会理事会名誉理事长。

前　言

泛在学习环境是在移动通信技术基础上，使任何人在任何时间地点、通过任何终端设备获取任何内容、学习资源和学习支持，实现随时随地学习的学习环境。在泛在学习环境中，受教育者具有很大的自由度，能更充分发掘个体参与的积极性和主动性。微课是时间为几分钟至十几分钟的微型课。它是围绕学科知识点、例题习题、疑难问题、实验操作等进行的教学过程及相关资源之有机结合体，具有短小精悍、主题突出、资源多样、交互性强、半结构化的特征，特别适合手机、平板电脑等移动设备，为学习者提供泛在学习新体验。泛在学习环境下的微课能促进优质资源开发与应用、信息技术创新应用。因此，设计泛在学习环境下微课的学习模式，提出泛在学习环境下微课的学习策略，提高泛在学习环境下微课的学习效果，具有重要的理论意义和应用价值。

通过国内外的文献调查，发现对泛在学习环境下微课的学习模式与策略的研究，大多数专家、学者只是从泛在学习环境下微课的学习情境设计、资源设计、平台设计、学习方式设计、学习活动设计、学习模式及学习策略等某一个问题进行研究。本书是在泛在学习环境下，系统全面地研究上述问题。以教学系统设计理论、全球学习联盟的学习设计规范、建构主义学习理论、混合学习理论、泛在学习理论、学习活动理论、情景认知理论和学习共同体理论为指导，运用了文献研究、内容分析、个案研究和实验研究等研究方法，展开以下几个方面的研究：①国内外泛在学习环境下微课的学习模式与策略现状研究；②泛在学习环境下微课的评价指标体系设计；③泛在学习环境下微课学习平台设计与开发研究；④泛在学习环境下微课的学习模式研究；⑤泛在学习环境下微课的学习策略研究；⑥泛在学习环境下微课的学习模式与策略应用效果研究。

本书设计了泛在学习环境下微课的学习模式与策略，以"电视教材编导与制作"课程、"镜头组接"交互式微课和"视觉暂留与动画"交互式微课进行个案研究。运用测验卷、问卷调查、双向量表、F检验、T检验等数据收集与统计方法，对泛在学习环境下微课的学习模式与策略的应用效果进行验证。为此，本研究得出以下研究结论：

（1）建立了泛在学习环境下微课的评价指标体系。泛在学习环境下微课的评价指标体系一级指标项有教学内容、教学活动、教学效果、作品规范和泛在学习体验5项，二级指标共16项。

（2）设计了泛在学习环境下微课的学习模式。泛在学习环境下微课的学习模式包括5部分：①学习共同体设计，包括成员协调，组建学习共同体；定制规则，保证运作；鼓励参与，共同成长；创设情境，加强互动；加强管理，保持凝聚力。②学习活动设计，包括通过泛在学习环境的创设实现微课学习中主体的主动学习、通过泛在学习环境创设学习活动的客体情景、通过泛在学习环境中的社会交往促进学习活动中共同体的构建、通过泛在通信技术实现微课学习活动中学习工具的中介性、通过泛在学习环境的学习服务支持为微课的学习活动提供活动规则、通过微课学习活动分工实现学习活动的协调开展。③学习资源与工具设计，包括微课主体资源的建设，微课中情景的创设，微课中学习工具的设计，微课中服务、管理和评价的设置。④学习过程设计，包括自主学习过程、协作学习过程、探究性学习过程和情境感知学习过程设计。⑤个性化学习设计，包括学习支持服务、学生管理、学习评价、设置学习内容的相关连接条件、生成学习者和学习资源的属性。

（3）设计了泛在学习环境下微课的学习策略。泛在学习环境下微课的学习策略包括：以知识点之间的联系设计泛在学习环境下微课学习的认知策略、以学习活动过程为主线设计泛在学习环境下微课的元认知策略、以学习互动情境设计泛在学习环境下微课学习的管理策略。

（4）运用泛在学习环境下微课的学习模式与策略，能够改善学习方法，优化学习过程，提高知识掌握率、应用技能、学习质量，提升情感态度与价值观方面的信息素养。

（5）运用泛在学习环境下微课的学习模式与策略，提升了学生的学习策略水平。包括缓解学习焦虑情绪，同时提高了学习态度、学习动机、时间管理能力、学习专心程度、信息加工能力、选择要点能力、辅助学习能力、自我测试能力和合作交流能力。

目　　录

第一章　绪论 … 1

第一节　研究背景 … 1
一、泛在计算促进教与学的变革 … 2
二、世界各国开展的泛在学习 … 4
三、泛在学习环境下微课迅速发展 … 5

第二节　研究现状及问题的提出 … 7
一、国外泛在学习环境下微课的学习模式与策略的研究现状 … 7
二、国内泛在学习环境下微课的学习模式与策略的研究现状 … 13
三、国内外泛在学习环境下微课平台的研究现状 … 36
四、国内外研究现状的综述 … 55
五、研究问题的提出 … 57

第三节　相关概念的界定 … 58
一、泛在学习 … 58
二、泛在学习环境 … 63
三、微课程与微课 … 66
四、学习模式 … 68
五、学习策略 … 70
六、泛在学习环境下微课的学习模式与策略 … 71

第四节　研究的主要内容和意义 … 71
一、研究目标 … 71
二、研究假设 … 71
三、研究的主要内容 … 71
四、研究意义 … 72

第五节　研究设计及方法 … 73
一、研究思路 … 73

二、研究方法与技术路线 …………………………………… 74

第二章　泛在学习环境下微课的评价指标体系设计 ………… 77
　第一节　微课评价指标对比研究 …………………………………… 77
　　一、首届全国高校微课教学比赛评审规则 …………………… 77
　　二、第二届全国高校（高职高专）微课教学比赛评审规则 …… 78
　　三、"中国微课大赛"评审标准 ……………………………… 79
　第二节　建立泛在学习环境下微课的评价指标体系 …………… 81
　　一、评价标准和指标项的建立 ………………………………… 81
　　二、指标加权 …………………………………………………… 82
　　三、泛在学习环境下微课的评价指标体系 …………………… 83

第三章　泛在学习环境下微课学习平台的设计与开发 ……… 86
　第一节　泛在学习平台设计 ………………………………………… 86
　　一、泛在学习环境构成要素 …………………………………… 86
　　二、泛在学习平台特征分析 …………………………………… 87
　　三、泛在学习平台要素分析 …………………………………… 93
　　四、泛在学习环境下微课学习平台设计策略 ………………… 102
　第二节　泛在学习环境下微课的设计 ……………………………… 105
　　一、微课特点分析 ……………………………………………… 105
　　二、泛在学习环境下微课设计的指导理论 …………………… 105
　　三、泛在学习环境下微课设计策略 …………………………… 110
　第三节　泛在学习环境下微课学习平台的设计 …………………… 113
　　一、泛在学习环境下微课学习平台的设计原则 ……………… 113
　　二、泛在学习环境下微课学习平台的设计目标 ……………… 114
　　三、泛在学习环境下微课学习平台的架构设计 ……………… 115
　　四、泛在学习环境下微课学习平台的服务器端设计 ………… 116
　　五、泛在学习环境下微课学习平台的客户端设计 …………… 117

第四章　泛在学习环境下微课的学习模式设计 ……………… 120
　第一节　学习模式要素 ……………………………………………… 120
　　一、国内外对比研究中学习模式要素的研究成果 …………… 120

二、教学系统设计理论对设计学习模式的启示……………… 121
　　三、全球学习联盟学习设计规范理论对设计学习模式的
　　　　启示…………………………………………………………… 124
　　四、学习理论对设计学习模式的启示………………………… 128
第二节　学习模式设计…………………………………………………… 133
　　一、学习共同体设计…………………………………………… 133
　　二、学习活动设计……………………………………………… 136
　　三、学习资源与工具设计……………………………………… 139
　　四、学习过程设计……………………………………………… 141
　　五、个性化学习设计…………………………………………… 147

第五章　泛在学习环境下微课的学习策略设计……………………… 149
　第一节　学习策略的定义………………………………………………… 149
　第二节　学习策略的体系研究…………………………………………… 150
　　一、认知策略…………………………………………………… 151
　　二、元认知策略………………………………………………… 154
　　三、管理策略…………………………………………………… 155
　第三节　泛在学习环境下微课的学习策略……………………………… 157
　　一、以知识点之间的联系设计泛在学习环境下微课学习的
　　　　认知策略……………………………………………………… 157
　　二、以学习活动过程为主线设计泛在学习环境下微课的元
　　　　认知策略……………………………………………………… 159
　　三、以学习互动情境设计泛在学习环境下微课学习的管理
　　　　策略…………………………………………………………… 160

第六章　"电视教材编导与制作"课程个案研究……………………… 162
　第一节　实验设计………………………………………………………… 162
　　一、实验目的…………………………………………………… 162
　　二、实验对象…………………………………………………… 162
　　三、实验变量…………………………………………………… 162
　　四、实验假设…………………………………………………… 163
　　五、实验过程…………………………………………………… 163

第二节 泛在学习环境下"动态构图"微课开发与评价 …………… 165
　一、泛在学习环境下"动态构图"微课设计与开发 ………… 165
　二、泛在学习环境下"动态构图"微课评价 ………………… 175
第三节 测验卷与调查问卷编制 ………………………………………… 177
　一、测验卷编制 ……………………………………………… 177
　二、泛在学习环境下微课学习效果调查问卷编制 ………… 177
　三、泛在学习环境下微课学习策略调查问卷编制 ………… 178
第四节 实验实施与数据分析 …………………………………………… 187
　一、实验实施 ………………………………………………… 187
　二、测验结果与分析 ………………………………………… 191
　三、泛在学习环境下微课学习效果分析 …………………… 196
　四、泛在学习环境下微课学习策略分析 …………………… 199
第五节 实验结果 ………………………………………………………… 208

第七章 "镜头组接"交互式微课个案研究 …………………………… 210
第一节 实验设计 ………………………………………………………… 210
　一、实验目的 ………………………………………………… 210
　二、实验对象 ………………………………………………… 210
　三、实验假设 ………………………………………………… 210
　四、实验过程 ………………………………………………… 211
第二节 "镜头组接"交互式微课开发与评价 ………………………… 211
　一、"镜头组接"交互式微课设计与开发 ………………… 211
　二、"镜头组接"交互式微课的评价 ……………………… 220
第三节 实验实施与数据分析 …………………………………………… 222
　一、实验实施 ………………………………………………… 222
　二、测验结果与分析 ………………………………………… 225
第四节 实验结果 ………………………………………………………… 228

第八章 "视觉暂留与动画"交互式微课个案研究 …………………… 230
第一节 交互式微课学习平台的设计原则 ……………………………… 230
　一、交互式微课学习平台用户界面设计原则 ……………… 230
　二、交互式微课学习平台功能设计原则 …………………… 231

第二节　交互式微课学习平台开发技术线路…………………… 232
　　第三节　"视觉暂留与动画"交互式微课学习平台的设计与开发
　　　　　　………………………………………………………… 233
　　　　一、学习平台页面的设计与开发………………………… 233
　　　　二、"视觉暂留与动画"交互式微课的二次开发………… 235
　　第四节　"视觉暂留与动画"交互式微课的应用效果………… 238
　　　　一、实验假设……………………………………………… 238
　　　　二、学习效果的调查……………………………………… 239
　　　　三、学习质量的测试……………………………………… 239
　　　　四、实验结果与分析……………………………………… 239

第九章　研究总结 ………………………………………………… 242
　　第一节　研究分析和讨论……………………………………… 242
　　第二节　研究创新点…………………………………………… 243

参考文献 …………………………………………………………… 245

附　录 ……………………………………………………………… 258
　　附录1　首届全国高校微课教学比赛评审规则 ……………… 258
　　附录2　第二届全国高校（高职高专）微课教学比赛评审规则…… 259
　　附录3　"中国微课大赛"评审标准 ………………………… 261
　　附录4　泛在学习环境下微课的评价指标体系各因素加权意见
　　　　　　调查问卷 ……………………………………………… 263
　　附录5　泛在学习环境下微课的评价指标体系 ……………… 265
　　附录6　"电视教材编导与制作"静态构图测试题 ………… 267
　　附录7　"电视教材编导与制作"动态构图测试题 ………… 269
　　附录8　泛在学习环境下微课学习效果调查问卷 …………… 271
　　附录9　泛在学习环境下微课学习策略调查问卷 …………… 272
　　附录10　"镜头组接"交互式微课学习效果调查问卷 ……… 275
　　附件11　"视觉暂留与动画"交互式微课学习效果调查问卷… 277

后　记 ……………………………………………………………… 279

第一章 绪　　论

第一节　研究背景

美国国家教育技术规划（The National Educational Technology Plan，NETP）预言，鉴于教育技术的迅速发展，21 世纪将出现一系列从根本上重组教育的可能性。其中包括将根据学生能力而不是课堂在座时间等其他因素来组织泛在性的教学，学校将为学生提供更适合学生个体需求的灵活课程安排，而不是按照传统的学期或固定的课程节奏来实现教学；网络将成为常规的办学环境，为广大学习者拓展学习的机会与时空，按需提供个性化的发展和成长支持。[①]

我国《国家中长期教育改革和发展规划纲要（2010—2020 年）》提出，要加快教育信息化进程。其中包括加强优质教育资源开发与应用，建立开放灵活的教育资源公共服务平台，促进优质教育资源普及共享。强化信息技术应用，提高教师应用信息技术的水平，更新教学观念，改进教学方法，提高教学效果。鼓励学生利用信息手段主动学习、自主学习，增强运用信息技术分析问题、解决问题的能力。

《教育部关于印发〈教育信息化十年发展规划（2011—2020 年）〉的通知》指出，教育信息化的发展要以教育理念创新为先导，以优质教育资源和信息化学习环境建设为基础，以学习方式和教育模式创新为核心。

---

① Office of Educational Technology U. S. Department of Education, Transforming American Education: Learning Powered by Technology—National Educational Technology Plan 2010. http://www.ed.gov/technology, 2013 - 07 - 01.

2018年,《教育部关于印发〈教育信息化2.0行动计划〉的通知》指出,将教育信息化作为教育系统性变革的内生变量,支撑引领教育现代化发展,推动教育理念更新、模式变革、体系重构,使我国教育信息化发展水平走在世界前列,发挥全球引领作用,为国际教育信息化发展提供中国智慧和中国方案。

在此背景下,人工智能技术、虚拟现实技术、互联网技术、Web 2.0技术、云计算技术、物联网技术、移动网络技术等新技术形成了新的教育媒体,由新的教育媒体催生了新的学习模式,带来了学习思维、学习观念、学习课本、学习课程、学习课堂、学习校园和学习方式的变革。其中,由云计算为核心技术建构学习环境,以微课为教育资源形成的学习模式变革和学习策略创新,促进了优质资源开发与应用、信息技术创新应用。

一、泛在计算促进教与学的变革

学习活动是在一定的环境中发生的,环境对学习的效果具有重要的影响。1988年,美国Xerox公司PARC研究中心计算机科学实验室的Mark Weiser(马克·威瑟)第一次提出ubiquitous computing(泛在计算或普适计算)的概念。泛在计算的目标是通过物理环境的多个计算机的协作以增强计算机的使用性,与此同时,对于使用者来说这些发挥作用的机器本身不可见。具体来说,泛在计算是给世界所有物体插入芯片,通过网络连接,创造电脑"无处不在"的环境,并进行运算的方式。在此环境下信息产生、传输、获取等发生剧烈变化,促使教学环境向泛在学习环境变化,致使教与学过程中原有的规则和运作方式受到了极大冲击,学习模式更强调受众的小众化、个性化、泛在化、多元化、互动性和参与性等。

(一)泛在计算促进知识观的改变

知识观是人们对知识本质、来源、范围、标准、价值等相关方面的各种看法,信念以及相应的知识运用与知识创造行为,它伴随着知识的积累,是人们对知识的一种意识和反思。① 信息时代的知识激增，具有共享性和重复使用性等特点，因此，从知识的积累转变为知识的创新尤为重要。教育的核心任务也正是要培养具有创新精神、创新意识和创新能力的新型人才。

（二）泛在计算使教与学传播的范围扩大

信息技术为知识共享和跨时空交流提供了便利，任何一个能接触网络的人都有可能成为终身学习的成功响应者。移动通信技术的发展，更使学习者可以随时、随地、随意地浏览各种网络信息，检索和利用自己所需的各种信息。媒体的多样性发展，使人们接触媒体的机会增加，为社区教育、社会教育提供了便利。

（三）泛在计算环境下，教育者和受教育者平等参与教与学的过程

传统教与学的过程是一种不对称的状态，提供信息的教育者相对强势。泛在计算环境下，信息传递渠道的多样化、信息传递数量的极大化，使得信息接收方可以选择更适合自己喜好、更易于理解的传播方式。教育者和受教育者的进入门槛大大降低，参与者都有可能把握"话语权"，教育者和受教育者平等参与教育传播过程。在参与过程中，教育者和受教育者能借助信息技术构建的虚拟情景开展交流，进行同步和异步双向沟通。包括使用教育网站、教育软件和课程、网络学习平台等实施教学，让受教育者参与网络建构的情景沟通和学习。

（四）教育信息的选择与获取泛在化、自主化

泛在计算环境下，教育信息的发布和获取不受时间、空间的限制，受教育者具有很大的自由度，能更充分发掘个体参与的积极性和主动性。泛在计算环境下，教育传播的多中心化、分散互动性表现得尤为明显，受教育者由被动接受信息的单向传播向主动的双向和多向传播转变。

---

① 参见吴忠才《当代知识观及其对教学观与教学行为的要求》，载《教学与管理》2008年第12期，第17-19页。

（五）分众传播的出现，教与学凸显个性化的诉求

信息能有效被受教育者接收的前提是教育者需要关注和了解目标人群的个性背景和心理需求，根据受众的需求，提供个性化的信息服务。在海量的教育信息中，围绕教育主题汇聚相关的教育信息是极其必要的。在新型的推送技术机制下，可以通过网络平台来定制个性化的信息服务，满足不同受教育者的个性化需求，提供准确的信息服务，或者通过对受教育者个性、使用偏好的分析而主动地推荐其可能需要的信息服务。

二、世界各国开展的泛在学习

1988年，美国人马克·威瑟指出，泛在计算的目标是通过物理环境中多个计算机的协作以增强计算机的使用性，与此同时，对于使用者来说这些发挥作用的机器本身不可见，具体来说，泛在计算是给世界所有物体插入芯片，通过网络连接，创造电脑"无处不在"的环境，并进行运算的方式。20世纪90年代，日本野村综研理事长村上辉康博士在泛在计算的基础上，提出了泛在网络（ubiquitous network）和泛在网络社会（ubiquitous network society）的概念，指出人们可以在不意识到网络存在的情况下，能够随时随地通过各种终端设备上网并享受服务。泛在计算是网络计算的延伸，集移动通信、嵌入式计算机系统、微电子和传感器等关键技术于一体，使通信服务和基于通信网络的各种服务在任何时候、任何地点都成为可能，从而方便人们获取信息并提高交互的便捷性。

自泛在计算提出后，泛在学习的研究在美国、欧洲、韩国、日本、中国等多国和地区得以开展。

从2006年开始，发达国家纷纷将Ubiquitous作为国家科技发展策略的重要一项。日本政府开展U-Japan计划，期望在2010年成为Ubiquitous Japan；韩国也推动了IT839策略，支持的重点技术即以Ubiquitous及相关应用科技为主；美国提出Vision 2020；欧洲也提出LEONIE项目。2004年12月2日，由中国电子信息产业发展研究院主办的首届中国泛网论坛在北京召开。同时，以推动中国泛网时代早日到来和促进泛网产业链快速形成为己任的中国泛网论坛组织也宣布成立。2006年10月18日，日立信息通信集团总裁筱本学先生在中国上海国际会议中心召开的第六届亚太城市信息化

论坛上提出了泛在信息社会的新理念。经历了 PC（个人计算机）时代、网络时代的人们在不知不觉中开始面对全新的泛网时代。泛网时代（ubiquitous age）是指任何人在任何时间、任何地点、以任何方式、与任何人都能进行方便交流与沟通的时代。中央广播电视大学主持的全国教育科学"十一五"规划 2008 年度教育部重点课题"泛在学习中数字化学习资源的开发与应用"研究，对已有教学资源进行优化和再开发，探索新技术、新学习设备条件下的泛在学习方式，真正为成人教育学习者营造和提供随时、随地、随设备进行学习的泛在学习模式和环境。2015 年 5 月 23 日，习近平总书记在国际教育信息化大会贺信中提出，建设"人人皆学、处处能学、时时可学"的学习型社会。

三、泛在学习环境下微课迅速发展

（一）微课的相关应用

随着移动通信技术、社交媒体，以及以开放、共享为理念的开放教育资源运动的蓬勃发展，"微"教学模式逐渐在全球范围内兴起。微课的出现，微课设计、开发与应用，对于移动学习时代的学校教育乃至社会教育具有极为重要的战略意义和现实价值。[①]

在国外，以可汗学院（Khan Academy，http：//www.khanacademy.org/）与TEDEd（http：//ed.ted.com/）为代表的微型网络教学视频的出现进一步触发了教育研究者对微视频等运用于课堂教学的可行性探索，例如，在"翻转课堂"（flipped classroom）等教学模式中使用微视频作为教学资源供学生自主学习使用。[②]

自 2011 年起，以"佛山市中小学优秀微课作品展播平台"与"微课网"为代表，以及 2012 年为配合上海地区电子书包项目而启动的上海市闵行区中小学微课程设计评比，国内开始了微课程实践层面上的尝试。

---

① 参见焦建利《微课及其应用与影响》，载《中小学信息技术教育》2013 年第 4 期，第 13 - 14 页。
② 参见张金磊、王颖、张宝辉《翻转课堂教学模式研究》，载《远程教育杂志》2012 年第 4 期，第 46 - 51 页。

教育部教育管理信息中心携手北大未名集团于 2012 年 9 月至 2013 年 6 月举办第四届全国中小学优秀教学案例评选活动暨"第一届中国微课大赛"。为贯彻落实《国务院关于加强教师队伍建设的意见》和《教育部关于全面提高高等教育质量的若干意见》精神，教育部全国高校教师网络培训中心于 2012 年 12 月至 2013 年 8 月举办首届全国高校微课教学比赛。参赛作品的主要形式有课堂讲解式、户外实验式、课堂讲授加实验式、实验室实验式、现场表演和 PPT（演示文稿）加讲解式。

2013 年，华南师范大学携手凤凰卫视集团向全球发布"凤凰微课"移动学习客户端，6000 多个网络视频课程向海内外公众免费开放。华南师范大学也是国内第一所推出微课并向社会开放的高校。"凤凰微课"主要是制作 10 分钟以内的微型课程。它以视频为主要载体，具有时间短、内容精、模块化、情景化、半结构化等特点，通过与智能手机、平板电脑等移动设备相结合，为大众提供碎片化、移动化的学习新体验。"凤凰微课"的制作与凤凰卫视、国内各大出版集团及电视台建立网络教育资源协同开发中心，将其丰富的视频资源整合分类，利用最新媒体技术对传统视频内容进行二次开发，将知识碎片化、情景化、可视化、半结构化，使之为各种便携显示终端提供内容服务。内容涵盖基础教育、文化教育、家庭教育、医疗保健、商科法律、科普知识、生活艺术、中华文化、宗教信仰、自然科学、工程技术、哲学人文、农业科技、林业科技等各个领域，可以满足社会大众学习的多样需求。

（二）微课对教育的作用

对学生而言，微课能更好地满足学生对不同学科知识点的个性化学习、按需选择学习，既可查漏补缺又能强化巩固知识，是传统课堂学习的一种重要补充和拓展资源。[①] 调查发现，如果是网络课堂，学生的注意力集中最佳时间是 10 分钟内。学生认为网络课堂通常都是 45 分钟左右，很难集中精力，通常是打开视频几分钟就关掉了，通过微课视频的播放，学生能清晰地了解某一知识点别人有着怎样的观点和思考，可以拓展学生的视野，提高学生的学业水平。

---

① 参见胡铁生《中小学微课建设与应用难点问题透析》，载《中小学信息技术教育》2013 年第 4 期，第 15 – 18 页。

对教师而言，微课将革新传统的教学与教研方式，突破教师传统听评课模式，教师的电子备课、课堂教学和课后反思的资源应用将更具有针对性和实效性。① 微课的优点很明显，就是课例简单，学习内容与目标单一，学习和研究时间节约，教师从微课中可以受到启发，有些甚至可以照搬或者迁移到自己的教育教学之中。广大教师在这种真实的、具体的、典型案例化的教与学情景中可易于实现对"隐性知识""默会知识"等高阶思维能力的学习，并实现教学观念、技能、风格的模仿、迁移和提升，从而迅速提升教师的课堂教学水平，促进教师的专业成长。

第二节 研究现状及问题的提出

一、国外泛在学习环境下微课的学习模式与策略的研究现状

为了详细梳理和分析国外有关泛在学习环境下微课的学习模式与策略研究的文献，主要以 ubiquitous learning、mobile learning、泛在学习、移动学习、微课为关键词在专业数据库和搜索引擎中进行检索，并检索图书馆中相关的著作。对数据库中的检索结果，在根据文章题名和出处进行浏览筛选后，逐篇阅读文献的摘要，进一步筛选从学习模式与策略的角度进行研究的文献进行全文阅读。通过以上方法，在华南师范大学数字图书馆提供的 ProQuest Education Journals、Springer、CALIS 数据库中进行检索。

（一）以项目实践依托开展泛在学习环境下微课的学习模式与策略的研究

日本德岛大学的 Hiroaki Ogata 和 Yoneo Yano 教授针对留日学生学习日语和日本学生学习英语而开发的 Computer Supposed Ubiquitous Learning 泛在

---

① 参见胡铁生《中小学微课建设与应用难点问题透析》，载《中小学信息技术教育》2013 年第 4 期，第 15–18 页。

学习系统，便是一种开放协作学习的系统模型，它不仅能够在需要的时间和地点为学生提供适合的信息，还可以供学习者选择学习协作交流伙伴。学生可以利用 Personal Digital Assistant（简称 PDA，个人数字助理）储存和分享信息，系统通过 PDA 由双方教师为学生提供针对不同学习需要的具体指导，① 被誉为一种"学习者与技术最优化的智能整合"。②

日本政府制定了目标为"利用 ICT 建设随时随地、任何物体、任何人均可连接的泛在网络社会"的 U-Japan。其中的"U"代表了泛在（ubiquitous），联结所有的人和物、普适（universal），人和人之间的心灵接触、面向用户（user-oriented），融合用户观点以及独创（unique）激发个性和活力。③

西班牙巴塞罗那大学开发的 U–语言学习系统、墨西哥圣弗兰西斯克博物馆的电子指南，通过准备访问互动型博物馆体验、博物馆网页信息检索等活动过程，体现了"以头脑来思维，用身体体验的典型的非正式学习空间博物馆"的特点。④

美国哈佛大学的"促进泛在学习的无线手持设备"项目与 MIT 手持式增强现实模拟项目（MIT Hand-held Augmented Reality Simulations），以开发学习者就像玩游戏一样学习的未来学习环境为目标。⑤

欧洲的 Mobile ELDIT 项目旨在开发一个在线语言学习系统的移动版本，从而使数字化学习平台上的内容能够以一种泛在的方式提供给移动用户。⑥

国外大批高校建立了基于播客的独立虚拟学院，甚至是虚拟大学，较为知名的有 Boston 虚拟学院、南加州大学虚拟学院、华盛顿大学虚拟学院等。众多

---

① 参见成永常、邹家炜、宋欢《普适学习中的上下文感知技术研究》，载《现代教育技术》2010 年第 2 期，第 112 页。

② 参见余胜泉、程罡、董京峰《E-learning 新解：网络教学范式的转换》，载《远程教育杂志》2009 年第 3 期，第 3–15 页。

③ 参见张海、李馨《日本移动学习实践研究前沿——对话东京大学教育技术首席专家山内祐平副教授》，载《中国电化教育》2009 年第 9 期，第 1–6 页。

④ Palace of Fine Arts. Exploratoriumhttp://www.exploratorium.edu/Guidebook.

⑤ MIT. Hand held Augmented Reality Simulations http:// education.mit.edu/drupal/ar.

⑥ Trifonova, A. Accessing learning content in a mobile system: Does mobile mean alwaysconnected. M. Lytras A. Naeve. Ubiquitous and pervasive knowledge and learning management: semantics, social networking and new media to their full potential. Hershey, PA: Idea Group, Inc: 2007: 198–215.

高科技公司积极致力于新型网络教学模式的探索与开发中,较为典型的有 Intel 未来教育、Apple 的 iTunes U、Google Teacher Academy 及 YouTube 教育频道。这其中,Apple 与高校携手开展的播客教育项目 iTunes U 最为成功。①

通过对国外以项目实践为依托开展泛在学习环境下微课的学习模式与策略的研究,指导本研究的泛在学习环境下微课的学习模式中学习资源、学习活动的设计。

(二)以移动学习模型为基础对泛在学习环境下微课的学习模式的研究

Palitha（2007）构建基于 Podcasting 技术的教学应用模型进行英语移动学习,用来辅助课堂教学,促进学生听力理解和口头表达能力的提升,如图 1 所示。②

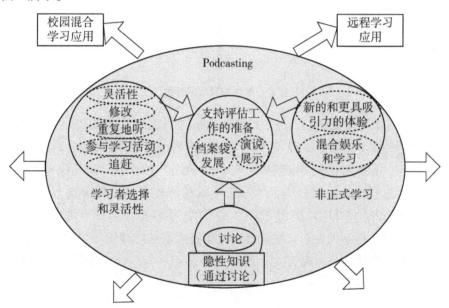

图 1　基于 Podcasting 的英语移动教学应用模型

---

① 参见冯宜《基于 Podcasting 的泛在学习研究》,载《中国教育技术装备》2011 年第 24 期,第 6－9 页。

② Palitha Edirisingha. Podcasting to provide teaching and learning support for an undergraduate module on English language and communication. Turkish Online Journal of Distance Education, 2007 (8): 87－107.

Huang 和 Salomaa（2008）①总结了过去10年移动学习的研究与实践，基于从正式学习到非正式学习、从个性化学习到社会学习、从"情境认知"（在真实环境里学习）到"知识传递"（导师的单向讲授）等几个方面的演变，提出了一个分析移动学习行为的模型，如图2所示。

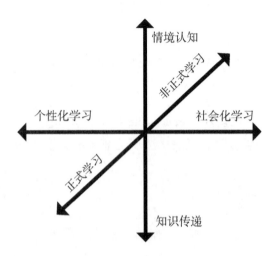

图2 移动学习应用模型

Shih（2007）提出："在进行移动学习时，有必要考虑以下几个方面：①一个新的学习机会；②改变个体学习风格的潜在影响；③对社会交互的潜在影响；④如何改变或增强移动技术。"此外，教学设计者还应考虑两个要素，即人们是如何学习的，学习任务是如何进行的。考虑到上述因素，Shih and Mills（2007）提出了一个移动学习模型，如图3所示。它是Keller's ARCS模型的变形。该模型的构建是为了支持移动学习的教学设计，它建立在社会建构理论基础上，提倡同伴互动、合作讨论和数字化的故事讲解等学习方式。②

---

① Huang, R. H., & Salomaa, J. (2008). Mobile learning: Theories, current status, and future trends. Beijing: Science Publishing.

② Shih, Y. & Mills, D. (2007). Setting the New Standard with Mobile Computing in Online Learning. International Review of Research in Open and Distance Learning, 8 (2): p.6.

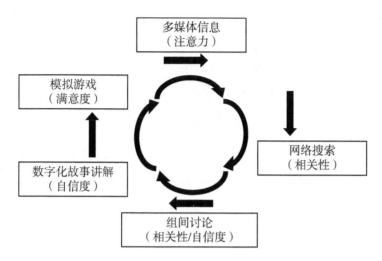

图3 Shih and Mills 移动学习模型

Holzinger 等提出泛在计算框架（UCF），这是支持人类活动的泛在网络技术。据此，他们提出了一个用于幼儿教学的模式 GARFID，该模式可以为学习者带来有益的价值和效益，并且可以支持终身学习。①

通过对国外以移动学习模型为基础对泛在学习环境下微课的学习模式的研究，指导本研究的泛在学习环境下微课的学习模式中学习情景、学习活动的设计。

（三）泛在学习环境下微课的学习策略的研究

Hyo-Jeong So 等人（2012）关注的是户外学习情境下学习活动的设计和制订②。Yen 等人（2012）探讨的是不同教学策略对移动学习者学习效果及认知过程的影响。③

Marco Ronchetti 基于"技术可以改变传统教学模式，为教学提供更好的

---

① Andreas Holzinger, Alexander Nischelwitzer, Silvia Friedl, Bo Hu. Towards life long learning: three models for ubiquitous applications. Wireless Communications and Mobile Computing; 2010, 10 (10): 1350-1365.

② So HJ, Tan E, Tay J. Collaborative Mobile Learning in Situ from Knowledge Building Perspectives. Asia-Pacific Education Researcher, 2012, 21 (1): 51-62.

③ Yen J-C, Lee C-Y, Chen IJ. The effects of image-based concept mapping on the learning outcomes and cognitive processes of mobile learners. British Journal of Educational Technology, 2012, 43 (2): 307-320.

策略和模式"的理念，重点探索了"在线视频代替传统模式的教学实践"（Video On-Line as Re-placement of Old Teaching Practice）所应采取的方法、策略，以及产生的效果。在他的研究中，探讨了教学视频在学生知识建构中的作用，分析了基于在线视频的 FCM（Flipped Class Model，翻转课堂）对学习者自主学习、发现学习的价值，并为 FCM 的开展提供了一定的方法与实践经验。①

André Wagner 等人提出了以文件管理应用为基础的泛在学习模型，该模突出了配置文件的提取和动态生成推理规则。基于模型能为泛在学习提供学习策略，允许学习者在系统中使用语义操作，从而允许不同的应用程序之间共享信息和推断出一个统一的配置文件，帮助学习者进行学习管理，实现个性化学习。②

Fatemeh Behjat 等人基于混合学习理论提出了泛在学习环境下微课的学习策略，研究中以传统的学习和混合学习进行对比实验研究，研究结果表明融合应用泛在学习环境的混合学习能提高学习者的阅读能力。③

Victoria Barbosa 等人提出了关注学习者交互的泛在学习模型，该模型是一个自适应系统。该模型为学习过程提供了一个刺激学习者互动的策略。研究者通过实验验证了其有效性，证明了该模型可以局部激发学习者的互动和促进情境化的学习。④

Tsung-Yu Liu 和 Yu-ling Chu 研究了情景感知的泛在学习环境下英语的学习。在研究中以英语课程学习开展实验，以学习活动理论组织了"掌上英语学习组织"（Handheld English Language Learning Organization，HELLO）的学习策略。在学习中学生参加了以游戏为基础的泛在学习活动，包括校

---

① Marco Renchetti. The VOLARE Methodology：Using Technology to Help Changing the Traditional Lecture Model. TECH-EDUCATION，2010：134 – 140.

② André Wagner；Jorge Luis Victória Barbosa；Débora Nice Ferrari Barbosa, A model for profile management applied to ubiquitous learning environments. Expert Systems with Applications，2014，41（2）：2023 – 2034.

③ Fatemeh Behjat, Mortaza Yamini, Mohammad Sadegh Bagheri, Blended Learning：A Ubiquitous Learning Environment for Reading Comprehension. International Journal of English Linguistics，2012，2（1），97.

④ Victoria Barbosa, J. L.；Machado Hahn, R.；Ferrari Barbosa, D. N, A ubiquitous learning model focused on learner interaction. International Journal of Learning Technology，2011，6（1）：62 – 83.

园环境、校园生活和校园故事。实验结果表明，运用该策略的学习提升了学习效果和学习动机。①

Victoria Barbosa, J. L. 等人设计了 GlobalEdu 的泛模型，并设计了两个支持泛在学习的中间件：SAM 和 LOCAL。SAM 支持大规模的泛在学习，LOCAL 支持小规模的泛在学习。②

Gwo-Jen Hwang 等提出了一个情景感知的泛在学习平台（context-aware ubiquitous learning platform，CULP），平台中设计了交互学习的策略，使用低成本的手机内置摄像头和互联网服务支持泛在学习。CULP 能够支持学习者开展即时交流的泛在学习活动。学习者遇到问题时，可以得到学习系统的提示帮助。实验结果表明，在该学习平台的帮助下，学生的学习效率和学习成绩有显著改善。③

通过对国外泛在学习环境下微课的学习策略的研究，指导本研究的泛在学习环境下微课的学习策略中管理策略的设计。

二、国内泛在学习环境下微课的学习模式与策略的研究现状

为了了解国内有关泛在学习环境下微课的学习模式与策略研究的状况，以中国知网 CNKI 期刊和硕博士论文为数据检索源，以泛在学习、移动学习、微课、微视频为关键词进行检索，搜集到论文篇数，如表1所示。剔除相关度不大的文章，将研究内容界定为在泛在学习环境或移动学习环境下使用微课或者视频的论文，对筛选出的文献进行分析。

---

① Tsung-Yu Liu, YU-ling Chu, Using ubiquitous games in an English listening and speaking course: Impact on learning outcomes and motivation. Computers & Education, 2010, 55（2）: 630 – 643.

② Victoria Barbosa, J. L.; Nice Ferrari Barbosa, D.; Wagner, A. Learning in U-biquitous Computing Environments. International Journal of Information and Communication Technology Education, 2012, 8（3）: 64 – 77.

③ Gwo-Jen Hwang; Chih-Hsiang Wu; Tseng, J. C. R.; Development of a ubiquitous learning platform based on a real-time help-seeking mechanism. British Journal of Educational Technology 2011, 42（6）: 992 – 1002.

表 1 国内相关文献的检索情况

检索式	检索对象	检索结果（篇）
主题：泛在学习	中国知网 CNKI 期刊、硕博士论文	276
主题：移动学习	中国知网 CNKI 期刊、硕博士论文	1275
全文：微课	中国知网 CNKI 期刊、硕博士论文	95
主题：微视频	中国知网 CNKI 期刊、硕博士论文	68

在国内的研究中，对泛在学习、移动学习的研究主要涵盖了五个方面：①泛在学习的基本理论研究，包括泛在学习的基本知识（涵盖概念、定义、特点、分类、基础理论等）、泛在学习现状和趋势研究，以及泛在学习应用的价值研究；②泛在学习的相关技术研究，包括泛在网络通信技术、泛在学习资源开发技术等的研究；③泛在学习设计研究，包括泛在学习技术环境设计和泛在学习服务资源开发；④泛在学习应用模式研究，包括终身学习、个性化学习以及情境体验学习；⑤泛在学习相关标准研究，包括泛在学习技术支持、环境设计、资源开发等的规范性问题研究。在以上的研究中，涉及泛在学习环境下微课的学习模式与策略的研究不多，经过对文献进行筛选和分类，可以看出，目前对泛在学习环境下微课的学习模式与策略的研究可以分为以下五个方面。

（一）以微课资源设计为主要角度，研究泛在学习环境下微课的学习模式

在泛在学习环境下微课的学习模式研究中，有部分研究是以微课资源设计为角度开展的，研究了资源库建设原则、提出了支持泛在学习的数字化学习资源的技术标准、提出了以立体化教学资源为基础开展泛在学习环境下微课的学习、提出了微视频案例为基础的教学模式等。

刘小晶、张剑平（2013）在"翻转课堂"的教学理念指导下，并依据建构主义学习理论、微型学习理论及视频微型化编辑与播放系统的功能特性，设计了基于视频微型化编辑与播放系统的教学模式，如图 4 所示。此模式从参与者、教学过程、教学方法三个维度进行了立体化的构造，其中参与者为教育者（教师）和受教育者（学生），教学过程主要采用"课堂内+

课堂外"的混合组织方式。①

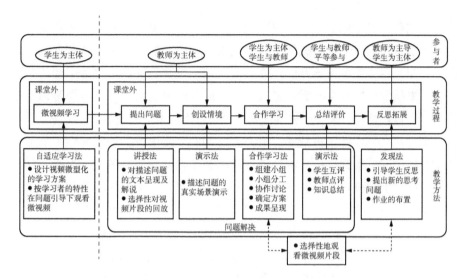

图 4　基于视频微型化编辑与播放系统的教学模式

胡铁生（2013）提出中小学微课设计的主要原则和注意事项，这些主要围绕微课作为一种呈现和交互媒体展开。② 此外，胡铁生等（2012）提出微课的开发过程，也是围绕视频的制作而论述。③ 包括①合理选题。②撰写教学设计规范化。③精细化课堂教学。④撰写课堂教学视频字幕。⑤拓展其他教学资源。基于此开展研究泛在学习环境下微课的学习模式。

党保生（2012）提出了泛在学习环境的高职英语资源库建设原则和设计要点：围绕教学目标组织丰富、优质的资源；资源呈现形式多样化；进行资源描述，提高资源利用率。并指出泛在学习资源集声音、图像、触觉和视觉于一体，以图文并茂、动静结合的方式呈现信息内容，打破传统教学模式的单一性和平面化，可以调动学生的多种感官，可听、可感、可看，

---

① 参见刘小晶、张剑平《教学视频微型化改造与应用的新探索》，载《中国电化教育》2013 年第 3 期，第 101 - 105 页。

② 参见胡铁生《中小学微课建设与应用难点问题透析》，载《中小学信息技术教育》2013 年第 4 期，第 15 - 18 页。

③ 参见胡铁生、詹春青《中小学优质"微课"资源开发的区域实践与启示》，载《中国教育信息化》2012 年第 22 期，第 65 - 69 页。

学习效果远远优于单一感官刺激的学习效果。①

李超、郝玲玲（2012）研究了面向泛在学习的教学资源设计，提出视频资源格式需要多样化。泛在学习环境中，学员可以使用任何可显示资源的终端进行学习，不同的学习载体支持不同的视频资源格式。所以在制作视频资源的时候，要考虑多种学习载体的需要，将一段教学视频转化为不同的视频格式，方便学员根据自身需要进行选择。而同样格式的视频，也要考虑传输带宽、屏幕长宽比、声音质量等因素，可进行不同方式的压缩。②

李彦忠、孙少坤、肖新华、赵大有（2010）提出了支持泛在学习的数字化学习资源的技术标准：资源在各种终端和异构平台之间的连通互换、学习片段粒度大小的科学划分、学习片段间的逻辑聚合、学习片段的动态智能排序、学习片段推送方式的适应性、支持过程性信息的检测和共享、支持学习者对学习片段的贡献、支持自动更新优化排序、支持智能快速检索。③

孙滨（2013）提出了在泛在学习模式下，对"程序设计"课程与"数据结构"课程进行教学内容的有机融合，形成一个学习资源库，以建立《数据结构》立体化教学资源，包括文本、图片、视频、动画等资源。并在此资源基础上提出泛在学习框架模式，如图5所示。数据结构立体学习资源及泛在学习框架模式整合了现实的、虚拟的和技术的多个层次和维度。数据结构立体教学资源一般是由教育者依据数据结构知识主题的共性需求，设计综合项目，创设泛在学习模式，编制泛在学习立体教学资源来设计泛在学习环境下无处不在的学习过程，并在学习过程中通过各种途径提供必要的指导、辅导。学习者则要根据自己的需要，查找并选择适合的培训项目，按照教育者创设的环境、条件、过程，并利用编制的立体教学资源进行学习、交互。④

---

① 参见党保生《基于泛在学习环境的高职英语资源库建设探析》，载《职教通讯》2012年第12期，第63-65页。

② 参见李超、郝玲玲《面向泛在学习的教学资源设计探析》，载《中国教育技术装备》2012年第18期，第38-39页。

③ 参见李彦忠、孙少坤、肖新华等《泛在学习数字化资源技术标准的设计原则研究》，载《中国远程教育》2010年第9期，第64-68页。

④ 参见孙滨《泛在学习模式下数据结构立体教学研究》，载《河南科技学院学报》2013年第4期，第113-115页。

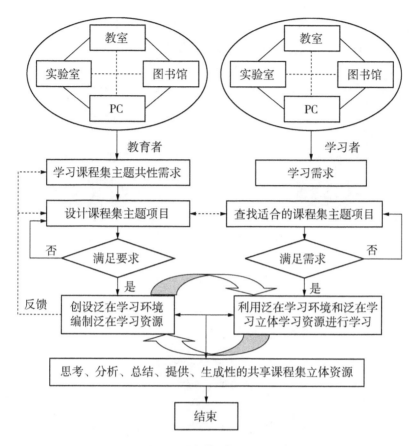

图5 泛在学习框架模式

肖君等（2011）基于 Keller's（1983）ARCS 模型和 Shih's（Shih & Mills, 2007）移动学习模型，提出支持移动学习的综合模型，如图6所示。该研究认为，开发优秀移动学习资源的教育工作者，应该从分析学习者的四个变量来开展他们的工作。这些变量包括地点、技术、文化和满意度（LTCS）。对于许多在线课程，除了强调学习者，也需要重点考虑教学设计。移动学习的教学设计包括三个方面：教学设计、技术设计和可用性设计。教学设计、技术设计和可用性设计的最终目标是促进并保持学习者的高满意度。该模型的底层部分提供了一个"技术"实例，是一种建构移动学习活动的方法。学习资源可以源自教室和非正式学习的网站，例如播客和 Youtube。学生用不同的设备获取学习资源，并积极参与到学习和创造的过程中。例如，在一堂英语课中，学生们被要求使用移动电话记录他们的发音，再上传到学习管理系统或者社会网络站点。然后，他们会接收来自辅导员、教师或同伴的反馈。为了确保学习者的高满意度，移动学习设计的综合模型需要考虑地点、技术（学习的平台、设备和方法）以及文化。①

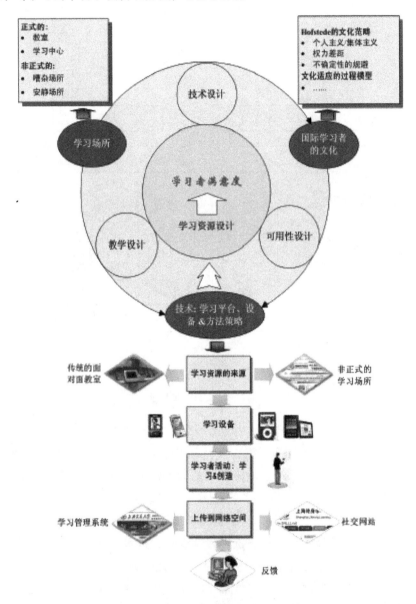

图6　移动学习设计的综合模型

———————

① 参见肖君、王敏娟、李雪《移动学习资源和活动的综合模型设计研究》，载《现代教育技术》2011年第7期，第15－20页。

吴祥恩（2012）认为，微型视频案例的教学模式应从案例结构、教学流程、组织形式等多个维度，进行立体化构建。其中，案例结构主要包括案例片段、案例问题、案例评价三个部分；教学流程主要以案例教学的基本流程为框架，包括资源准备、课堂观察、案例讨论、角色扮演、实践反思等环节；组织形式主要是借助各类移动技术，确保案例的准备、观察、讨论、扮演、反思等环节的顺利实施。具体教学模式构建如图7所示。①

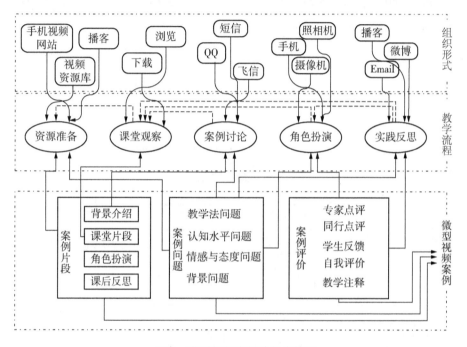

图7 微型视频案例的教学模式

李素琴（2010）对大学生诗词鉴赏移动学习课程及学习模式进行了设计。其认为：首先，学习者是课程的使用者，通过移动终端设备，经过无线网络接入课程服务器，进行内容的学习，实现"随时随地"访问课程学习资源。其次，学习者是知识的主动获取者，对课程的学习包括选择满足自己需求的诗词学习内容；通过在线浏览、查询、点播或下载自己需要的且与自己所选诗词相关课程资源、内容；还可以进行相关学习内容的练习、同步测试，如

---

① 参见吴祥恩《移动学习背景下微型视频案例与其创新应用》，载《中国电化教育》2012年第6期，第73–77页。

文学常识、字词读音解释等，并对完成练习或测试提交，教师或课程系统自动进行评价，实现对学习结果随时的灵活监测；学习者还能使用课程系统或移动设备的其他交互方式，进行在线资源搜索，或者与教师、其他学习者取得联系，实现在线或其他方式的实时答疑、交流等。另外，移动学习有支持多种学习方式（协作学习、竞争学习等）的功能，所以，学习者本身还充当其他学习者的协作者。最后，在学习的过程中，学习者能把自己所获得的有用资源进行共享，对于该研究所涉及的诗词鉴赏课程内容还强调学习者对所习得的知识进行迁移。学习模式如图8所示。①

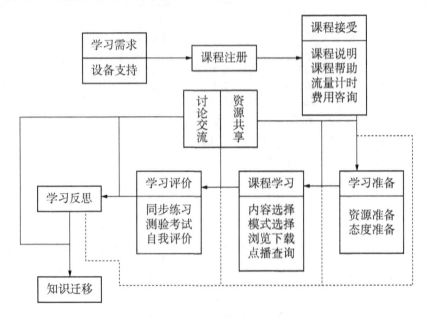

图8　大学生诗词鉴赏移动学习模式

通过以上对国内泛在学习环境下微课的学习模式的研究，指导本研究的泛在学习环境下微课的学习模式中学习资源的设计。

（二）以泛在学习平台、环境建构为主要角度，研究泛在学习环境下微课的学习模式

部分研究者在研究不同的泛在学习平台、环境的基础上，研究了泛在

---

① 参见李素琴《大学生诗词鉴赏移动学习课程的设计与开发》，河北大学硕士学位论文，2010年。

学习环境下微课的学习模式。主要有基于云计算的平台、基于 Podcasting 的泛在学习环境、面向 iPad 等平板电脑的移动学习系统等。

郑军、王以宁、王凯玲等（2012）基于微型学习与泛在学习相关理论，分析微型学习视频的突出优势，然后着重论述微型学习视频在移动学习中的应用潜力，并构建了微型学习视频系统模式，如图9所示。研究者认为，学习类视频可以生动形象地呈现学习内容，让使用者的注意力集中，从而达到良好的学习效果。微型学习视频系统模式主要基于移动媒介终端设备，如智能手机、PDA、iPad、掌上电脑等。移动媒介终端为微型视频学习的管理者与接收者搭建了互动交流平台。基于移动媒介终端的微型学习视频内容简练，可以满足使用者随时随地的学习需求。[①]

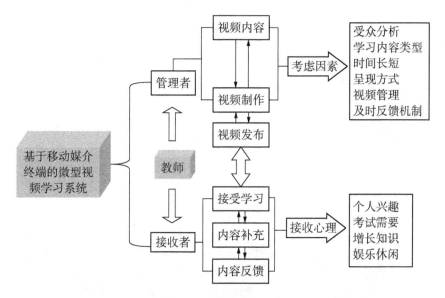

图9　微型学习视频系统模式

周文娟（2012）研究了基于云计算的英语泛在学习模态与学习资源，建构了基于云计算的英语泛在学习模态，如图10所示。研究指出，英语泛在学习不仅需要随时方便地获取适合的信息，更重要的是能够获得真实语境。而只有建立了国际校际间的远程协作，为真实的语言交流架设学习链

[①] 参见郑军、王以宁、王凯玲等《微型学习视频的设计研究》，载《中国电化教育》2012年第4期，第21-24页。

接的桥梁,才可能随时获得这样的语境,才可能邀请目的语国教师指导和评价学习,以及通过远程系统寻找协作学习交流伙伴,进行交流协作学习。学生携带他们方便使用的任何形态的移动终端来到 PC 前,该 PC 机通过识读移动终端芯片上的信息,由无线网络连接移动核心服务器进行验证通过,使学生远程无线访问自己在云中的 PC 硬盘,这时便可以任意获取所需要的英语学习信息。针对自己的需要,学习信息可以是一段慢读的全息语音视频,可以是即时的英语新闻视听,可以直接介入地球某地某场景中的某项会话,也可以传输一篇译文请求批阅,或者是与教师及异国朋友交流某项事宜,等等。总之,泛在学习的开放协作系统可以满足一切形式的协作学习需求。①

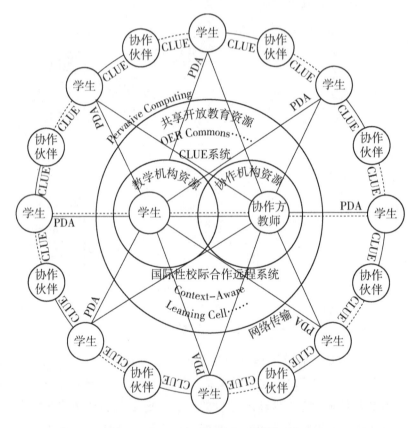

图 10　基于云计算的英语泛在学习模态

---

① 参见周文娟《基于云计算的英语泛在学习模态与学习资源研究》,载《远程教育杂志》2012 年第 4 期,第 73 - 78 页。

王斐、傅钢善（2013）构建了促进教师专业能力发展的基于云服务的微内容移动学习模式，如图11所示。在该模式下学习资源分为两部分，即为教师专业能力发展专门建设的微内容资源库和基于社会性网络软件或社交网络服务SNS（Social Network Software 或 Social Network Service）而形成的学习资源，如 Blog、Wiki、Pod-casting、Micro-Blog 等。云端的移动设备通过3G或Wi-Fi与云服务平台的微内容学习资源高速连接、实时交互。教师把来自一线的问题、解决问题的方法及教育思想等通过移动终端微内容化，再通过云服务平台进行交流共享，从而形成错综复杂的人际关系网。长期的思想交流与观点碰撞使他们形成相对稳定的群聚网络，借助微内容的聚合工具建立相互信任、更加广泛的学缘关系。①

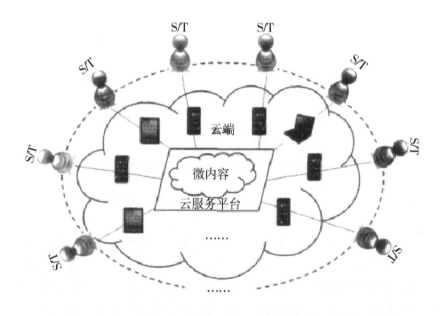

图11　促进教师专业能力发展的基于云服务的微内容移动学习模式

冯宜（2011）认为，基于Podcasting的泛在学习环境可以应用到专家、教师、学习者的生活中的每一个角落，从传统的课堂应用到引入新技术的现实环境智能化的智能教室，从个人自主学习环境的建立到开放的虚拟学院、虚拟大学等深层次、高质量的学习环境的构建。在其研究中建构了基

---

① 参见王斐、傅钢善《基于云服务的微内容移动学习在教师专业能力发展中的模式探析》，载《中国教育信息化》2013年第1期，第46-49页。

于 Podcasting 的泛在学习的结构模型，如图 12 所示。①

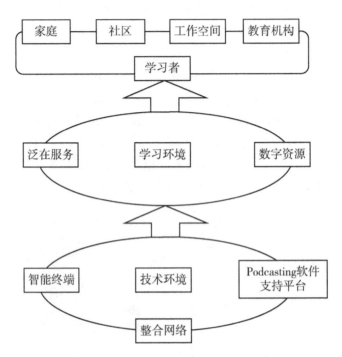

图 12　基于 Podcasting 的泛在学习的结构模型

　　蒋云平（2012）研究了面向 iPad 的移动学习系统所用的相关技术，包括 HTML5、HTTP Live Streaming 流媒体协议以及 jQenry Mobile，在此基础上解决了移动学习系统建设的关键问题，实现了视频的流媒体播放与触摸交互操作等。在此基础上设计和开发了面向 iPad 的移动学习系统：根据面向 iPad 的移动学习资源设计要求与移动学习系统交互体验设计原则，利用 HTML5 的移动 web 形式实现了移动学习系统；设计了移动学习系统包括系统交互、功能模块以及数据库设计；阐述了视频格式转换、视频播放及触摸操作等主要功能模块的实现。②

　　赵琦（2012）总结了基于平板电脑移动学习资源设计的原则和一般流程，以国家开放大学的"综合英语一"课程为例，结合国家开放大学的移

---

　　①　参见冯宜《基于 Podcasting 的泛在学习研究》，载《中国教育技术装备》2011 年第 24 期，第 8-11 页。
　　②　参见蒋云平《面向 iPad 的移动学习系统研究与实现》，华中师范大学硕士学位论文，2012 年。

动学习平台,设计适用于平板电脑的移动学习资源进行实验案例研究。①

台湾"中央大学"计算机科学与信息工程学院研究人员研究建立一个环境感知的泛在学习环境。泛在学习环境提供可相互操作的、普适的和无缝的学习体系,该体系可以将学习环境里的三个主要要素进行联系、整合和实现它们之间的共享,这三个系统要素即协作者、学习内容和学习服务。②

太奇教育于 2011 年 11 月推出的太奇 Pad,并以此为技术平台,将名校的优质教学资源设计为与太奇 Pad 配套的移动学习资源,如图 13 所示。通过访问太奇平板电脑主页可以对基于太奇 Pad 终端而设计的移动学习资源进行浏览,主要包括两大部分:黄冈中学系列辅导课程和百科书库。其中,最主要的是针对各科辅导课程,结合黄冈中学提出的"四步辩证学法"和平板电脑的技术优势,设计了相应的移动学习资源供众多中学生下载和学习。③

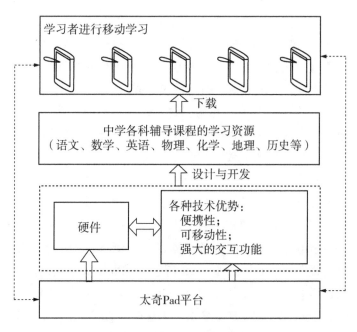

图 13 太奇 Pad 移动学习模式

---

① 参见赵琦《基于平板电脑的移动学习资源设计研究》,华中师范大学硕士学位论文,2012 年。

② Stephen J. H. Yang. Context Aware Ubiquitous Learning Environments for Peer-to-Peer Collaborative Learning. Educational Technology & Society, 9(1): 188–201.

③ http://www.tqpad.com/2013-08-05.

通过以上对国内泛在学习环境下微课的学习模式的研究，指导本研究的泛在学习环境下微课的学习模式中学习情景的设计。

（三）以学习过程为主要角度，研究泛在学习环境下微课的学习模式

根据正式学习和非正式学习、终身教育、协作学习、探究学习、基于问题学习等不同的学习过程所具有的特点，学者们研究了泛在学习环境下微课的学习模式。

肖君等（2009）提出了面向终身教育的 U-learning 学习模式，如图 14 所示。它将正式学习和非正式学习两者结合起来，从而最大化地促进学习。学习模式在正式与非正式、个体与协作的交叉纬度中构成。U-learning 的学习模式既包括正式学习中教师主导的讲授型教学、基于网络课程的学习、研究性学习、基于资源的学习等，也包括非正式学习中个体基于知识门户、移动电视、PDA、Web 2.0 技术，以及基于虚拟学习社区的协作互助学习、行动学习等学习模式。行动学习是指通过小组成员的相互帮助，运用 U 终端创设的学习环境，解决实践中的问题或完成某项任务的学习方式。①

杨孝堂（2010）依据学习方式、学习的资源基础将泛在学习的模式分为三类，即非正式资源学习、准正式主题学习和正式的课程学习。①非正式资源学习，是指完全基于数字化学习资源的非正式学习。一般的学习过程是：学习者依据自我学习需求，查找合适的学习资源，利用学习资源进行学习，如果资源不能满足自己的需要，学习者会重新查找更合适的学习资源，通过学习，学习者可能会在进行思考、分析、总结后，撰写一些心得、体会，甚至编写一些新的资源，提供到资源系统中，形成生成性的共享资源。非正式资源学习模式如图 15 所示。②准正式主题学习，是指基于学习资源和教师的、介于正式学习和非正式学习之间的一种学习模式，如培训、"干部在线学习网"等。准正式主题学习模式如图 16 所示。③正式的课程学习，是指基于学习资源和教师的正式学习，如一个专业的课程学习或者一个证书教育的课程学习。正式的课程学习模式如图 17 所示。②

---

① 参见肖君、朱晓晓、陈村等《面向终身教育的 U-learning 技术环境的构建及应用》，载《开放教育研究》2009 年第 3 期，第 91－95 页。

② 参见杨孝堂《泛在学习：理论、模式与资源》，载《中国远程教育》2011 年第 6 期，第 69－73 页。

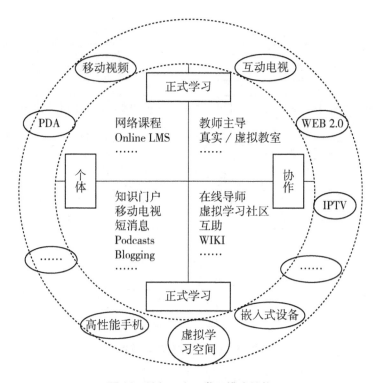

图 14　U-learning 学习模式结构

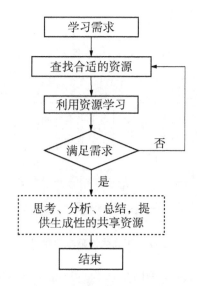

图 15　非正式资源学习模式

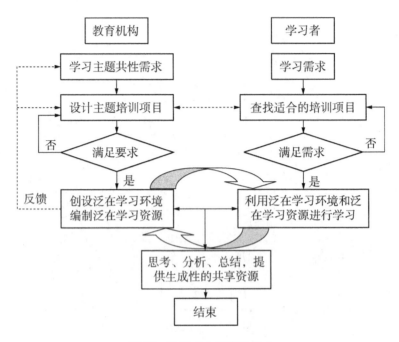

图 16 准正式主题学习模式

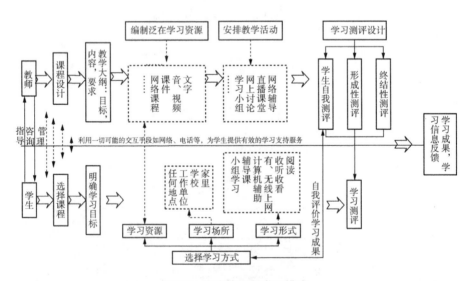

图 17 正式的课程学习模式

郭成、赵婷婷、陈敏（2013）认为，泛在学习资源包括多媒体的教学资源，如课件、教材、音视频资源、动画以及试题、试卷、常见问题解答等。在此基础上基于泛在学习理论提出了泛在视野下的基于问题导向的终身学习模式、泛在视野下的基于协作式的终身学习模式、泛在视野下的探究式终身学习模式、随即进入式的终身学习模式四种终身学习模式。① 如图18至图21所示。

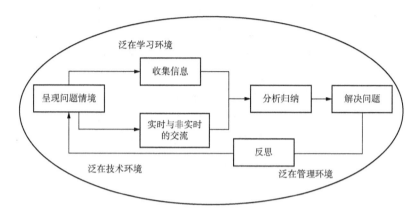

图18　泛在视野下的基于问题导向的终身学习模式

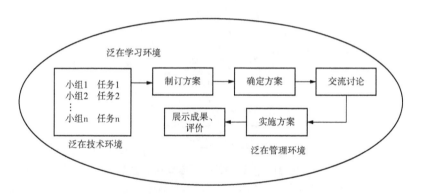

图19　泛在视野下的基于协作式的终身学习模式

---

① 参见郭成、赵婷婷、陈敏《泛在学习理论视野下的终身学习模式的构建》，载《中国教育技术装备》2013年第3期，第19－22页。

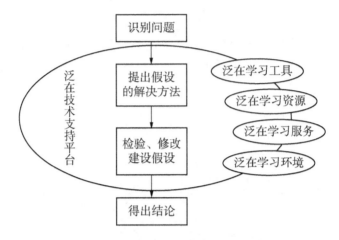

图20　泛在视野下的探究式终身学习模式

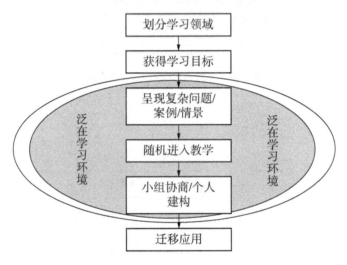

图21　随即进入式的终身学习模式

曹超（2010）提出，Podcasting技术可以支持正式和非正式两种学习方式。正式学习方式，即课堂教学中，教师通过Podcasting为学生提供声音、视频、动画等，使课堂教学的内容更形象化，更具吸引力，从而为学生创造非常生动的学习环境，达到使用英语进行交际的最终目的。非正式学习方式，即在利用Podcasting技术发表文本信息的基础上，传播视频、音频、Flash动画等多媒体资源，也可以提供下载PowerPoint教学文档及网络课件等的链接，丰富的视听体验可以实现寓教于乐、寓学于乐。由于Podcasting尤其以音、视频的传播交流、交互为特色，在讨论学习中使学习者习得隐性知识。同时 Podcasting 也为学习评价提供了过程性资源，为多样性教学评价提供了依据。研究中提出了 3A 自主学习模式、3C 协作学习模式和 Mobile 课程模式三种学习模式，如图 22 至图 24 所示。①

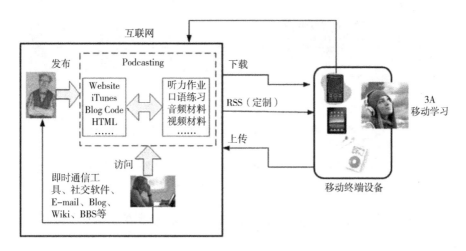

图 22　基于 Podcasting 技术的 3A 自主学习模式

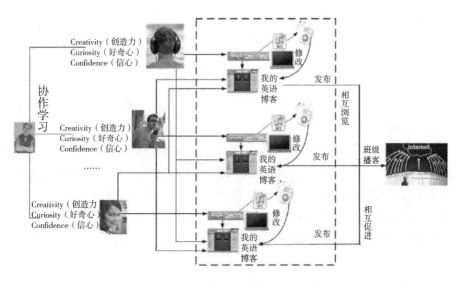

图 23　基于 Podcasting 技术的 3C 协作学习模式

---

①　参见曹超《利用 Podcasting 技术构建英语听说移动学习模式》，载《中国电化教育》2010 年第 9 期，第 99－103 页。

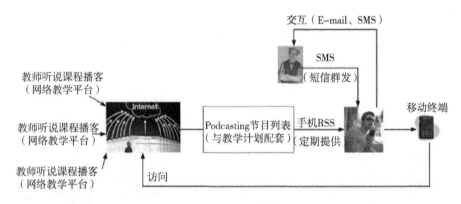

图24 基于 Podcasting 技术的 Mobile 课程模式

通过以上对国内泛在学习环境下微课的学习模式的研究，指导本研究的泛在学习环境下微课的学习模式中学习过程的设计。

（四）以学习活动设计为主要角度，研究泛在学习环境下微课的学习模式

也有部分研究者依据活动理论、课堂教学活动的组织对泛在学习环境下微课的学习模式进行了研究。

吴军其等（2012）研究了以手持终端设备为平台的微学习形式，以活动理论和情境学习理论为指导，提出了微课件学习活动设计的步骤和内容包括：①确定学习活动的目标；②设计学习活动的具体任务；③确定学习活动的流程；④制定学习活动的规则。在此基础上，提出了微课件中的学习活动系统，如图25所示。①

程志、龚朝花（2011）依据活动理论所提出的分析和理解人类活动的完整的理论架构，分析了微型移动学习活动系统的构成要素及其相互关系，论述了活动理论给微型移动学习活动设计带来的启示。在此基础上，构建了微型移动学习活动的设计框架，它主要包括六个环节：需求分析、核心要素设计、活动设计、活动中介设计、活动情境设计及活动评价设计。如图26所示。②

---

① 参见吴军其、齐利利、胡文鹏等《微课件的学习活动设计》，载《中国电化教育》2012年第9期，第106－109页。

② 参见程志、龚朝花《活动理论观照下的微型移动学习活动的设计》，载《中国电化教育》2011年第4期，第21－26页。

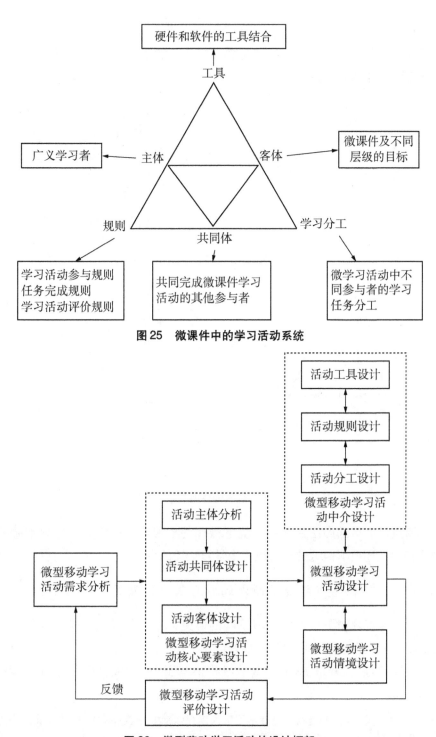

图 25　微课件中的学习活动系统

图 26　微型移动学习活动的设计框架

汪文静、赵爱红（2009）设计了一个将泛在学习融入传统课堂中的学习模式，共分为四个模块，分别是准备模块、教学模块、评价模块和课后练习模块。如图 27 所示。①

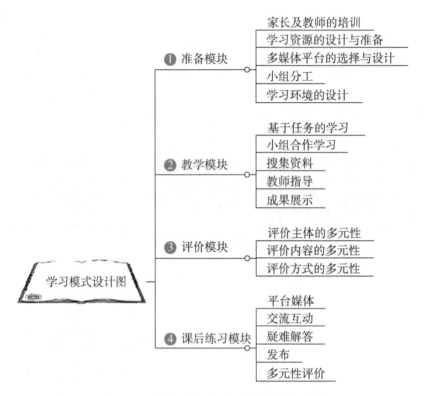

图 27　泛在学习融入传统课堂中的学习模式

通过以上对国内泛在学习环境下微课的学习模式的研究，指导本研究的泛在学习环境下微课的学习模式中学习活动的设计。

（五）泛在学习环境下微课的学习策略的研究

泛在学习环境下微课的学习策略的研究，主要是围绕泛在学习环境下无缝学习和微型学习的主要特点展开。

吴军其等（2012）认为，微学习特指基于手持终端设备的泛在学习，

---

① 参见汪文静、赵爱红《泛在学习融入传统课堂中的学习模式设计》，载《中国教育技术装备》2009 年第 27 期，第 7-9 页。

是一种数字化的学习方式,并从微课件的交互设计出发,提出了基于微课的交互学习策略,从复述策略、精加工策略、组织策略等方面阐述基于微课的交互学习策略。①

曹双双(2012)提出了完善泛在学习环境下无缝学习策略体系的构建建议,包括:转变学习观念,充分利用泛在学习优势促进无缝学习策略形成;改善泛在学习环境,提高自主学习策略能力;发挥学习者的主体作用,增强泛在学习者的自主学习能力等。②

顾小清、顾凤佳(2008)研究了微型学习策略,认为微型学习策略是以实用短小的内容组块来设计学习内容,以微型的媒体来呈现微型的课程内容,以多种移动通信工具来承载微型内容,并设计在内容、学习者之间的互动通信。从课程内容设计、媒体设计和通信设计三个方面论述了微型学习策略。微型学习策略指导下对移动学习课程内容的设计,是结合成人学习的规律与特点而设计、制作满足移动学习随时随地需求的微型课程内容。由于移动学习是一种"非固定"状态的、注意力"高度分散"的、零碎的、小容量的、随时随地的学习,设计移动学习课程的关键在于组织微型的内容,使之呈现出"松散的、分布式的"特点,且简洁实用,可随时进入。在进行媒体设计的时候,有两个方面的问题需要考虑:如何针对需要呈现的微型内容来选择合适的显示媒体?针对网络带宽、显示终端的局限,以及微型学习的持续时间限制,如何设计媒体的文件格式、长度、分辨率等细节?在通信设计方面,研究者认为在移动学习过程中,由于学习终端与学习管理系统之间缺乏明显的连接,还需要为学习交互进行通信设计,包括学习内容的更新、学习过程中的交互与反馈。学习者与学习资源内容的交互可以通过移动通信予以实现,而学习过程中的交互与反馈,包括学习者与教师之间的交互、学习者与学习者之间的交互、学习者与学习管理平台之间的通信,则可以通过在线实时信息交互的方式来实现。③

通过以上对国内泛在学习环境下微课的学习策略的研究,指导本研究

---

① 参见吴军其、张纯、刘治强《微课件的交互学习策略研究》,载《软件导刊(教育技术)》2012年第5期,第5-7页。

② 参见曹双双《基于泛在环境的无缝学习策略研究》,北京交通大学硕士学位论文,2012年。

③ 参见顾小清、顾凤佳《微型学习策略:设计移动学习》,载《中国电化教育》2008年第3期,第17-21页。

的泛在学习环境下微课的学习策略中管理策略的设计。

三、国内外泛在学习环境下微课平台的研究现状

（一）选取的研究样本

为对国内外泛在学习环境下微课的学习模式与策略研究动态进行追踪，本研究选取了可汗学院、TEDEd、5分钟课程网的微课视频资源，调研泛在学习环境下微课在教育、教学等方面应用的成功经验。

1. 可汗学院

可汗学院（Khan Academy）（https：//www.khanacademy.org/），是由孟加拉裔美国人萨尔曼·可汗创立的一家教育性非营利组织，主旨在于利用网络影片进行免费授课，现有关于数学、历史、金融、物理、化学、生物、天文学等科目的内容。可汗学院利用了网络传送的便捷与录影重复利用成本低的特性，每段课程影片长度约10分钟，从最基础的内容开始，以由易到难的进阶方式互相衔接。

2. TEDEd

1984年，美国人理查德·S.乌尔曼（Richard Saul Wurman）发起了一场演讲大会，这一演讲大会取科技（technology）、文娱（entertainment）、设计（design）三个英语单词的首字母，称为TED大会。1990年，TED举办了第二场大会。自那之后，TED大会声名鹊起，并固定于每年2月底3月初定期举办演讲大会。2010年，TED大会在其官方网站开辟了专门针对教育者的频道TEDEd。TEDEd关注如何将TED演讲以及TED演讲的方式应用到中小学教学当中，网站搜集了一批以教育为主题的、时长在10分钟以内的TED演讲，视频中将TED舞台上的演讲者与动画特效结合在一起（这项特效是由Fastcompany最有创造力的人Sunni Brown领导的项目），演讲主题是面向高中年龄听众的关于神经科学、进化论等方面的内容。这个频道允许听众提名他们所熟知的人们，然后TEDEd会帮助他们建立自己的TEDEd视频。

3. 5分钟课程网

为推进现代信息技术与教育的深度融合，更好地适应学历及非学历教育多样化、个性化的学习需求，国家开放大学于2012年年底启动了"5分

钟课程建设工程"项目。2013 年，国家开放大学"5 分钟课程网"（http://www.5minutes.com.cn）正式开通。"5 分钟课程建设工程"项目是国家开放大学"开放、责任、质量、多样化、国际化"办学理念的体现，是国家开放大学推进现代信息技术与教育的深度融合、促进全民学习和终身学习的学习型社会建设的重要举措。至 2013 年年底，学校计划通过现有资源改造、自建、合作等方式建设 10000 个"5 分钟课程"。3 年内，建设完成 30000 个涉及学历教育、非学历教育，覆盖数百个学科领域的"5 分钟课程"教学资源。

（二）调查框架设计

对学习平台的研究，主要有国外 Oliver 和 Hannafin（2001）的四要素说（情境、资源、工具和支架）[1]，Jonassen 等（2002）的六要素说（问题、相关案例、信息资源、认知工具、会话与协作工具），Collins 等（1989）的认知学徒说（内容、方法、序列和社会性）。卡恩博士（Khan,1997）在其主编的《网上教学》中提出了网上学习环境的八大组成部分：课程内容建设、多媒体成分、网络工具、计算机和存储设备、网络链接和网络服务提供者、编程语言和工具、服务器，以及网络浏览器和其他应用程序。[2] 此后，卡恩博士向各国学者不断征求对《网上教学》一书的反馈意见，综合大量学者的观点后，他开始修改网上学习环境的框架。在 2001 年和 2002 年（Khan,2001、2002），卡恩博士形成了一个新的针对教育机构而言的网上学习环境的框架，包括管理的、教学论的、技术的、界面设计的、评价的、资源支持的、道德的、机构的八个维度。可以看出，这八个维度综合了整个网上学习过程的管理、教学、技术、资源、评价、道德等内容。[3][4]

---

[1] Oliver, K &M. Hannafin. Developing and Refining Mental Models in Open-Ended Learning Environments: A Case Study. ETR&D, 2001, 49 (4): 5-6.

[2] Khan, B. H. Web-based Instruction (WBI): What is it and why is it?. In B. H. Khan (Ed.). Web-based Instruction. Englewood Cliffs, New Jersey: Educational Technology publications, 1997: 5-18.

[3] Khan, B. H. A Framework for E-learningE-learning Magazine, http://lomo.kyberia.net/diplomovka/webdownload/partial/elearningmag.com/E-learning%20-%20A%20Framework%20for%20E-learning.pdf, 2013-08-18

[4] Khan, B. H. Discussion of E-learning Dimensions. Education Technology, 2002 (1): 59-60

而国内有陈琦等（2003）的学习生态说（外部社会文化环境层、学习社群、信息资源、技术、学习活动），钟志贤（2005）的七要素说（活动、情境、资源、工具、支架、学习共同体和评价），黄荣怀等（2012）的五因素说（数字化学习资源、虚拟学习社区、学习管理系统、设计者心理和学习者心理）。[①] 张伟远（2005）认为，网上学习环境由八个维度组成：教学设计、内容设计、网站设计、灵活性、学生互动、教师支持、技术支持、学习评估。[②]

根据以上研究，本研究将从学习情境、学习资源、学习共同体、学习活动和学习支持服务几个方面组成分析框架。

1. 学习情境分析

情景是泛在学习平台中重要的要素之一。在微课的泛在学习平台中情景的创设包括描述境脉、复杂问题分析、模块组织、模块排序。

2. 学习资源分析

微课的泛在学习平台中的资源主要是微课及其相关资源。包括知识点、例题习题、疑难问题、实验操作等，根据学习主题的需要可以拓展。资源主要是以视频的形式呈现的微课。

3. 学习共同体分析

微课的泛在学习平台中的学习共同体是由学习者及其助学者（包括教师、通讯员等）共同构成的团体，他们彼此之间经常在学习过程中进行沟通、交流，分享各种学习资源，共同完成一定的学习任务，因而在成员之间形成了相互影响、相互促进的人际联系。

4. 学习活动分析

按学习活动理论，学习活动可以分为主体、客体、共同体、工具、规则和分工六个要素。在泛在学习环境下微课的学习活动中，主体是指广义学习者，客体是指学习的对象，共同体是指与学习者共同完成学习过程的参与者，工具是指学习过程中使用的硬件与软件工具，规则是指能够协调主体与客体的、微课件学习活动中的一种约定，分工是指微课件学习活动

---

① 参见黄荣怀、杨俊锋、胡永斌《从数字学习环境到智慧学习环境——学习环境的变革与趋势》，载《开放教育研究》2012年第1期，第75-84页。

② 参见张伟远《网上学习环境评价模型、指标体系及测评量表的设计与开发》，载《中国电化教育》2004年第7期，第29-33页。

过程中不同参与者在学习过程中的任务分工。

5. 学习支持服务分析

在微课的泛在学习平台中，为了协调学习共同体之间的关系，提高学习效率、优化学习效果，向学习者提供学习相关的服务、管理和评价。服务主要包括基于互联网技术的双向交流为主的各种信息的、资源的、人员的和设施的支持服务，管理包括学习者学习过程的监督、学习者个人信息的管理，评价包括借助互联网技术开展的过程性评价、诊断性评价和总结性评价。

（三）问卷设计

根据调查问卷设计的框架，问卷一级指标设置为学习情境、学习资源、学习共同体、学习活动和学习支持服务5个指标项，二级指标为18项。设计了"完全同意""基本同意""一般""基本不同意"和"完全不同意"5个等级双向量表。

为检验调查问卷的同质性、信度和效度，向被测者发放了30份量表，收集预答数据，运用 IBM SPSS Statistics 20.0 进行以下分析：

对各题项与总分的相关系数进行分析。各题项的显著性概率均小于0.05，相关系数均大于0.4，表示各题项与总分的积差相关均达到显著，并呈现中高度相关关系。各题项均可保留。采用克隆巴赫 α（Cronbach α）系数检验问卷的信度，克隆巴赫 α 系数又称内部一致性 α 系数，通过信度分析，问卷的信度检验内部一致性 α 系数 = $0.970 > 0.8$，问卷的内部一致性佳。

（四）调查对象

本调查从网络上发放问卷，调查对象在可汗学院、TEDEd 和 5 分钟课程网均开展过学习活动，向 52 位调查对象发放问卷，每位调查对象分别针对可汗学院、TEDEd 和 5 分钟课程网这 3 个平台填写 3 份问卷。

（五）调查结果

1. 学习情境分析

从调查数据看，可汗学院、TEDEd 和 5 分钟课程网在学习情境一级指标的得分中，可汗学院的得分率最高，5 分钟课程网的得分率最低，如表 2

所示。通过独立样本 t 检验，可汗学院的得分与 5 分钟课程网的得分差异显著。由此看出，可汗学院对学习情境的设计较好。

表2　三个微课平台的学习情境得分率

一级指标	二级指标	得分率（Fi）		
		可汗学院	TEDEd	5分钟课程网
学习情境	该平台学习情境的设置有利于理解问题的境脉	0.87	0.8	0.78
	该平台学习情境的设置有利于对复杂问题的分析	0.85	0.78	0.75
	该平台学习模块组织有利于开展学习	0.82	0.8	0.72
	平均得分率	0.85	0.79	0.75

2. 学习资源分析

从调查数据看，可汗学院、TEDEd 和 5 分钟课程网在学习资源一级指标的得分中，可汗学院的得分率最高，5 分钟课程网的得分率最低，如表 3 所示。通过独立样本 t 检验，三者的得分差异不显著。由此看出，三个平台之间的学习资源设置上没有较大差异。

表3　三个微课平台的学习资源得分率

一级指标	二级指标	得分率（Fi）		
		可汗学院	TEDEd	5分钟课程网
学习资源	该平台对知识点的组织好	0.83	0.83	0.85
	该平台的例题习题有利于开展学习	0.84	0.82	0.83
	该平台的对疑难问题分析能帮助我解决实际问题	0.85	0.82	0.78
	该平台的实验操作对我的学习有帮助	0.84	0.80	0.78
	平均得分率	0.84	0.82	0.81

3. 学习共同体分析

从调查数据看，可汗学院、TEDEd 和 5 分钟课程网在学习共同体一级指标的得分中，5 分钟课程网的得分率最高，TEDEd 的得分率最低，如表 4 所示。通过独立样本 t 检验，5 分钟课程网、TEDEd 的得分差异显著。由此看出，5分钟课程网在学习共同体上的设计较好。

表4 三个微课平台的学习共同体得分率

一级指标	二级指标	得分率（Fi）		
		可汗学院	TEDEd	5分钟课程网
学习共同体	在利用平台的学习过程中能进行有效的沟通、交流	0.83	0.84	0.85
	在利用平台的学习过程中能向其他学习者分享各种学习资源	0.84	0.83	0.85
	在利用平台的学习过程中能与其他学习者共同完成一定的学习任务	0.83	0.82	0.88
	在利用平台的学习过程中与其他学习者形成了相互影响、相互促进的人际联系	0.83	0.80	0.86
	平均得分率	0.83	0.82	0.86

4. 学习活动分析

从调查数据看，可汗学院、TEDEd和5分钟课程网在学习活动一级指标的得分中，5分钟课程网的得分率最高，可汗学院与TEDEd的得分率相同，如表5所示。通过独立样本t检验，三者差异不显著。

表5 三个微课平台的学习活动得分率

一级指标	二级指标	得分率（Fi）		
		可汗学院	TEDEd	5分钟课程网
学习活动	在学习活动中，能利用好学习资源	0.82	0.82	0.85
	在学习活动中，能与其他学习者协调好关系	0.82	0.83	0.81
	在学习活动中，平台中的硬件与软件工具对我的学习有帮助	0.80	0.81	0.82
	平台中制定的规则有利于开展学习	0.82	0.82	0.83
	平均得分率	0.82	0.82	0.83

5. 学习支持服务分析

从调查数据看，可汗学院、TEDEd和5分钟课程网在学习支持服务一级指标的得分中，可汗学院的得分率最高，TEDEd 与 5 分钟课程网的得分率相同，如表 6 所示。通过独立样本 t 检验，三者差异不显著。

表 6　三个微课平台的学习支持服务得分率

一级指标	二级指标	得分率（Fi）		
		可汗学院	TEDEd	5 分钟课程网
学习支持服务	平台中提供的信息、资源、人员和设施的支持服务好	0.84	0.80	0.85
	平台中对学习过程的监督、学习者个人信息的管理好	0.81	0.82	0.84
	平台提供的学习测评管理好	0.81	0.80	0.75
	平均得分率	0.82	0.81	0.81

由此看出，可汗学院的总得分率最高，但 5 分钟课程网在学习共同体和学习活动两项的得分率最高。

（六）可汗学院微课平台分析

1. 可汗学院微课平台的学习活动分析

在用户首次登陆可汗学院时，首先进入"任务进度（MISSION PROGRESS）"，每次完成任务之后，进度条会更新。学生的学习由测验开始。例如，在数学学习中，学生会进入"数学测验（Math Pretest）"，如图 28 所示。

图 28　可汗学院的数学测验

根据学生的问题回答情况，系统提供一份分析报告，报告分四个等级，表明学生所处的知识水平，向学生提供相应的学习内容，如图29所示。

图29　可汗学院的数学测验结果

在学习相应的知识内容时，左栏是导航栏，右栏是学习的视频。例如，在学习"三位数加法的进位"时，左栏显示了年级、内容的章节等，右栏是讲解的微视频，如图30所示。

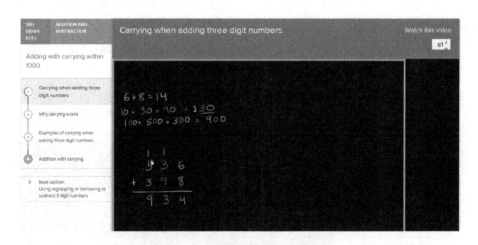

图30　可汗学院的观看微课界面

在学习完一个视频之后，学生可以通过系统向可汗学院反馈，或者获得学习的帮助，包含学习进度的调查、提问、报错、对可汗学院的意见等内容，如图31所示。

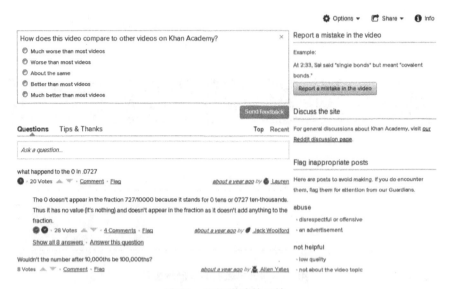

图 31　可汗学院的反馈

2. 可汗学院的泛在学习环境下微课学习平台特点分析

（1）学习情境：通过问题测试设定学习的情景。

学习者在可汗学院中可以看到一个星空图组织而成的"知识地图"，如图 32 所示。图中标识了每个提供练习的知识点，以及它们之间的联系。在左侧的面板中，可汗学院将根据当前学习者此前观看视频和做练习的进度，推荐该学习者下一步可进行的练习，推荐的依据则是"知识地图"中各个练习之间的联系。

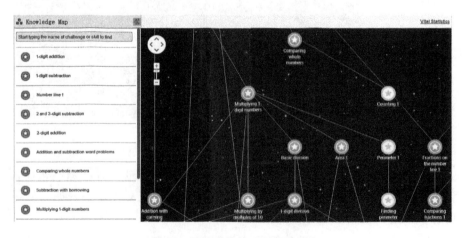

图 32　可汗学院的"知识地图"

（2）学习资源：动态的资源组织，形成学习过程。

可汗学院的每一段视频是一个学习活动序列中的节点，它通过一步一步地演算和讲解，带领学习者逐步深入目标内容。它更像课堂上的一位老师，而不是一个静态的资源。以学习者的学习进度为线索，把已有的资源按照一定的顺序串接起来，这套逻辑外化成一个个学习活动连接而成的学习活动序列，它告诉学习者，你通向哪里，现在你已经完成了什么，你还要做什么，为什么这样做，怎样做，做完这个活动你还需做什么。它通过学习者参与活动，给学习者指出可以实现他学习目标的路径，这也就是可汗学院的学习过程。

（3）学习共同体：组成学习共同体，提供学习支持服务。

在可汗学院中，有学习者和指导者。每个用户都可以在个人页面中添加一名或多名用户作为自己的指导者（tutors），这些被添加的用户在指导（coach）页面即可看到所有注册为自己学生的用户的学习状态。在指导页面内可以显示学生回答问题的状况，出现不同颜色的标识，当学生处于红色标识的紧急（struggle）状态时，表示他在那部分确实遇到了比较大的困难，指导者就需要重点关注这个学生在对应模块的学习。

在可汗学院中的系统推荐活动、个人制定目标、提示操作步骤等，学习者始终在进行人机交互。而可汗学院始终为学习者提供学习支持服务。例如，由专门的学习支持人员定期联系学习者，监督学习者的学习过程，同时为他提供各种学术的、非学术的、管理的和情感的支持。在可汗学院中，指导者扮演了这个角色。起初萨尔曼·可汗做这套视频辅助他的亲戚学习，他可以提供学习支持。当可汗学院的规模扩大，萨尔曼·可汗一人无法提供足够的支持时，可汗学院通过招募用户作为指导（coach）。除正确率的数据以外，可汗学院还会统计学生在每个内容单元停留的时间、能力培养情况，以及学生的个人目标等。

（4）学习活动：支持混合学习活动的开展。

教师可以利用可汗学院的资源，开展混合学习，支持课堂教学。在可汗学院提供的教师资源（teacher resource）里可以看到可汗学院为课堂教师的教学策略和教学行为提供的建议和指导。更进一步地支持课堂内容准备和课堂活动组织，开发促进组织和管理课堂活动的方法和工具，是支持的关键内容。

(5) 学习支持服务：个性化的测评追踪及学习支持。

可汗学院不但给学习者提供教学视频、练习题及问题回答的帮助，在学习者完成部分学习进度后，还会提供相应的测验。测验的页面与练习题相同，也采取多项选择的方式进行。测验的问题有 10～20 个题目不等，每次大约花费 30 分钟。在回答问题遇到困难时，可求助"提示"按钮给予帮助。可汗学院还给注册了账号的学习者提供在线的学习行为分析数据。登录可汗学院网站后，只需要点击相应页面，就可以看到自己学习情况的统计结果。该结果以图表和统计数据的形式列出了学习者每天在可汗学院投入的学习时间、观看的视频数量、发布问题的总次数及回答其他人问题的次数。同时，可汗学院也会统计列出学习者做练习题的正确、错误情况，并给出哪部分需要加强练习的建议。

（七）TEDEd 微课平台分析

1. TEDEd 微课平台的学习活动分析

在 TEDEd 平台中，系统会引导学习者进行四种学习活动：观看（watch）、思考（think）、探究（dig deeper）和讨论（discuss）。

（1）观看（watch）。学习者可以根据主题或者学科去寻找相应的演讲视频，如图 33 所示。

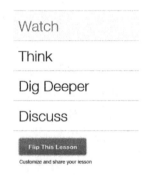

图 33　TEDEd 的观看（Watch）

（2）思考（think）。观看完视频之后，学习者可以进行基于视频的小测试，方便学习者快速掌握基本知识。在其中包括选择题和开放性问题，学生可以上传自己的答案供评阅，如图 34 所示。

图 34　TEDEd 的思考（think）

（3）探究（dig deeper）。系统根据学习者观看视频的内容，向学习者提供一些进一步学习的资料与链接，如图 35 所示。

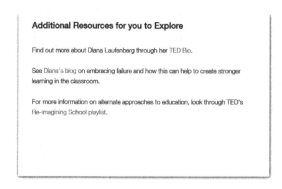 

图 35　TEDEd 的探究（dig deeper）

（4）讨论（discuss）。在学习者完成以上学习之后，可以与其他学习者讨论。在这部分，TEDEd 为学习者提供引导的讨论和开放讨论两种形式，如图 36 所示。

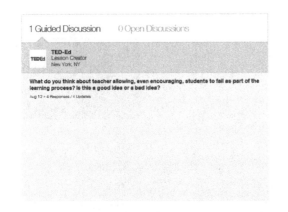

图36　TEDEd 的讨论（discuss）

2. TEDEd 的泛在学习环境下微课学习平台特点分析

（1）学习情境：分类组织资源，形成学习情境。

TEDEd 中是以讲座的形式呈现的视频，在描述境脉、复杂问题分析、模块组织、模块排序等方面，没有可汗学院的关注度高。在其主页通过最新发布、最受欢迎、主要趋势和总目录四个导航，为学习者推荐或通过学科分类目录查找资源。

（2）学习资源：规范的资源开发模式。

每一个 TED 演讲视频的时长都不会超过 18 分钟，这是普通人能够连续集中注意力的最大时长，而且 TEDEd 为线下活动的组织者提供统一的模板，这就保证其活动呈现形式的一致性。在 TEDEd 中，每一个教育视频的时间甚至缩短为不到 10 分钟，这样的设计俨然成为微视频的范例，这一切都源于 TED 对于听众的密切关注。同时，TED 凭借其在全球的大规模传播，赢得了不同国家和文化群体对其价值理念的认同，但又不会对其品质和声誉产生不良的影响，这主要归因于其严格的审核机制。可见，自由是相对的，开放也需建立规范。成熟的组织和运营机制，可以使创新者在天马行空之际而没有后顾之忧。

（3）学习共同体：提供适合个性化学习的学习支持服务。

TEDEd 平台上每一个视频下都有一个独特的"翻转视频"（Flip this lesson）按钮，任何人都可以在自己感兴趣的视频下点击这个按钮，然后就可以自主编辑这段视频，可以删除自己认为没有帮助的部分，也可以加入自己认为很好的内容，不管是视频、文本、链接，还是交互式问答。编辑完成后还可以将其分享给学生,或者通过电子邮件、社交网络平台等分享给更多的人。

所谓"翻转视频"(Flip this lesson),一方面是指教师可以修改、制作视频,并将视频分享给更多的人;另一方面则是跟当前视频教学风行之后的"翻转教学"有关,即学生在课外观看教学视频,进行预习或者复习,在课堂上教师则对学生学习中遇到的问题进行针对性指导,这相当于是对传统课堂流程的一个"翻转"。

(4)学习活动:课堂教学与通识课程。

在 TEDEd 学习的过程相对简单,教师会引用 TEDEd 的资源到课堂教学当中。那些对 TEDEd 和其他网络开放教育资源有一定了解的教师,不仅会模仿网上优质课程的形式,而且会把 TEDEd 视频引入课堂中。他们认为 TEDEd 视频这种具有启发性的形式和一些前沿的观点都是 TEDEd 有别于其他教学材料的价值所在。尤其是相较于长时间的公开课而言,TED 短小的演讲能够为培养学生的创新思维带来更大的帮助。

同时,教师用户也对 TEDEd 所提供的整体材料表现出了相似的顾虑。比如,TEDEd 视频的内容通常缺乏权威性和学术基础,缺乏内容出处的详细注释,TEDEd 视频的内容和专业学习的关联度并不是很大,具有前瞻性的演讲往往不容易落实到具体的知识点上等。

有学者提出了设置 TEDEd 通识课程这样一种混合学习的新方案,教师将不同题材的 TEDEd 视频,依据主题设置大纲,并且在课堂上以视频播放、小组讨论、工作坊的形式传递给学生。2012 年 12 月,陕西师范大学教学部发布的《关于启动国际优质网络视频公开课纳入通识教育选修课试点工作的通知》,将网络视频公开课面向本科生开设,并规定网络视频公开课属于通识教育选修课的有机组成部分,在学分认定上等同于其他通识教育选修课,修得的学分与其他通识教育选修课的学分同等对待。学生选修国际优质网络视频公开课,必须通过学校的选课系统选修,学够学时并通过考核,才能取得学分。

(5)学习支持服务:满足基本的学习需要。

TEDEd 平台提供了视频资源的基本信息,但是没有对学习过程监督、没有对学习者个人信息和学习测评进行管理。

（八）5分钟课程网微课平台分析

1. 5分钟课程网微课平台的学习活动分析

学习者在登录5分钟课程网后，便可以开始学习5分钟课程网中的微课。课程包含生活休闲、文学艺术、历史文化、语言文字、经济管理、教育体育、科学技术、农林牧渔、政治法律、哲学社会科学等学科的微课。学习者可以根据自己的需要通过导航栏选择课程，或者通过"推荐课程""热门TOP10""热门标签"等了解其他学习者正在关注的微课程。选择课程之后，学习者进入学习内容，如图37所示。学习页面中的学习内容主要以视频形式展示，包含辅助的栏目，如：包含课程基本信息和拓展信息的"课程介绍"和"相关课程"、帮助学习者寻找学习伙伴的"正在学习此课程的用户"和"收藏此课程的用户"、用于交流的"课程评论"。

图37　5分钟课程网的学习页面

在 5 分钟课程网中，每个学习者都有一个学习空间，包含博客、相册、文件、微博、资讯、论坛、活动、团队、投票、分享等栏目，主要完成创建学习团队、学习记录和线下活动等学习活动，如图 38 所示。学习者之间可以互相访问学习空间，促进学习的交流，共同建构学习知识。

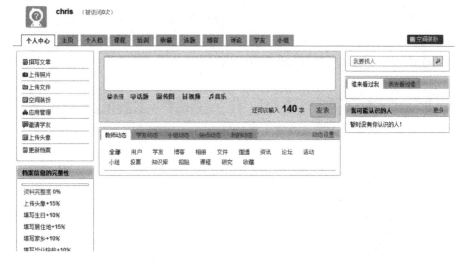

图38　5 分钟课程网的个人学习空间

2.5 分钟课程网的泛在学习环境下微课学习平台特点分析

（1）学习情境：建构探究学习情境。

5 分钟课程网通过资源分类，为学习者导航，提供学习情境。同时，通过建立主题探究学习、混合学习的专题主页，建构学习情境。

（2）学习资源：资源归类组织。

5 分钟课程网通过学科分类对知识点进行组织，并通过专题帮助学习者对问题进行深入探究。

（3）学习共同体：支持学习共同体的组建。

在 5 分钟课程网中，学习者可以创建自己的小组或者团体，组成学习共同体。成立的学习共同体可以是公开的或者私密的。成员可以在学习共同体里分享信息、展示自我，并可以发起话题进行讨论。为加强学习共同体的凝聚力，共同体的成员可以发起线下活动，邀请共同体的成员一起参加，在线上可以在活动中留言、上传图片、展示活动的状况。

(4)学习活动：组织学习共同体的主题探究学习、混合学习。

5分钟课程网支持在学校教育中开展线上、线下学习。教师可以利用其为资源组织线下学习，或者组织学生在线上开展学习。

在5分钟课程网中，学习共同体可以利用导航栏中的"小组"进入主题探究学习，在此可以选择要参加的学习主题。例如，"红学研究会"是其中一个探究学习的主题，如图39所示。在探究学习中，有"话题""活动""知识库""小组动态"和"小组成员"等。学习者在其中进行知识分享、学习交流、探究问题，达到知识建构的目的。

图39　5分钟课程网的"红学研究会"

(5)学习支持服务：建立积分体制对学习者的评价。

在5分钟课程网中，通过经验值、声望、信誉积分对学习者的评价。

经验值用于评价学习者在网站的参与情况，发布文章、上传图片、发表评论等会为学习者增加一定数量的经验值。声望用于评价学习者在网站中的声望，评论他人的文章、自己发布的文章变成精华、参与活动、创建团队等会为学习者增加一定数量的声望。金币可以看作系统内的虚拟货币，可以在系统内流通，学习者发布信息，可以获得金币；学习者上传内容需要用金币购买的附件、文件，如果有人下载则上传者可以获得金币，下载者需要支付金币；兑换礼品，需要花费相应的金币。

此外，5分钟课程网可以对学习者进行综合评级，综合积分包括：

学习者综合积分，用于实现对团队的综合评价。综合积分因子包括：经验值、声望、信誉积分，各种积分因子的权重允许管理员进行设置。

团队综合积分，用于实现对学习者的综合评价。综合积分因子包括：成员数、内容数、浏览数、团队活动积分累加数（计划去除），各种积分因子的权重允许管理员进行设置。

活动综合积分，用于实现对活动的综合评价。综合积分因子包括：成员数、照片数、留言数、浏览数，各种积分因子的权重允许管理员进行设置。

博客综合积分，用于实现对博客的综合评价。综合积分因子包括：文章数、评论数、浏览数，各种积分因子的权重允许管理员进行设置。

相册综合积分，用于实现对相册的综合评价。综合积分因子包括：照片数、评论数、浏览数，各种积分因子的权重允许管理员进行设置。

文件综合积分，用于实现对文件的综合评价。综合积分因子包括：文件数、评论数、浏览数，各种积分因子的权重允许管理员进行设置。

（九）研究启示

1. 通过问题测试设定学习的情景

在设计泛在学习环境下微课学习平台时，可以通过问题测试设定学习情景，引导学习者进入微课学习。如在可汗学院中通过"知识地图"标识了每个提供练习的知识点，以及它们之间的联系。可汗学院将根据当前学习者此前观看视频和做练习的进度，推荐下一步该学习者可进行的练习。

2. 导航分类与动态组织学习资源相结合

泛在学习平台中的资源包括微课及其相关资源，如知识点、例题习题、疑难问题、实验操作等。通过知识分类对学习资源进行组合，能为学习者提供具有良好结构的学习资源体系，如TEDEd和5分钟课程网的学习资源组织。通过检测学习者的学习进度、学习过程和学习效果，动态组织学习资源，为学习者推送合适的学习资源，如可汗学院的每一段视频是一个学习活动序列中的节点，它通过一步一步地演算和讲解，带领学习者逐步深入目标内容。

3. 组成具有凝聚力的学习共同体

在泛在学习环境下微课学习平台中，学习者之间可以组成学习共同体，每个学习者都可以成为其他学习者的指导者，能增强学习者之间的凝聚力，有利于学习者开展协作学习。在可汗学院中，设有学习者和指导者两种角色。每个用户都可以在个人页面中添加一名或多名用户作为自己的指导者，这些被添加的用户在指导页面即可看到所有注册为自己学生的用户的学习状态，通过这种方式组成学习共同体，为学生的学习提供支持服务。TEDEd平台通过"翻转视频"，学习者可以删除自己认为没有帮助的部分，也可以加入自己认为很好的内容，不管是视频、文本、链接，还是交互式问答。编辑完成后还可以将其分享给学生，或者通过电子邮件、社交网络平台等分享给更多的人。在5分钟课程网中，学习者通过创建自己的小组或者团体，组成学习共同体。成员可以在学习共同体里分享信息，展示自我，还可以发起话题进行讨论。为加强共同体的凝聚力，共同体的成员可以发起线下活动，邀请共同体的成员一起参加，在线上可以在活动中留言、上传图片、展示活动的状况。

4. 支持在线学习和混合学习等多元化的学习活动

在设计泛在学习环境下微课学习平台时，能支持在线学习和混合学习。在5分钟课程网中，能支持在学校教育中开展线上、线下学习。教师可以利用其为资源组织线下学习，或者组织学生在线上开展学习。如设置TEDEd通识课程这样一种混合学习的新方案，教师将不同题材的TEDEd视频，依据主题设置大纲，并且在课堂上以视频播放、小组讨论、工作坊的形式传递给学生。

5. 提供个性化的学习支持服务

平台能提供信息、资源、人员和设施的学习支持服务，并提供学习过程监督、学习者个人信息管理、学习测评管理。如可汗学院提供个性化的测评追踪及学习支持服务。其课程安排是以学习者的学习进度为线索，把已有的资源按照一定的顺序串接起来，这套逻辑外化成一个个学习活动连接而成的学习活动序列。根据学习者当前的学习情况，为学习者提供学习指导，并引导学习者进入下一步学习。在5分钟课程网中，通过经验值、声望、信誉积分对学习者进行评价。

四、国内外研究现状的综述

通过国内外对比研究发现，泛在学习是目前教育技术学研究的热点，将微课应用在泛在学习环境中能促进泛在学习的有效发生。但目前国外的研究中对泛在学习环境下微课的学习模式与策略研究不多，国内的研究中还需要在实践项目和理论总结上开展研究。因此，开展基于泛在学习环境下微课的学习模式与策略研究很有必要。

（一）国内外研究中对本研究值得借鉴的经验

1. 设计泛在学习环境下微课的学习模式时，要注重学习资源的设计

在以微课资源设计为主要角度，开展对泛在学习环境下微课学习模式的研究中，主要针对微课作为视频媒介特征开展的研究。如胡铁生（2013）提出中小学微课设计的主要原则和注意事项主要围绕微课作为一种呈现和交互媒体展开。[①] 微课的媒体设计也应该体现最简媒体原则，一个学习对象以一种媒体形式呈现；或者一个学习对象提供多种由一种媒体呈现的形式，供学习者选用。[②]

2. 设计泛在学习环境下微课的学习模式时，要注重学习情景的设计

设计泛在学习环境下微课的学习模式时，要以建构主义理论为基础，形成促进学习者知识建构的学习环境。例如，在美国哈佛大学的"促进泛在学习的无线手持设备"项目、欧洲的 Mobile ELDIT 项目、西班牙巴塞罗那大学开发的 U-语言学习系统和墨西哥圣弗兰西斯克博物馆项目中，学习者通过增强现实模拟、泛在计算技术，访问语言学习系统、互动型博物馆等学习环境，体现了学习者参与学习环境进行知识建构的特点。周文娟建构的基于云计算的英语泛在学习模态，建立了国际校际间的远程协作，以获得真实的交流语境。

3. 设计泛在学习环境下微课的学习模式时，注重对学习活动的设计

设计泛在学习环境下微课的学习模式时，有部分研究者以学习活动理

[①] 参见胡铁生《中小学微课建设与应用难点问题透析》，载《中小学信息技术教育》2013年第4期，第15-18页。

[②] 参见顾小清《终身学习视野下的微型移动学习资源建设》，华东师范大学出版社2011年版，第102页。

论为基础,设计泛在学习环境下微课的学习。例如,吴军其等(2012)以活动理论和情境学习理论为指导,提出了微课件学习活动设计的步骤和内容。① 程志、龚朝花(2011)依据活动理论,构建了微型移动学习活动的设计框架。② 因此,设计泛在学习环境下微课学习活动,主体、客体、共同体、工具、规则和分工等要素的设计应从以下几个部分展开,并体现"任务驱动,问题导向,反馈互动"的原则,课程设计要引入有趣、逐步推进、层次分明、适当总结。

4. 设计泛在学习环境下微课的学习模式时,注重对学习过程的设计

设计泛在学习环境下微课的学习模式时,根据正式学习和非正式学习、终身教育、协作学习、探究学习、基于问题学习等不同的学习过程所具有的特点,学者们研究了泛在学习环境下微课的学习模式。因此,在设计泛在学习环境下微课的学习模式时应该根据不同的学习方式制定不同的学习过程。

5. 设计泛在学习环境下微课的学习策略时,注意管理策略的设计

泛在学习环境下微课的学习策略中的管理策略包括学习策略时间管理、学习环境管理、努力程度、他人的支持等。如 André Wagner 等提出的以文件管理应用为基础的泛在学习模型,侧重于帮助学习者进行学习管理,实现个性化学习。Gwo-Jen Hwang 等提出了的情景感知的泛在学习平台设计了交互学习的策略,使用低成本的手机内置摄像头和互联网服务支持泛在学习。因此,在设计泛在学习环境下微课的学习策略时,应使用好信息化学习环境,在学生学习知识过程中遇到困难时,能支持学生寻求教师、其他同学的帮助,或组织小组学习等。

(二) 国内外研究中存在的不足

1. 将泛在学习与微课紧密结合开展研究的不多

通过国内外对比研究发现,对泛在学习的研究较多,大多是从泛在学习的技术实现角度展开,对泛在学习中资源的设计研究不多。在对泛在学

---

① 参见吴军其、齐利利、胡文鹏等《微课件的学习活动设计》,载《中国电化教育》2012 年第 9 期,第 106 – 109 页。

② 参见程志、龚朝花《活动理论观照下的微型移动学习活动的设计》,载《中国电化教育》2011 年第 4 期,第 27 – 32 页。

习中学习资源的研究中，将微课作为学习资源的不多。微课是以原来的片段式电视教材为基础，结合网络媒体产生的一种新型的学习资源，产生了很多新的特点和新的优势。本研究将泛在学习与微课紧密结合开展研究是很有必要的。

2. 在泛在学习环境的建构中，运用系统的理论指导不多

通过国内外对比研究发现，研究者已经关注泛在学习环境的建构，但更多的是从物理结构环境中研究，如线上学习与线下学习的结合、家庭与学校的结合、课室与智能终端的结合等。而运用建构主义学习理论、学习环境理论对泛在学习环境建构的不多。本研究将以建构主义学习理论、学习环境理论为基础，突出泛在学习和微课结合的特点开展研究。

3. 对泛在学习环境下微课的学习系统性研究不多，形成学习模式不多

通过国内外对比研究发现，部分研究者构建了泛在学习环境下微课的学习模式，但模式的形成大多是基于实践经验的总结，本研究以学习环境理论、教学管理系统全球学习联盟学习设计规范（IMS Learning Design，IMS-LD）、学习活动理论为主要的理论基础，从微课的泛在学习环境、泛在学习环境下微课设计策略、泛在学习环境下微课的学习活动系统等方面建构泛在学习环境下微课的学习模式。

4. 对泛在学习环境下微课的学习策略研究不多，主要集中于管理策略的设计

通过国内外对比研究发现，研究者对泛在学习环境下微课的学习策略研究不多，大多是从教学策略的角度进行研究。本研究将以斯腾伯格等人的学习策略观点为基础，从学习方法与学习的调节和控制的有机统一的角度研究泛在学习环境下微课的学习策略。

五、研究问题的提出

本课题将在准确把握目前泛在学习环境下微课的学习模式与策略现状的基础上，从泛在学习环境下微课的学习平台设计、泛在学习环境下微课的学习模式设计及泛在学习环境下微课的学习策略设计等方面开展研究，形成具有创新性的泛在学习环境下微课的学习模式与策略，以提高学习者的学习质量、学习效果、学习策略水平。研究的问题主要有以下方面。

（一）泛在学习环境下微课学习平台设计与开发

通过国内外对比研究，以教学系统设计理论、建构主义学习环境理论为指导，从问题/项目空间（问题情境脉络、问题提出或模拟、问题操纵空间）、相关案例、信息资源、认知（知识建构）工具、对话和合作工具等方面设计泛在学习环境；从学习需要、学习内容、学习目标、学习者、学习模式、学习方法、学习过程、学习环境和设备、学习支持、学习评价等方面设计基于微课的学习平台。

（二）泛在学习环境下微课的学习模式设计

通过国内外对比研究，以教学系统设计理论、全球学习联盟学习设计规范、学习活动理论为指导，设计泛在学习环境下微课的学习模式。

（三）泛在学习环境下微课的学习策略设计

通过国内外对比研究，以斯腾伯格学习策略的理论为指导，从执行技能（学习的调节与控制）和非执行技能（学习方法）两种不同层次的智力技能研究泛在学习环境下微课的学习策略。

第三节 相关概念的界定

一、泛在学习

（一）概念界定

技术往往是教育和培训的一个重要的组成部分（Rosenberg，2001）[1]。同时，技术也改变了我们生活、工作和思维的方式（Urban & Weggen，

---

[1] Rosenberg, M. J. (2001). E-learning：Strategies for delivering knowledge in the digital age. New York, NY：McGraw-Hill.

2000)①。近年来,计算机技术、网络技术和通信技术的飞速发展给教育领域带来了深远的影响。网络学习的广泛应用,以及移动通信技术、Web 2.0 等新技术的兴起,使学习方式也随之发生了重大的变革,先后出现了数字化学习(E-learning)、移动学习(M-learning)、泛在学习(U-learning)等学习方式。对于泛在学习的定义,学者从不同的角度给出了不同的界定,下面将对其进行详细的梳理和分析。

1. Mark Weiser 首次提出泛在计算和泛在学习

1988 年,Mark Weiser 首次提出泛在计算(Ubiquitous Computing)这一概念,他认为"虽然我们通过眼镜来看事物,可是已经不会注意到眼镜了,而现在计算机却过分地吸引着人们的注意",他认为信息处理过程应彻底地嵌入日常物件和活动中去,达到信息空间和物理空间的整合,人们只需关心任务本身。泛在学习(Ubiquitous Learning)是泛在计算环境下未来的学习方式,是学习者可在任何地方、任何时候、使用手边可获得的科技设备来进行学习活动的 3A(Anywhere,Anytime,Anydevice)学习。Mark Weiser 曾指出最强大的技术是"不可见的",②并提出了三种基本泛在设备:可穿戴的厘米级设备、手持的分米级设备和米级的交互显示设备。这些设备的特点应是小巧、廉价、具有强健的网络处理能力并分布在生活中的各个角落。③

2. 国外学者对泛在学习的定义

美国教育发展中心的一份报告(2003)认为,泛在学习是在泛在计算技术条件下设计的一种学习环境。这里强调的是不过分依赖电脑而更多的是靠无线网络连接更多的设备,可以在学校、家庭、图书馆和你希望学习的地方进行学习,而不仅仅像以前那样依靠图书、电脑来学习。④ Hiroaki

---

① Urban, T. L., & Weggen C. C. (2000). Corporate E-learning:Exploring a new frontier. WR Hambrecht + Co.

② Mark Weiser. The Computer for the Twenty-First Century. Scientific American, pp. 94 - 10, September 1991.

③ Mark Weiser. Ubiquitous computing. http://www.ubiq.com/hypertext/weiser/UbiHome.html. 2007 - 11 - 03.

④ Education Development Center (2003). The Maine Learning Technology Initiative:Technology-enhanced middle school mathematics. http://www.edc.org/newsroom/articles/maine_learning_technology_initiativeRetrieved 10.11, 2009.

Ogata（2004）认为，计算机支持的泛在学习（Computer Supported Ubiquitous Learning，CSUL）是一种泛在学习环境，在这种学习环境中由日常生活中嵌入式且不可见的计算机来提供支持。① Guozhen Zhang 与 Timothy K. Shih.（2005）指出，泛在学习是一种学习方式，学习者可以完全将注意力集中到学习过程而不用关心位置与时间的限制。②

3. 我国学者对泛在学习的定义

章伟民与徐梅林等（2006）认为，泛在学习是人们在任何时间、任何地点、使用任何终端的智能学习环境，不同于现存的通过网络获得信息的方法，也不同于在学校、图书馆等具体地点进行的学习。③

《中国电化教育》杂志在2007年两次关于"1∶1数字化学习"的专题中提到泛在学习是普适计算环境下未来的学习方式，为学生提供一个可以在任何地方、随时使用手边可以取得的科技工具来进行学习活动的3A学习。④

付道明、徐福荫（2007）认为，普适计算环境的泛在学习是指在信息空间与物理空间相融合的空间里，学习的发生、学习的需求以及学习资源无处不在，学习者可以得到普适计算环境的随时、随地的支持。⑤

余胜泉等（2009）对泛在学习下了一个定义，他认为"泛在学习就是在无所不在的学习情境空间中，在自然的生活场景中，学习者透过情境感知设备与情境相关群体或智能知识主体，以自然的方式交互、共享和构建

---

① Hiroaki Ogata and Yoneo Yano. Context-Aware Support for Computer-Supported Ubiquitous Learning. Proceedings of the The 2ndIEEE International Workshop on Wireless and Mobile Technologies in Education（WMTE'04）. 2004.

② Guozhen Zhang, Qun Jin, Timothy K. Shih. Peer-to-Peer Based Social Interaction Tools in Ubiquitous Learning Environment. Proceedingsof the 11th International Conference on Parallel and Distributed Systems（ICPADS'05）. 2005.

③ 参见章伟民、徐梅林《全球视阈中的教育技术：应用与创新》，华东师范大学出版社2006年版，第8页。

④ 参见刘婷、丘丰《论未来终身教育模式——泛在学习》，载《广东广播电视大学学报》2007年第3期，第106-108页。

⑤ 参见付道明、徐福荫《普适计算环境中的泛在学习》，载《中国电化教育》2007年第7期，第94-98页。

个体认知网络和社会认知网络的过程"。①

李卢一、郑燕林（2006）认为，泛在学习（U-learning）就是指无时无刻的沟通，无处不在的学习，是一种任何人可以在任何地方、任何时刻获取所需的任何信息的方式。泛在学习就是利用信息技术给学生提供一个可以在任何地方随时使用手边可以取得的科技工具来进行学习活动的4A（Anyone, Anytime, Anywhere, Anydevice）学习。②

白娟、鬲淑芳（2003）指出，泛在学习是一种学习方式，学习者可以在近乎无限的数据库中摄取知识，也可以与学伴和教师交流。③

汪琼（2005）认为，泛在学习是泛在计算技术应用于教育领域后所产生的新的教与学模式，强调的是随时随地学习，通过在生活中依靠自己解决问题，或者通过别人的帮助来解决问题，从而达到学习目的。④

梁瑞仪、李康（2009）把泛在学习看成是让学生在基于无缝连接的信息环境中随时随地自由化学习，强调的是一种社会发展到一定程度的个人学习状态。⑤

4. 本研究中对泛在学习的定义

学者对泛在学习有三种理解：第一种认为泛在学习是在泛在计算条件下的智能学习。网络技术将高速互联网、高性能计算机、大型数据库、传感器、远程设备等融为一体，所有物品和设备，只要对它们有管理的需要都可将它们连到网上，构成一个无处不在的泛在网，基于这个网络系统和数字化资源，学习者就可以在任何地方、任何时间进行学习。第二种认为泛在学习是"人人、时时、处处"的学习。这是从终身学习和学习型社会的角度分析泛在学习，认为泛在学习是现代远程教育、移动学习和终身学习的延伸和拓展。第三种认为泛在学习是一种全新的技术与学习方式，是

---

① 参见余胜泉、杨现民、程罡《泛在学习环境中的学习资源设计与共享——"学习元"的理念与结构》，载《开放教育研究》2009年第5期，第47-53页。

② 参见李卢一、郑燕林《泛在学习环境的概念模型》，载《中国电化教育》2006年第12期，第9-12页。

③ 参见白娟、鬲淑芳《M-learning21世纪教育技术的新发展》，载《现代远程教育研究》2003年第4期，第45-48页。

④ 参见汪琼《"网络教育技术发展趋势及战略规划研究"专题结题报告》，北京大学教育学院，2005年。

⑤ 参见梁瑞仪、李康《若干学习相关概念的解读与思考》，载《中国远程教育》2009年第1期，第31-35页。

从社会文化和建构主义的角度分析泛在学习。①②

据此,泛在学习具有长时性、可获取性、即时性、交互性、教学活动的场景性、适应性③和协作性④等特性。其具有以下一些基本要素:①需要有泛在学习环境的支持;②以学习者为中心,以学习任务为焦点;③是一种自然或自发的行为,学习者积极主动地参与;④学习者所关注的将是学习任务和目标本身,而不是外围的学习工具或环境因素。⑤

本研究中的泛在学习指的是:在信息空间与物理空间相融合的空间里,学习的发生、学习的需求以及学习资源无处不在,学习者可利用信息通信工具随时、随地进行学习。

(二) 泛在学习与移动学习的概念辨析

泛在学习与数字化学习、移动学习(M-learning)有着天然的联系。泛在学习是在基于桌面计算环境和移动学习的基础上发展起来的,是现有数字化学习的升级版本,同时更新了移动学习在网络环境和智能终端上的缺陷。⑥

肖君等(2009)从文化角度看,泛在学习不仅带来了技术文化的革新,还将带来学习者文化形态的改变,它是 E-learning 与 M-learning 之和。⑦

刘富逵等(2009)认为,从技术层面上看,泛在学习是 E-Learning 和 M-Learning 的延伸与集中体现。从理论和概念层面看,U-Learning 还有其独

---

① 参见杨孝堂《泛在学习:理论、模式与资源》,载《中国远程教育》2011年第6期,第69-73页。

② 参见潘基鑫、雷要曾、程璐璐等《泛在学习理论研究综述》,载《远程教育杂志》2010年第2期,第93-98页。

③ Bomsdorf, B. Adaptation of Learning spaces: supporting ubiquitous learning in higher distance education. http://www.doc88.com/p-2691687491661.html 2013-8-11.

④ 参见杨孝堂《泛在学习:理论、模式与资源》,载《中国远程教育》2011年第6期,第69-73页。

⑤ 参见潘基鑫、雷要曾、程璐璐等《泛在学习理论研究综述》,载《远程教育杂志》2010年第2期,第93-98页。

⑥ 参见徐方《新媒体环境下的数字艺术课程发展研究——以上海师范大学数字音频课程教学为例》,载《电化教育研究》2009年第3期,第94-97页。

⑦ 参见肖君、朱晓晓、陈村、陈一华《面向终身教育的U-learning技术环境的构建及应用》,载《开放教育研究》2009年第3期,第89-93页。

特的地方，泛在学习是建立在 M-Leaning 基础上的，其根本特征主要体现为学习和生活的"融合"和操作的"透明性"。在 M-Learning 时代，学习者可以脱离坐在计算机面前的束缚，只要拥有移动设备就可以学习，但学习资源的单调、学习屏幕尺寸的局限性、学习者的学习热情随时有可能被周围的环境打断，这些不足阻碍了移动学习的发展；而在 U-Learning 时代，学习者可以在更富有人性化的学习环境下学习。[1]

可见，泛在学习包含移动学习，泛在学习比移动学习更具有"融合性"和"透明性"。

二、泛在学习环境

建构主义认为，学习环境是学习者可以在其中进行自由探索和自主学习的场所。在此环境中，学生可以利用各种工具和信息资源［如文字材料、书籍、音像资料、CAI（计算机辅助教学）与多媒体课件以及 Internet 上的信息等］来达到自己的学习目标。在这一过程中学生不仅能得到教师的帮助与支持，而且学生之间也可以相互协作和支持。按照这种观念，学习应当被促进和支持而不应受到严格的控制与支配；学习环境则是一个支持和促进学习的场所。在建构主义学习理论指导下的教学设计应是针对学习环境的设计而非针对教学环境的设计。这是因为，教学意味着较多的控制与支配，而学习则意味着更多的主动与自由。

对学习环境的研究，国外主要有 Oliver 和 Hannafin（2001）的四要素说（情境、资源、工具和支架）[2]，Jonassen 等（2002）的六要素说（问题、相关案例、信息资源、认知工具、会话与协作工具），Collins 等（1989）的认知学徒说（内容、方法、序列和社会性）。而国内有陈琦等（2003）的学习生态说（外部社会文化环境层、学习社群、信息资源、技术、学习活动），钟志贤（2005）的七要素说（活动、情境、资源、工具、支架、学习共同体和评价），黄荣怀等（2012）的五因素说（数字化学习资源、虚拟学习社

---

[1] 参见刘富逵、刘美伶《关于泛在学习研究的思考》，载《软件导刊（教育技术）》2009 年第 2 期，第 5 – 7 页。

[2] Oliver, K & M. Hannafin. Developing and Refining Mental Models in Open-Ended Learning Environments: A Case Study. ETR&D, 2001, 49 (4): 5 – 6.

区、学习管理系统、设计者心理和学习者心理)。① 在对泛在学习环境的研究中主要有以下观点:

Birgit Bomsdorf (2005) 认为,泛在计算导致了泛在学习,使个人的学习活动嵌入日常生活之中。泛在计算技术在教育领域的深远影响就是学习方式、学习环境的泛在化(Ubiquitous)。泛在计算技术的出现为非正式学习的泛化提供了坚实的技术支持,并推动了泛在学习的发展。泛在学习环境是指在泛在计算技术的基础上,使任何人在任何时间、任何地点、通过任何终端设备获取任何内容,即学习者通过泛在计算技术提供的学习环境,可以获得任何所需的学习资源和学习支持,实现随时、随地、随需的无缝学习环境。②

Boyinbode 等(2008)认为,泛在学习环境是一个整合的学习环境,各种教育机构、工作坊、社区和家庭将会被有机地整合在一起。③

肖君等(2009)认为,泛在学习环境是一个整合的学习环境,它将学习平台、教育资源、各种网络、学习终端及学习服务等要素通过技术手段无缝连接起来,为用户提供随时随地学习的环境。完整的泛在学习技术环境包括 U-学习平台、U-教育资源、U-网络、U-学习终端及 U-学习服务等要素。④ U-学习平台是一个基于服务架构的生态化多系统技术环境,包括泛在学习的个性化门户、泛在学习内容制作、泛在学习内容管理、泛在学习管理系统、泛在学习档案系统、泛在学习交流和泛在学习评估测试等功能模块,学习系统有效融合 E-learning 和 M-learning 两种学习技术。⑤ U-网络包括各种网络环境的融合,包括卫星网、数字电视网、互联网、无线网、移动网络等,用户终端能通过这些网络访问 U-学习平台,基于实际教育应用需要解决多通道网络的融合技术难题。U-教育资源形式存在多样

---

① 参见黄荣怀、杨俊锋、胡永斌《从数字学习环境到智慧学习环境——学习环境的变革与趋势》,载《开放教育研究》2012 年第 1 期,第 75-84 页。

② Bomsdorf, B. Adaptation of Learning spaces: supporting ubiquitous learning in higher distance education. http://www.doc88.com/p-2691687491661.html 2013-8-11.

③ Boyinbode O. K. and Akintola K. G,. A Sensor-Based Framework for Ubiquitous Learning in Nigeria, International Journal of Computer Science and Network Security, 2008, VOL. 8 No. 11, 401-405.

④ 参见肖君、朱晓晓、陈村等《面向终身教育的 U-learning 技术环境的构建及应用》,载《开放教育研究》2009 年第 3 期,第 89-93 页。

⑤ 参见肖君、朱晓晓、陈村等《面向终身教育的 U-learning 技术环境的构建及应用》,载《开放教育研究》2009 年第 3 期,第 89-93 页。

性，如用于台式计算机的 HTML 网页形式、用于手机设备的 WML 网页形式，另外图像、音视频等媒体类型不同的设备所使用的格式也不同。① U-学习终端设备具有分散性、多样性、连通性和简单性。它以知识内容的有效获取为目的，具有适用的网络接入能力、与知识内容结构一致的多媒体功能和人机界面。② U-学习服务主要包括智能型学习服务、远程教育服务、教育资源供给服务、教育综合服务等模式。

陈凯泉、张凯（2011）认为，大学生泛在学习环境的构建应该从系统、整体的角度进行配置、整合，基于我国的本土现状，具体而言，需要从技术设施、学习资源、学习共同体三个方面进行通盘的考虑，提出了大学生泛在学习环境的概念模型，如图 40 所示。③

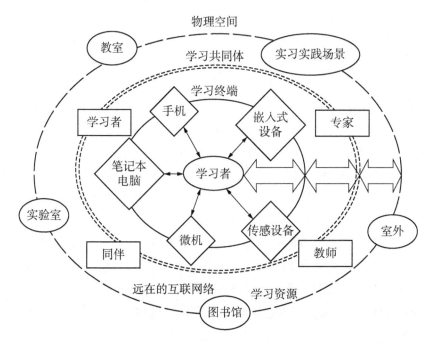

图 40 大学生泛在学习环境的概念模型

---

① 参见肖君、朱晓晓、陈村等《面向终身教育的 U-learning 技术环境的构建及应用》，载《开放教育研究》2009 年第 3 期，第 89 - 93 页。

② 参见肖君、朱晓晓、陈村等《面向终身教育的 U-learning 技术环境的构建及应用》，载《开放教育研究》2009 年第 3 期，第 89 - 93 页。

③ 参见陈凯泉、张凯《融合学习科学与普适计算：构建大学生泛在学习环境的路径选择》，载《远程教育杂志》2011 年第 5 期，第 50 - 57 页。

本研究中的泛在学习环境是指：支持泛在学习的场所，包含问题、数字化学习资源、情境、认知工具、会话与协作工具、学习共同体和评价等要素。

三、微课程与微课

微课程（Micro-lecture）的雏形最早见于美国北爱荷华大学（University of Northern Iowa）LeRoy A. McGrew 教授所提出的 60 秒课程（60-Second Course）（McGrew，1993）以及英国纳皮尔大学（Napier University）T. P. Kee 提出的一分钟演讲（The One Minute Lecture，OML）（Kee，1995）[①]。

McGrew 教授提出 60 秒课程，以期在一些非正式场合，如舞会、搭乘电梯时，为大众普及化学常识。他将 60 秒课程设计成三部分：概念引入（General Introduction），解释（Explanation and Interpretation），结合生活举例子（Specific Example-The Chemistry of Life），并认为其他领域的专家也可用类似的方式普及自己的专业（McGrew，1993）。

Kee（1995）认为，学生应当掌握核心概念（Key Points）以应对快速增长的学科知识与交叉学科的融合，因而提出让学生进行一分钟演讲，并要求演讲须做到精练，具备良好的逻辑结构且包含一定数量的例子。Kee 认为，一分钟演讲在促进学生学习专业知识的同时能让学生掌握学习材料之间的关系，以免所学知识孤立、片面（Kee，1995）。[②]

"微课程"（Micro lecture）这个概念，2008 年由位于美国新墨西哥州圣胡安学院高级教学设计师、学院在线服务经理戴维·彭罗斯（David Penrose）提出，他把微课程称为"知识脉冲"（Knowledge Burst），以产生一种更加聚焦的学习体验。微课程的理论与实践因此逐渐引起国际学者的关注和探索。[③]

教育部全国高校教师网络培训中心（2012）指出，"微课"是指以视频

[①] Kee, T. P. The one minute lecture. Education in Chemistry, 1995（32）：100 - 101.

[②] Kee, T. P. The one minute lecture. Education in Chemistry, 1995（32）：100 - 101.

[③] 参见关中客《微课程》，载《中国信息技术教育》2011 年第 17 期，第 14 页。

为主要载体记录教师围绕某个知识点或教学环节开展的简短、完整的教学活动。①

徐福荫（2013）指出，"微课"，即"微型教学视频课"，是时间为几分钟至十几分钟的微型课。它是围绕学科知识点、例题习题、疑难问题、实验操作等进行的教学过程及相关资源之有机结合体。它具有短小精悍、主题突出、资源多样、交互性强、半结构化的特征，特别适合手机、平板电脑等移动设备，为学习者提供移动学习新体验。②

焦建利（2013）认为，"微课"是以阐释某一知识点为目标，以短小精悍的在线视频为表现形式，以学习或教学应用为目的的在线教学视频。③

黎加厚（2013）给"微课"（或者称为"微课程"）的定义是："微课程"是指时间在10分钟以内，有明确的教学目标，内容短小，集中说明一个问题的小课程。④

胡铁生（2011）认为，"微课"是指按照新课程标准及教学实践要求，以教学视频为主要载体，反映教师在课堂教学过程中针对某个知识点或教学环节而开展教与学活动的各种教学资源有机的组合。"微课"的核心内容是课堂教学视频（课例片段），同时还包含与该教学主题相关的教学设计、素材课件、教学反思、练习测试及学生反馈、教师点评等教学支持资源，它们以一定的结构关系和呈现方式共同营造了一个半结构化、主题突出的资源单元应用"生态环境"。⑤

梁乐明等（2013）认为，微型课程针对的是以信息技术为支撑的完整的教学活动，促进信息技术更好地整合教与学，时间和规模都是微型的，以微视频为核心教学资源开展教学，可以整合常规课程教学，也可以供学

---

① 参见教育部全国高校教师网络培训中心《关于举办首届全国高校微课教学比赛的通知》，教培函〔2012〕7号，2012年11月20日。
② 参见徐福荫《新技术·新媒体·新时代》，2013年8月8日。
③ 参见焦建利《微课及其应用与影响》，载《中小学信息技术教育》2013年第4期，第13-14页。
④ 参见黎加厚《微课的含义与发展》，载《中小学信息技术教育》2013年第4期，第10-12页。
⑤ 参见胡铁生《"微课"：区域教育信息资源发展的新趋势》，载《电化教育研究》2011年第10期，第61-65页。

生自主学习与教师发展所用，正式学习和非正式学习兼而有之。①

李玉平（2012）认为，微课程包括教育教学类微课程和学校发展微课程两类，前者是教师基于解决真实问题的需要，后者是基于校本教研的需要。而微课程主要以数字故事为呈现方式，倡导利用碎片化学习时间，宗旨是"5分钟完成一次学习，300秒经历一次思考"②。

本研究中的"微课"，是指以几分钟至十几分钟微型教学视频课，它是围绕学科知识点、例题习题、疑难问题、实验操作等进行的教学过程及相关资源之有机结合体。它具有短小精悍、主题突出，特别适合手机、平板电脑等移动设备，为泛在学习提供有效的支持。

四、学习模式

《汉语大辞典》对"模式"一词的通俗解释是"事物的标准样式"。从广义的角度看，"客观实物的相似模拟（实物模型）、真实世界的抽象描写（数学模式）、思想观念的形象显示（图像模式和语义模式）"③ 均是模式。在教育领域，高文对"模式"的解释是："模式是对某一过程或某一系统的简化与缩微式表征，以帮助人们能够形象把握某些难以直接观察或过于抽象复杂的事物。"

学习模式是假定能够使个人达到最佳学习状态的方法。④ 但学者对学习模式的定义不多，而对教学模式的定义和研究较多。教学模式是那些特定的系统性教学理论的应用化、程序化和操作化，实质上是一定教学思想或教学理论指导下建立起来的、较为稳定的教学活动结构和活动程序。⑤ 在我国教育界，与学习模式相近的一个概念是教学模式。何克抗先生认为"本来教学模式和学习模式是有区别的——'学习'泛指所有掌握知识与技能

---

① 参见梁乐明、曹俏俏、张宝辉《微课程设计模式研究——基于国内外微课程的对比分析》，载《开放教育研究》2013年第2期，第65－73页。

② 李玉平：《微课程——走向简单的学习》，载《中国信息技术教育》2012年第11期，第15－19页。

③ 查有梁：《课堂模式论》，广西师范大学出版社2001年版。

④ 参见百度百科 http://baike.baidu.com/view/2012420.htm。

⑤ 参见扈中平、李方、张俊洪《现代教育学（新编本）》，高等教育出版社2000年版，第369页。

的过程（不管是自主学习还是有教师帮助的学习）；而'教学'则特指在教师帮助下的掌握知识和技能的过程，即'教学'可看作'学习'的某种特殊情况。这样一来，只要在学习过程中有教师的参与，那么把学习模式当作教学模式来看待也就没有什么不妥了"[1]。钟志贤也认为可以把学习模式看作"以学习者为中心、教师为主导的教学模式"[2]。从其界定上看，学习模式是以学习者为中心，优化学习过程的学习方法和程序。本研究也将学习模式与教学模式看作一个等同的概念。在已有的研究中，有人把学习模式看作教学结构，有人把学习模式看作教学方法的综合，但在所有关于学习模式的描述中，共同之处在于大家基本上都赞同学习模式虽然来源于学习活动，但具有一定的抽象性，是学习活动结构化、简约化的表达，学习模式还有相对稳定性和典型性，包含对某类学习活动的普遍性认识。

目前对学习模式的研究有多种，例如掌握学习模式、发现学习模式、自主学习模式、协作学习模式、基于问题的学习模式和研究性学习模式等。

布鲁姆提出了掌握学习模式，其程序包括：单元教学目标的设计、依据单元教学目标的群体教学、形成性评价（A）、矫正学习、形成性评价（B）五个环节。布鲁纳提出了发现学习模式，其程序包括：带着问题有意识地观察具体事实、提出假设、上升到概念和转化为活的能力四个步骤。Dickinson（1995）认为，自主学习既是一种学习态度，又是一种独立学习的能力。他解释说，态度就是一种对自己的学习做出决策的责任，能力就是对学习过程的决策和反思。

赵建华、李克东（2000）认为，协作学习的基本模式主要有7种，分别是竞争、辩论、合作、问题解决、伙伴、设计和角色扮演。[3]

梁瑞仪（2001）认为，基于问题的学习模式指通过让学生以小组的形式共同解决一些模拟现实生活中的问题为学习途径，从而使学生在解决问

---

[1] 何克抗：《E-learning 的本质——信息技术与学科课程的整合》，载《电化教育研究》2002 年第 1 期，第 3-6 页。

[2] 钟志贤：《面向知识时代的教学设计框架》，华东师范大学博士学位论文，2004 年。

[3] 参见赵建华、李克东《协作学习及其协作学习模式》，载《中国电化教育》2000 年第 10 期，第 5-6 页。

题的过程中发展解决问题的能力和实现知识的意义建构过程。①

徐红彩，冯秀琪（2002）认为，研究性学习模式的实质是引导学生对实际问题进行探究，帮助他们在某一领域确定一个需要研究的问题，激励他们探索出解决这一问题的具体方案。②

本研究中的学习模式是指依据混合学习理论、情境认知学习理论，在泛在学习环境下，以学习者为中心，以优化学习过程、学习效果的学习方法和程序。

五、学习策略

学习策略的研究始于1956年布鲁纳等人，根据已有文献，可以归纳为三种观点。①把学习策略看成是具体的学习的方法或技能（Rigney，1978）（Mayer，1988）；②把学习策略看成是学习的调节和控制技能（Nisbert，1986）；③学习策略是学习方法、学习的调节和控制技能的有机统一体（Stemberg，1982）。

全面理解学习策略的基本含义，应当把握以下三点。①凡是有助于提高学习质量、学习效率的程序、规则、方法、技巧及调控方式均属于学习策略范畴。②学习策略既有内隐、外显之分，又有水平层次之别。如学习策略既可能是外显的程序步骤，也可能是内隐的思维方式。又如同是复述策略，有可能是简单的按次序复述，也可能是选择陌生的或重点的内容复述。③学习策略是会不会学习的标志，是衡量个体学习能力的重要尺度，是制约学习效果的重要因素。

本研究中的学习策略是指学习者在学习活动中有效学习的程序、规则、方法、技巧以及调控方式。它既可以是内隐的规则系统，也可以是外显的操作程序与步骤。

---

① 参见梁瑞仪《基于问题的学习模式的研究》，载《中国电化教育》2001年第6期，第15-17页。

② 参见徐红彩、冯秀琪《基于网络的研究性学习模式初探》，载《中国电化教育》2002年第7期，第30-32页。

六、泛在学习环境下微课的学习模式与策略

本课题中泛在学习环境下微课的学习模式与策略，是指在泛在学习环境下利用微课进行学习的方法和学习者对自己学习活动进行调节与控制的技能。

第四节 研究的主要内容和意义

一、研究目标

本研究对国内外泛在学习环境下微课的学习模式与策略进行研究，从泛在学习环境下微课学习平台设计与开发、泛在学习环境下微课的学习模式设计及泛在学习环境下微课的学习策略设计等方面开展研究，形成具有创新性的泛在学习环境下微课的学习模式与策略，以提高学习者的学习质量、学习效果，以及学习策略水平。

二、研究假设

在本研究中，通过对国内外泛在学习环境下微课的学习模式与策略现状进行研究，以教学系统设计理论、建构主义学习理论、全球学习联盟学习设计规范、学习活动理论、斯腾伯格学习策略的理论等为指导，通过设计泛在学习环境下的微课学习平台、设计泛在学习环境下微课的学习模式和泛在学习环境下微课的学习策略，有利于促进微课的应用，能提高学习者的学习质量、学习效果，以及学习策略水平。

三、研究的主要内容

内容1：国内外泛在学习环境下微课的学习模式与策略研究现状。
对国内外泛在学习环境下微课的学习模式与策略研究动态进行追踪，

尤其是掌握美国和欧洲地区的泛在学习环境下微课的学习模式与策略研究现状，收集文献资料并形成文献研究综述，调研泛在学习环境下微课在教育、教学、培训等创新应用案例，如可汗学院、TEDEd、5分钟课程网等，从国内外本领域的研究中获得研究启示。

内容2：泛在学习环境下微课的评价指标体系。

通过对比研究，分析泛在学习环境下微课的评价指标体系各一级指标和二级指标，形成泛在学习环境下微课的评价指标体系。

内容3：泛在学习环境下微课学习平台的设计与开发。

通过国内外对比研究，以教学系统设计理论、建构主义学习环境理论为指导，从问题/项目空间（问题情境脉络、问题提出或模拟、问题操纵空间）、相关案例、信息资源、认知（知识建构）工具、对话和合作工具等方面设计泛在学习环境；从学习需要、学习内容、学习目标、学习者、学习模式、学习方法、学习过程、学习环境和设备、学习支持、学习评价等方面设计基于微课的学习平台。

内容4：泛在学习环境下微课的学习模式设计。

通过国内外对比研究，以教学系统设计理论、全球学习联盟学习设计规范、学习活动理论为指导，设计泛在学习环境下微课的学习模式。

内容5：泛在学习环境下微课的学习策略设计。

通过国内外对比研究，以斯腾伯格学习策略的理论为指导，从执行的技能（学习的调节与控制）和非执行技能（学习方法）两种不同层次的智力技能研究泛在学习环境下微课的学习策略。

内容6：泛在学习环境下微课的学习模式与策略应用效果研究。

开展泛在学习环境下微课的学习模式与策略的应用效果研究，选取个案研究，采用单组准实验与问卷调查研究方法研究泛在学习环境下微课的学习模式与策略的应用效果。

四、研究意义

1. 符合国家教育发展政策，可为我国教育信息化发展提供决策参考

《国家中长期教育改革和发展规划纲要（2010—2020年）》中指出，要加快教育信息化进程，加强优质教育资源开发与应用、强化信息技术应用。《教育信息化十年发展规划（2011—2020年）》提出，以教育信息化带动教育现代化，破解制约我国教育发展的难题，促进教育的创新与变革，是加快从教育大国向教育强国迈进的重大战略抉择；信息技术对教育发展具有革命性影响。教育部关于印发《教育信息化2.0行动计划》指出，将教育信息化作为教育系统性变革的内生变量，支撑引领教育现代化发展。在这样的时代背景下，本研究的泛在学习环境下微课的学习模式与策略及相关案例，符合国家教育发展需求，对推动我国教育信息化具有现实意义。

2. 面向信息技术与课堂教学的深度融合，可为解决目前教育信息化面临的难题提供理论和实践指导

信息社会知识更新速度快、个人学习个性化和多样化、网络技术及移动设备发展快速，为教育信息化提供了技术条件，但如何利用好技术手段提高课堂教学的学习效果、提升学习效率，是急需解决的问题。通过研究以泛在学习理论为主要基础，构建新的学习模式与策略，可以丰富泛在学习的理论与实践，促进学习方式的变革，具有理论与应用价值。

3. 研究微课及其平台的设计与开发，可为促进优质教育资源的共建共享提供实践指导

在推进教育信息化进程中，教育资源的低质性、同质性较为突出，本研究以教学设计、学习环境理论及全球学习联盟的学习设计规范等为基础，对微课资源、泛在学习平台的特征和要素进行分析，提出了微课资源建设的指标体系和微课平台的设计策略，能促进优质教育资源的共建共享，促进教育资源的均衡发展，为同类应用提供示范。

第五节　研究设计及方法

一、研究思路

本研究将综合采用文献研究法、问卷调查法、案例分析法、实证研究法等方法，综合运用各种分析方法和手段，采取多角度、多层次的研究思路，实行理论研究和实证分析相结合，定性分析与定量研究相结合，综合研究与专题研究相结合，确保课题研究的科学性并努力有所创新。具体研究思路如图41所示。

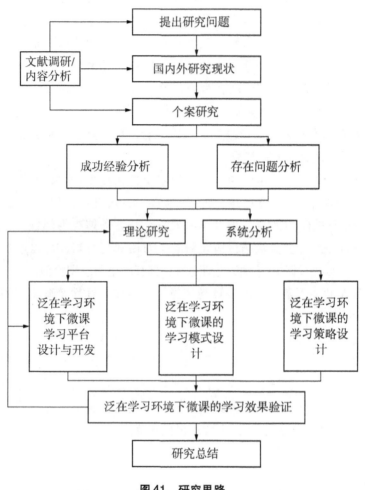

图 4-1　研究思路

二、研究方法与技术路线

本研究将综合采用多种社会科学研究方法，从国内外泛在学习环境下微课的学习模式与策略研究现状与趋势、泛在学习环境下微课的学习平台设计与开发、泛在学习环境下微课的学习模式设计、泛在学习环境下微课的学习策略设计、泛在学习环境下微课的学习效果验证与研究总结六个方面入手，力求结合我国国情，充分发挥泛在学习和微课的优势，提出泛在学习环境下微课的学习模式与策略。

（一）研究方法

本研究用到的研究方法主要有：文献研究法、内容分析法和个案研究法。

1. 文献研究法

本研究利用文献研究法收集并阅读近年来国内外期刊、论著及网络资源中关于国内外泛在学习环境下微课学习的文献，重点关注国内外泛在学习环境下微课的学习模式与策略相关的研究。通过对文献进行梳理，提出研究问题、理论支撑及基本的研究思路。

2. 内容分析法

内容分析法主要用于本研究的文献分析阶段、国内外优秀个案分析及学习策略调查问卷设计中。本研究将内容分析法分别用于对国内外泛在学习环境下微课的学习模式与策略的研究进行内容归类、国内外优秀个案分析、对国内外较权威的学习策略调查问卷设计进行分析。

3. 个案研究法

实证研究（empirical study）通常有两种形式，一种是个案研究（case study）的形式，另一种是实验研究（experimental study）的形式。个案研究是对某一场域（setting）、对象（subject）、文档资料（documents）或特定事件（particular event）进行细致无遗的检视的研究策略。本研究采用个案研究法对研究提出的泛在学习环境下微课的学习模式与策略进行效果验证。

（二）技术路线

技术路线如图 42 所示：

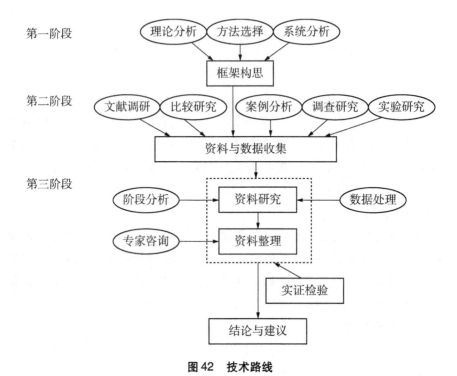

图42 技术路线

第二章　泛在学习环境下微课的评价指标体系设计

第一节　微课评价指标对比研究

一、首届全国高校微课教学比赛评审规则

教育部全国高校教师网络培训中心于2012年12月至2013年8月举办首届全国高校微课教学比赛。在教育部高等教育司、教师工作司指导下，组织专家对进入全国决赛的选手及其作品进行评选。其评选规则的一级指标为作品规范、教学安排、教学效果和网络评价，见附录1。

(一) 作品规范

作品规范从材料完整和技术规范两个方面评价。材料完整指包含微课视频，以及在微课录制过程中使用到的全部辅助扩展资料，包括教学方案设计、课件、习题、总结等。技术规范包括微课视频、多媒体教学课件和教学方案设计表几个方面。

(二) 教学安排

教学安排从选题价值、教学设计与组织、教学方法与手段三个方面评价。选题价值指选取教学环节中某一知识点、专题、实验活动作为选题，针对教学中的常见、典型、有代表性的问题或内容进行设计，具备独立性、完整性、示范性、代表性，能够有效解决教与学过程中的重点、难点问题。教学设计与组织从教学方案、教学内容和教学组织与编排三个方面评价。教学方法与手段的评价标准为教学策略选择正确，注重调动学生的学习积极性和创造性思维能力；能根据教学需求选用灵活适当的教学方法；信息技术手段运用合理，正确选择使用各种教学媒体，教学辅助效果好。

（三）教学效果

教学效果包括目标达成、教学特色和教师风采三个方面。目标达成评价标准为完成设定的教学目标，有效解决实际教学问题，能促进学生思维能力提高。教学特色评价标准为教学形式新颖，教学过程深入浅出，形象生动，趣味性和启发性强，教学氛围的营造有利于提升学生学习的积极主动性。教师风采评价标准为教师教学语言规范、清晰，富有感染力；教师仪表得当，严守职业规范，能展现良好的教学风貌和个人魅力。

（四）网络评价

网络评价标准为依据参赛微课作品发布后受欢迎程度、点击率、投票率、用户评价、作者与用户互动情况、收藏次数、分享次数、讨论热度等进行综合评价。

二、第二届全国高校（高职高专）微课教学比赛评审规则

继全国首届微课程大赛举办以后，教育部全国高校教师网络培训中心于2013年8月—2014年6月举办第二届全国微课程大赛。第二届全国高校（高职高专）微课教学比赛评审规则对首届全国高校微课教学比赛评审规则进行了改动。

其评选规则的一级指标仍然为作品规范、教学安排、教学效果和网络评价，在分值上，教学安排和教学效果各增加了5分，网络评价减少了10分。见附录2。

（一）作品规范

在作品规范的评价中，增加了知识点（技能点）名称及适用对象等信息。在教育部"十二五"建设的国家资源共享课较"十一五"建设的国家精品课也强调了知识点（技能点）的建设。这可以看出知识点（技能点）有利于支持网络学习的开展。

（二）教学安排

在选题价值维度增加了鼓励深入浅出、通俗易懂、短小精悍的作品。在教学方法与手段维度增加了鼓励参赛教师采用多元设计理念、方法、手段设计微课，教师在授课过程中，可使用但不限于图片、动画、视频、HTML 网页等多种媒体技术，恰到好处地运用在教学过程中，以实现较好的教学效果。

（三）教学效果

教师风采改为教学规范。分为教师出镜类微课作品和教师不出镜类微课作品两类标准。教师出镜类微课作品为首届全国高校微课教学比赛评审规则中的标准。教师不出镜类微课作品要求教学表述规范、清晰，教学逻辑严谨，严守职业规范，能够较好地运用各种现代教育技术手段把相关教学内容、教学环节、知识点等讲解清楚。

（四）网络评价

该指标的评价标准没有改变，分值由 20 分降为 10 分。这个主要是全国高校微课教学比赛的作品只是作为比赛的评比，没有充分考虑到其教学应用的效果。

三、"中国微课大赛"评审标准

中国微课大赛是由教育部教育管理信息中心承办以全国中小学教师为主同时希望广大中小学生、高校师生、教育机构、家长等对"微课"感兴趣的以微型视频（微课）为主要参赛主体的一项比赛。大赛指定了评审标准，包括选题设计、教学内容、作品规范、教学效果和网络评价五个一级指标；包含了选题简明、设计合理、科学正确、逻辑清晰、结构完整、技术规范、语言规范、形式新颖、趣味性强、目标达成、网上评审十一个二级指标。见附录 3。

与高校微课教学比赛评审规则相比较，最大的区别在于："中国微课大赛"评审标准中的选题设计和教学内容两个一级指标涵盖了高校微课教学比赛评审规则中的教学安排一级指标。

（一）选题设计

选题设计包括选题简明和设计合理两个二级指标。选题简明：主要针对知识点、例题/习题、实验活动等环节进行讲授、演算、分析、推理、答疑等教学选题。尽量"小（微）而精"，建议围绕某个具体的点，而不是抽象、宽泛的面。设计合理：应围绕教学或学习中的常见、典型、有代表的问题或内容进行针对性设计，要能够有效解决教与学过程中的重点、难点、疑点、考点等问题。

（二）教学内容

教学内容包括科学正确和逻辑清晰两个二级指标。科学正确：教学内容严谨，不出现任何科学性错误。逻辑清晰：教学内容的组织与编排，要符合学生的认知逻辑规律，过程主线清晰、重点突出，逻辑性强，明了易懂。

（三）作品规范

作品规范包括结构完整、技术规范和语言规范三个二级指标。结构完整：具有一定的独立性和完整性，作品必须包含微课视频，还应该包括在微课录制过程中使用到的辅助扩展资料（可选），如微教案、微习题、微课件、微反思等，以便于其他用户借鉴与使用。技术规范：微课视频时长一般不超过 10 分钟，视频画质清晰、图像稳定、声音清楚（无杂音）、声音与画面同步；微教案要围绕所选主题进行设计，要突出重点，注重实效；微习题设计要有针对性与层次性，设计合理难度等级的主观、客观习题；微课件设计要形象直观、层次分明；简单明了，教学辅助效果好；微反思应在微课拍摄制作完毕后进行观摩和分析、力求客观真实、有理有据、富有启发性。语言规范：语言标准，声音洪亮、有节奏感，语言富有感染力。

（四）教学效果

教学效果包括形式新颖、趣味性强和目标达成三个二级指标。形式新颖：构思新颖，教学方法富有创意，不拘泥于传统的课堂教学模式，类型包括但不限于教授类、解题类、答疑类、实验类、活动类、其他类；录制方法与工具可以自由组合，如用手写板、电子白板、黑板、白纸、PPT、

Pad、录屏软件、手机、DV 摄像机、数码相机等制作。趣味性强：教学过程深入浅出，形象生动，精彩有趣，启发引导性强，有利于提升学生学习积极主动性。目标达成：完成设定的教学目标，有效解决实际教学问题，促进学生思维的提升、能力的提高。

（五）网络评价

参赛作品发布后受到欢迎，点击率高、人气旺，用户评价好，作者能积极与用户互动。根据线上的点击量、投票数量、收藏数量、分享数量、讨论热度等综合评价。

第二节　建立泛在学习环境下微课的评价指标体系

一、评价标准和指标项的建立

本研究综合《首届全国高校微课教学比赛评审规则》《第二届全国高校（高职高专）微课教学比赛评审规则》和《"中国微课大赛"评审标准》三个微课的评审标准，结合电视教材的评价指标体系，提出评价指标。本研究参考的电视教材评价指标包括：李运林、徐福荫主编的《电视教材编导与制作》一书中的"电视教材评价的标准"，从科学性、思想性、教育性、艺术性和技术性这 5 个一级指标来评判。① 南国农主编的《信息化教育概论》一书提出的"电视教学软件评价表"。② 李运林、徐福荫编著的《教学媒体的理论与实践》一书中的"电视教材的评审"从教育性、科学性、技术性、艺术性和效益性评价电视教材。③ 闫寒冰编著的《信息化教学评

---

　① 参见李运林、徐福荫《电视教材编导与制作》，高等教育出版社 2004 年版，第 283 页。
　② 参见南国农《信息化教育概论》，高等教育出版社 2004 年版，第 163 页。
　③ 参见李运林、徐福荫《教学媒体的理论与实践》，北京师范大学出版社 2003 年版，第 313 页。

价——量规实用工具》一书中提出的"影视教材量规"。[①]

本研究提出泛在学习环境下微课的评价指标体系的一级指标项有：教学内容、教学活动、教学效果、作品规范和泛在学习体验5项。

结合评价标准和一级指标，析取了二级指标共16项：选题价值、科学正确、逻辑清晰、教学设计、教学组织、教学策略、教学手段、目标达成、教学特色、教学启发、材料完整、技术规范、教学规范、网络适用、用户评价和用户互动。

二、指标加权

本研究采用经验加权方法，确定各个指标的重要性与权重。向专家发出"泛在学习环境下微课的评价指标体系各因素加权意见调查问卷"（见附录4），征求专家对指标权重的意见和看法。共发出问卷31份，回收31份，有效率为100%。其分析结果如下：

计算权重采用公式：

$$W_i = \frac{\sum(a_j \pm n_{ij})}{N \sum a_j}$$、$\sum a_j = 5+4+3+2+1=15$，对五个主因素（一级指标）专家加权意见统计结果如表7所示：

表7 评价指标体系一级指标加权统计结果

主因素 \ 重要程度	第一 5	第二 4	第三 3	第四 2	第五 1	权重 W_i
（1）教学内容	3	2	22	2	2	0.20
（2）教学活动	25	2	2	2	0	0.31
（3）教学效果	3	25	3	0	0	0.27
（4）作品规范	0	1	3	3	24	0.09
（5）泛在学习体验	0	1	1	24	5	0.13

---

① 参见闫寒冰《信息化教学评价——量规实用工具》，教育科学出版社2003年版，第173页。

对 16 项子因素（二级指标）专家加权意见统计结果如表 8 所示：

表 8 评价指标体系二级指标加权统计结果

一级指标	二级指标	第一位	第二位	第三位	第四位	权重 Wi
教学内容 （20分）	选题价值	25	5	1	0	9.25
	科学正确	4	26	1	0	6.99
	逻辑清晰	2	0	29	0	3.76
教学活动 （31分）	教学设计	25	4	2	0	11.60
	教学组织	2	1	24	4	6.30
	教学策略	2	25	2	2	8.90
	教学手段	2	1	3	25	4.20
教学效果 （27分）	目标达成	24	2	5	0	11.76
	教学特色	3	25	3	0	9.00
	教学启发	4	4	23	0	6.24
作品规范 （9分）	材料完整	5	2	24	0	2.08
	技术规范	3	25	3	0	3.00
	教学规范	23	4	4	0	3.92
泛在学习体验 （13分）	网络适用	3	24	4	0	4.26
	用户评价	3	3	25	0	2.79
	用户互动	25	4	2	0	5.94

三、泛在学习环境下微课的评价指标体系

经过指标项筛选和权重计算，形成泛在学习环境下微课的评价指标体系，如表 9 所示。

表9 泛在学习环境下微课的评价指标体系

一级指标及权重	二级指标及权重	评价标准	评价等级			
			优	良	中	差
教学内容（20分）	选题价值（9分）	选取教学环节中某一知识点、技能点、专题、实训活动作为选题，针对教学中的常见、典型、有代表性的问题或内容进行设计。选题"小而精"，具备独立性、完整性、示范性、代表性，能够有效解决教与学过程中的重点、难点问题				
	科学正确（7分）	教学内容严谨充实，无科学性、政策性错误，能理论联系实际，反映社会和学科发展				
	逻辑清晰（4分）	教学内容的组织与编排，要符合学生的认知逻辑规律，过程主线清晰、重点突出，逻辑性强，明了易懂				
教学活动（31分）	教学设计（12分）	围绕选题设计，突出重点，注重实效；教学目的明确，教学思路清晰，注重学生全面发展				
	教学组织（6分）	要符合学生的认知规律；教学过程主线清晰、重点突出，逻辑性强，明了易懂；注重突出以学生为主体的教学理念以及教与学活动有机的结合				
	教学策略（9分）	教学策略选择正确，注重调动学生的学习积极性和创造性思维能力；能根据教学需求选用灵活适当的教学方法；信息技术手段运用合理，正确选择使用各种教学媒体，教学辅助效果好				
	教学手段（4分）	采用多元设计理念、方法、手段设计微课，教师在授课过程中，将多种媒体技术恰到好处地运用在教学过程中，以实现较好的教学效果				
教学效果（27分）	目标达成（12分）	实现设定的教学目标，有效解决实际教学问题，能促进学生知识运用及专业能力提高				
	教学特色（9分）	教学形式新颖，教学过程深入浅出，形象生动				
	教学启发（6分）	趣味性和启发性强，教学氛围的营造有利于提升学生学习的积极主动性				

续表9

一级指标及权重	二级指标及权重	评价标准	评价等级			
			优	良	中	差
作品规范（9分）	材料完整（2分）	包含微课视频，以及在微课录制过程中使用到的全部辅助扩展资料：教学方案设计、课件、习题、动画、视频、图片、答案、总结等。辅助扩展资料以单个文件夹形式上传提供				
	技术规范（3分）	微课视频图像清晰稳定、构图合理、声音清楚，主要教学环节有字幕提示等				
	教学规范（4分）	教师教学语言规范、清晰，富有感染力；教学逻辑严谨，教师仪表得当，教态自然，严守职业规范，能展现良好的教学风貌和个人魅力				
泛在学习体验（13分）	网络适用（4分）	适用于泛在学习环境下的学习，能支持课前、课中和课后的学习				
	用户评价（3分）	用户对利用微课的学习评价好				
	用户互动（6分）	点击率高、收藏数量多、分享数量多、讨论热度高，能积极与用户互动				

第三章　泛在学习环境下微课学习平台的设计与开发

第一节　泛在学习平台设计

一、泛在学习环境构成要素

目前存在各种对学习环境设计的理论，主要从四个视角探索学习环境设计：学习者中心的学习环境设计、知识中心的学习环境设计、评价中心的学习环境设计和社区中心的学习环境设计。[①]

乔纳森提出的建构主义学习环境模型为学习者中心的学习环境设计模式，其包含六个基本要素：问题、相关的实例、信息资源、认知工具、会话与协作和社会背景支持。[②]

问题，包括疑问、项目、个案。建构主义学习环境最主要的特征是问题驱动学习。问题解决可以蕴含在疑问型、案例型、项目型和问题型的学习中，而这几种学习在复杂性的维度上则构成了一个从简单到复杂的连续统一。在设计问题时，可以就问题情境、问题表征和问题操作空间三方面做出考虑。

相关的实例，为学习者遇到问题时提供参照，由于相关的实例可以为即将解决的问题提供多种观点或解释，可以提高学习者的认知弹性。人们

[①] 参见［美］约翰·D. 布兰斯福特等《人是如何学习的——大脑、心理、经验及学校》，程可拉等译，华东师范大学出版社2002年版，第147页。

[②] 参见［美］戴维·H. 乔纳森《学习环境的理论基础》，郑太年、任友群译，华东师范大学出版社2002年版，第85-91页。

对问题的理解需要相关经验的积累和一定的心智模型，而新手往往最缺乏的就是经验，与问题相似的实例能够增加学习者问题解决的间接经验，支撑他们的记忆。

信息资源，能帮助学习者理解问题和解决问题。为了解决问题，学习者需要通过信息资源建构他们的心智模型、建立假设并驱动对问题的操作。一些信息本身就隐含在问题中，还有一些相关信息则需要设计者识别出来并链接到问题所在的环境。

认知工具，是促使学习者参与并辅助特定认知过程的计算机工具。常用的认知工具有六类：问题表征工具、任务表征工具、静态知识建模工具、动态知识建模工具、绩效支持工具、信息搜集工具。

会话与协作工具，以计算机为中介的通信技术支撑学习共同体中的协作学习。乔纳森认为，建构主义学习环境通常可以支撑三种共同体：话语共同体、知识建构共同体和学习共同体。

社会背景支持，影响建构主义学习环境实施环境的物理的、组织的、社会文化的因素。

在微课的泛在学习环境建构时，以乔纳森的建构主义学习环境为核心理论指导，以其包含的六个基本要素（问题、相关的实例、信息资源、认知工具、会话与协作和社会背景支持）为基础，结合国内外学者对学习环境建构研究的理论，提出本研究中泛在学习环境的七个要素：情境、资源、工具、服务、学习共同体、管理和评价。

二、泛在学习平台特征分析

Boyinbode 等（2008）认为，泛在学习环境最明显的特征在于学习的泛在性，体现在三个方面：泛在的学习行为、泛在的学习接口、泛在的学习支持服务。[①] 李卢一等（2006）认为，泛在学习环境的学习设备具有四个基

[①] Boyinbode O. K. and Akintola K. G,. A Sensor-Based Framework for Ubiquitous Learning in Nigeria, International Journal of Computer Science and Network Security, 2008, Vol. 8 No. 11, 401–405.

本特征：分散性、多样性、连通性、简单性。① 吴金红（2011）认为，泛在学习环境最为显著的特征有以下几个方面：泛在化、技术隐匿性、以人为本、情境感知。② 以上研究中泛在学习环境的特征主要是由泛在学习的特征推出，结合泛在学习的内涵，本研究归纳出泛在学习平台的特征如下：

（一）物理环境与虚拟环境的融合

在泛在学习平台中，移动通信技术、增强现实等技术的应用使虚拟环境与物理环境无缝融合。学习设备被分散在人们的学习、生活和工作环境中，随手可及。学习设备可能有多种类型，多种形态。在泛在学习环境中，很多分散的设备、智能对象被附加了计算机，将会被广泛地应用。这些设备可能是可移动的或不可移动的，可以是便携的或可穿戴的。它们尺寸可能非常小，比如 RFID（radio frequency identification，射频识别电子标签）和小的传感器（sensor）等，也可能是像现在的 PDA（personal digital assistant，个人数字助理）那样中等尺寸，也可能是桌面电脑那样的大尺寸。

在泛在学习平台下，可能支持多种学习场景的学习。

1. 知识传递与反馈的学习场景

基于知识传递与反馈的泛在学习场景有课堂即时信息反馈系统、基于内容推送的泛在学习和基于教育视音频的学习等。③ 在知识传递与反馈的学习场景中，移动设备的使用也意味着：即使是最基本的行为主义活动都能被嵌入有意义的学习情境中。

课堂即时信息反馈系统是一种移动设备在教室中成功使用的系统，它是一个基于无线网络支持交互性的课堂提问与回答系统。在课堂上，学生每人手中拿着一个遥控器和一个与计算机联机的接收器，就可以进行随堂测验活动或游戏比赛活动。系统利用学生反应数据，给予教师及时、准确的教学反馈信息；老师也能马上诊断学生的学习成效，及时补救教学，系统所搜集的各种反馈数据还可以用于随后对学生知识结构的分析研究。2001

---

① 参见李卢一、郑燕林《泛在学习环境的概念模型》，载《中国电化教育》2006年第12期，第9—12页。

② 参见吴金红《基于普适计算的高校泛在学习环境研究》，载《武汉纺织大学学报》2011年第2期，第48—51页。

③ 参见余胜泉《从知识传递到认知建构、再到情境认知——三代移动学习的发展与展望》，载《中国电化教育》2007年第6期，第7—18页。

年新加坡的 MobiSkoolz 项目使用学校已有的网络平台和新增的移动设备来增强学习和教学环境，支持泛在学习。学生在任何时间都可以在线获取作业、复习以及在线测试或查看结果，教师可以通过电子邮件发送作业给学生。[①]

基于内容推送的泛在学习早期是通过短消息向学习者推送有限字符的短信息。如，在 Westmister 大学建立一个基于短消息的英语学习系统，它利用基于网络的 SMS 制作工具，搭建了具有自动回复功能的多项选择题的短信测试系统，被测试者通过短信息的方式回答教材中的测试题，回答完毕后，除了能够收到反馈的信息，告诉他们回答的正确率，学习者还能收到下节课的主题信息和需要事先浏览的网站信息。[②] 随着智能移动终端的出现，以 Wap、RSS 和 App 的推送方式也出现在泛在学习中。如，欧洲 MOBILearn 项目的实验中学习 MBA 课程是基于 Wap 环境的推送。[③]

基于教育视音频的学习是通过播客（Podcasting）或者微课进行学习的方式，教师和学生可以很容易地制作、发布自己的视音频节目，并随时随地收听。在美国的普渡大学，推出了 BoilerCast 网站，已有 37 门课开始通过这个平台向学生提供教师的授课 Podcast。美国斯坦福大学、杜克大学、辛辛那提大学、亚利桑那大学等也有类似的项目。[④] 再如，可汗学院（Khan Academy，http://www.khanacademy.org）与 TEDEd（http://ed.ted.com/）为代表微型网络教学视频的应用。

2. 基于问题解决的学习场景

基于问题解决的学习在泛在学习环境下更具有优势，因为学习者可以随身携带移动设备进入真实的问题情境，并通过移动设备、泛在计算技术获得问题解决的方法。在此学习过程中，学习者可以通过移动设备实现信息检索、数据采集、专家咨询、文本记录、小组协作交流、信息共享等。如加利福尼亚大学洛杉矶分校（UCLA）将 PAD 应用在医学院学生的临床教

---

① 参见隋清江、张艳萍、张进宝《移动教育：国内外实践研究综述》，载《教育探索》2004 年第 8 期，第 66 - 67 页。

② Laura Naismith, Peter Lonsdale, Giasemi Vavoula, MikeSharples. Mobile Technologies and Learning_reviewhttp://www.futurelab.org.uk/research. 2013 - 08 - 18.

③ Information Society Technologies (IST). MOBILearn Project Final Report, http://www.mobilearn.org/results/results.htm. 2013 - 08 - 18.

④ 张渝江：《美国教育培训中应用 Podcasting 的启示》，http://www.jukui.com/cnews/Article/ArticleShow.asp?ArticleID = 289.

学中。①

3. 移动协作学习场景

移动协作学习（MCSCL）是对计算机支持的协作学习（CSCL）的拓展。使用者可以将移动设备用于学习社区中的小组协作，组织协商活动，能够促进项目计划的制定和信息的分享，有利于取得好的小组协作效果，培养合作学习精神。如日本东京大学的交互技术实验室组织小学生利用 USB 照相机和 GPS 定位器、装有他们开发的 SketchMap 软件的平板电脑在户外开展协作学习。②

4. 移动探究学习场景

移动探究学习强调，学习者针对某个话题或一个有不良结构的问题进行探索、体验的研究过程，加深对知识的认识和理解。其包含四个要素：情境话题、主题资源、活动提示和问题反馈。利用手持设备的多媒体仿真功能，结合学科教学的要点，模拟真实的自然现象，建立虚拟学习环境，并提供人机交互和参数控制，学习者通过与虚拟学习环境互动，了解日常生活中不易接触到的自然与科学现象，培养学生积极参与、不断探索精神和科学的研究方法。台湾"中央大学"开发的 BWL（蝴蝶观察学习）系统就是一个支持户外探究学习的无线移动学习环境。

5. 个人学习场景

个人学习场景主要针对自主学习，在学习者零散的时间进行微型学习，是学生在教师的指导下，通过多种方式和途径，进行能动的自由选择的学习活动。移动技术和设备既可以作为知识传递的工具，也可以作为情境认知的工具。

（二）学习者获得个性特征的学习支持和服务

泛在学习环境强调以学习者为中心，对学习者学习的过程进行记录、个性评估、效果评价和内容推送；根据学习者模型，对其自主学习能力的

---

① 参见黄荣怀《移动学习——理论·现状·趋势》，科学出版社 2008 年版，第 102 页。

② Masanori Sugimoto, Pamela Ravasio, Hitoshi Enjoji. SketchMap: a system for supporting outdoor Collaborative learning by Enhancing and Sharing learner's Experiences. Proceedings of The International Workshop on Mobile and Ubiquitous Learning Environments（MULE）in conjunction with ICCE2006, 2006: 9 - 16

培养起到计划、监控和评价作用。在泛在学习中，学习环境应该提供五个方面的学习支持和服务：信息咨询、技术支持、学习方法支持、情感支持、管理和持续发展的支持。

1. 信息咨询

指泛在学习环境通过各种渠道发布与泛在学习相关的信息。如学习资源的相关信息、泛在学习服务机构、教师和辅导人员的信息、管理信息、技术信息、督学信息等。

2. 技术支持

指为泛在学习提供必要的学习平台、数字图书馆、校园网站、教务系统、知识管理系统等。

3. 学习方法支持

学习者需要适应泛在学习的学习模式，需要在泛在学习环境中获得学习方法或策略的指导，例如，自主学习方法、协作学习方法、基于问题的学习方法、探究学习方法、混合式学习方法等。

4. 情感支持

在泛在学习环境中，通过创建学习社区，并在社区中依托人际关系互动来完成情感支持是最普遍的方法。在其中要注意了解影响社区内交互效果的因素、要为提供情感支持设计相应的文化建设活动。

5. 管理和持续发展的支持

通过实施一些短期的、改革性的、示范性的项目，鼓励学习者和教学者使用泛在学习系统；建立学习中心，为学习者提供有针对性的个性化学习支持服务；明确泛在学习实施效果评估方法等加强泛在学习的管理和持续发展。

（三）具有情境感知性

随着技术的进步，移动设备的情境感知（context sensitivity）能力将越来越强大，它将集成更多的传感器、探测器、采集器，通过这些电子化的微型感知设备，捕获用户、设备、场所、问题、应对策略方法等真实世界的信息，以及将我们所处生活环境中各种人类感官不能直接感受到的信息，采集到方寸之间的移动设备中，纳入数字化的虚拟世界，经过计算、处理，变成我们人类学习、决策的参考知识，在一定程度上连通虚拟世界和现实世界，通过虚拟世界的知识学习来增强人对现实的理解和驾驭能力。①

情境感知意味着能够从学习者的周围收集环境信息以及工具设备信息，并为学习者提供与情境相关的学习活动和内容。通过谈话、电视、报纸、观察世界，甚至经历事故或身处尴尬境遇，我们都能获取信息。人们学习是为了解决生活中一个个的情境性问题，或者是想要更好、更有效地开展一项日常事务。支持学习的技术应该能够像学习一样自然而然地融入日常生活中去。②

学习的情境理论关注物理的和社会的场景与个体的交互作用，认为学习不可能脱离具体的情境而产生，情境是整个学习中的重要而有意义的组成部分，情境不同，所产生的学习也不同，学习受到具体的情境特征的影响。③泛在计算技术为情境认知提供了技术支持，而情境认知学习理论则为泛在计算技术提供了理论支持。④

泛在学习平台的情境感知性体现在：具有完善的知识库系统、辨别使用者的身份、建立或访问学者的学习历程、可以感知学习者的情境（包括时间、位置、使用装置、学习状态及可能面临的问题）、综合各种资源与使用者的情境下判断并提供使用者最需要的服务。

（四）支持混合学习

一个泛在学习环境代表了物理移动（physical Movement）、个人通信（personal communication）以及数字交互（digital interaction）的一种混合，并且能支持多种学习方式，既支持校内学习也支持校外学习，既支持正式学习也支持非正式学习。这里的学习者并非只是校内的学习者，也包括在工作中有学习需求的所有人。

---

① 参见余胜泉《从知识传递到认知建构、再到情境认知——三代移动学习的发展与展望》，载《中国电化教育》2007年第6期，第7-18页。
② 参见余胜泉《从知识传递到认知建构、再到情境认知——三代移动学习的发展与展望》，载《中国电化教育》2007年第6期，第7-18页。
③ 参见姚梅林《从认知到情境：学习范式的变革》，载《教育研究》2003年第2期，第60-64页。
④ 参见叶成林、徐福荫《移动学习及其理论基础》，载《开放教育研究》2004年第3期，第23-26页。

三、泛在学习平台要素分析

(一) 学习平台要素

对学习平台研究，主要有国外 Oliver 和 Hannafin（2001）的四要素说（情境、资源、工具和支架）①，Jonassen 等（2002）的六要素说（问题、相关案例、信息资源、认知工具、会话与协作工具），Collins 等（1989）的认知学徒说（内容、方法、序列和社会性）。卡恩博士（Khan，1997）在其主编的《网上教学》中提出了网上学习环境的八大组成部分：课程内容建设、多媒体成分、网络工具、计算机和存储设备、网络链接和网络服务提供者、编程语言和工具、服务器，以及网络浏览器和其他应用程序。② 此后，卡恩博士向各国学者不断征求对《网上教学》一书的反馈意见，综合大量学者的观点后，他开始修改网上学习环境的框架。在 2001 年和 2002 年（Khan，2001、2002），卡恩博士形成了一个新的针对教育机构而言的网上学习环境的框架，包括管理的、教学论的、技术的、界面设计的、评价的、资源支持的、道德的、机构的等八个维度。可以看出，这八个维度综合了整个网上学习过程的管理、教学、技术、资源、评价、道德等内容。③④

而国内有陈琦等（2003）的学习生态说（外部社会文化环境层、学习社群、信息资源、技术、学习活动），钟志贤（2005）的七要素说（活动、情境、资源、工具、支架、学习共同体和评价），黄荣怀（2012）的五因素说（数字化学习资源、虚拟学习社区、学习管理系统、设计者心理和学

---

① Oliver, K &M. Hannafin. Developing and Refining Mental Models in Open-Ended Learning Environments: A Case Study. ETR&D, 2001, 49（4）: 5 - 6.

② Khan, B. H. Web-based Instruction (WBI): What is it and why is it?. In B. H. Khan (Ed.) . Web-based Instruction. Englewood Cliffs, New Jersey: Educational Technology publications, 1997: 5 - 18.

③ Khan, B. H. A Framework for E-learningE-learning Magazine, http://lomo.kyberia. net/diplomovka/webdownload/partial/elearningmag. com/E-learning% 20 - % 20A% 20Framework% 20for% 20E-learning. pdf, 2013 - 08 - 18.

④ Khan, B. H. Discussion of E-learning Dimensions. Education Technology, 2002（1）: 59 - 60.

者心理)。① 张伟远(2005)认为,网上学习环境由八个维度组成:教学设计、内容设计、网站设计、灵活性、学生互动、教师支持、技术支持、学习评估。②

(二) 泛在学习平台要素

在对泛在学习平台的构成研究中,主要有以下观点:

Vicki Jones 和 Jun H. Jo(2004)认为,泛在学习环境的结构由四部分组成③:①传感器:用来感知学生上下文信息和环境上下文信息。如 RFID(射频识别)传感器。②微处理器:带有记忆功能的微处理器可以内置于任何物体和设备中。每个微处理器所记忆的是有关所附实体的信息。当学生接触这些物体或设备时,传感器检测他们的现状并且开始向学生的移动设备中传输相关信息。③服务器模块:服务器模块包括学习资源库、教学策略分析单元和学习者模型数据库,用于管理网络学习资源及存储上下文信息,为学习者提供动态和积极的帮助,促进学生通过交互和反馈来加深理解,分析学生对测验的反应,并在学生需要时提供更多的信息。④无线技术和移动设备:无线技术能够保证移动学习设备之间的通信以及传感器和服务器之间的通信,如蓝牙和 WIFI。移动设备包括 PDA(个人数字助理)、便携 PC、智能手机等。

亢春艳(2011)根据终身教育的特点和学习理念设计了一个泛在学习环境模型,主要包括学习资源、学习策略、认知工具、技术环境、情境建构、社会文化环境等几个部分,如图 43 所示。④

---

① 参见黄荣怀、杨俊锋、胡永斌《从数字学习环境到智慧学习环境——学习环境的变革与趋势》,载《开放教育研究》2012 年第 1 期,第 75 - 84 页。

② 参见张伟远《网上学习环境评价模型、指标体系及测评量表的设计与开发》,载《中国电化教育》2004 年第 7 期,第 29 - 33 页。

③ Vicki Jones and Jun H. Jo, Ubiquitous learning environment: An adaptive teaching system using ubiquitous technology, http://www.ascilite.org.au/conferences/perth04/procs/pdf/jones.pdf, 2013 - 08 - 18.

④ 参见亢春艳《终身学习理念下的 U-learning 环境设计》,载《现代教育技术》2011 年第 10 期,第 83 - 86 页。

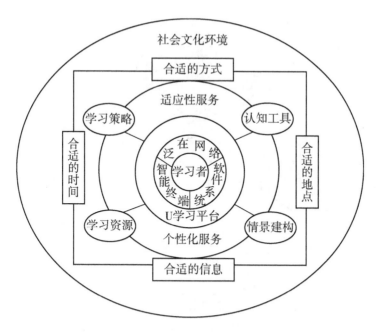

图 43　泛在学习环境模型

李卢一等（2006）认为：泛在学习环境离不开技术的支持，但并不是技术集中型环境。一个泛在学习环境是一种整合的学习环境，它整合了物理的、社会的、信息的和技术的多个层面和维度，如图 44 所示。在一个泛在学习环境中，各种教育机构（educational institutions）、工作坊（workspace）、社区（community）和家庭（home）将会被有机地整合在一起。不管是对学习者还是教育者，社区和家庭将不再是无关的或难于纳入考虑的因素，而会成为学习环境中不可缺少的重要组成部分。学习者、教育者和家长将会更有效地交流、协调、协作，以提高教育质量与效率。①

---

① 参见李卢一、郑燕林《泛在学习环境的概念模型》，载《中国电化教育》2006 年第 12 期，第 9－12 页。

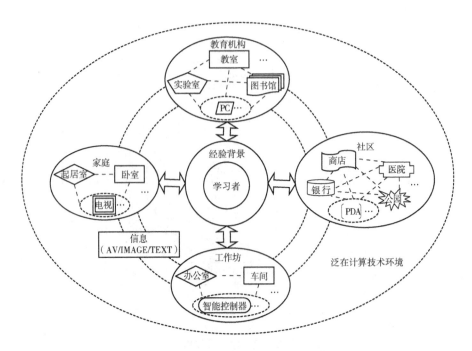

图 44　泛在学习环境的概念框架①

张洁（2010）认为，泛在学习环境包括泛在的学习资源、泛在的学习服务和泛在的支撑技术三个部分，其中，以境脉感知技术为代表的先进技术为实现泛在学习环境的适应性与个性化学习服务提供了强有力的支撑。在泛在学习环境中，可以真正实现在合适的时间、合适的地点以合适的方式呈现给学习者合适的信息。泛在学习环境模型，如图 45 所示。②

吴金红（2011）认为，构筑泛在学习环境的基本要素主要包括移动通信网络、智能学习终端、学习资源网、学习服务四个部分。③

刘树娜（2012）将泛在学习的支持环境分为三部分：技术环境、资源

---

① Li., L. Y., Zheng, Y. L., Ogata, H., & Yano, Y. Ubiquitous Computing in Learning: Toward a Conceptual Framework of Ubiquitous Learning Environment. Journal of Pervasive Computing and Communications, 2005, (3): 207 – 215.

② 参见张洁《基于境脉感知的泛在学习环境模型构建》，载《中国电化教育》2010 年第 2 期，第 16 – 20 页。

③ 参见吴金红《基于普适计算的高校泛在学习环境研究》，载《武汉纺织大学学报》2011 年第 2 期，第 48 – 51 页。

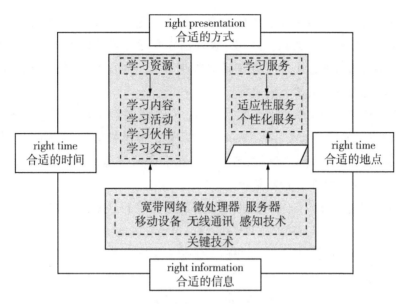

图45 泛在学习环境模型

环境、社会环境。[①] 技术环境为泛在学习提供基础的物理支持,主要分为智能终端、U-learning 技术环境、软件支持系统。资源不仅包括学校教育的狭义资源,更表现为整个互联网络拥有的信息资源,或者把整个社会和自然界都视为学习资源(文本、图像、录像、音频、视频、动画),学习者、专家、伙伴也成为非常重要的资源。

(三)本研究中泛在学习平台要素

综合以上的研究,结合泛在学习的特征,本研究提出适应微课的泛在学习平台的要素。

1. 情境

在对泛在学习平台特征分析中,泛在学习平台是物理环境与虚拟环境的融合,可见其具有情境性。Oliver 和 Hannafin(2001)的四要素说、钟志贤(2005)的七要素说、亢春艳(2011)的泛在学习环境模型中都包含了"情境"这个要素,Jonassen 等(2002)的六要素说中的问题也包含问题的境脉。

---

① 参见刘树娜《浅议泛在学习的支持环境》,载《中国教育技术装备》2012 年第 18 期,第 36—37 页。

对于建构主义者来说，物体或事件是没有绝对意义的，相反，其意义依赖于个人的解释和建构。因此，设计泛在学习环境的要点之一就是要提供一个丰富的情境，让学习者在其中协商意义，并发展理解。因此，情境几乎是所有建构主义学习环境所必备的。

在设计微课泛在学习平台的情境时，可以借鉴坦尼森、斯奈德和埃尔莫尔（Tennyson, Snyder, & Elmore, 1992）的境脉模块分析法，将它与乔纳森的活动理论分析框架穿插结合，以此来突出情境设计中的知识定位，这种分析法采用四个分析步骤。①

（1）描述境脉：描述所要学习知识的运用境脉。描述知识将运用于其中的文化，包括个人或组织的目标、人类价值和其他境脉标准。

（2）复杂问题分析：识别并标记境脉中存在的复杂问题。然后，识别与标记包含在每一复杂问题中的概念（或规则、原理、人类价值等）。最后，重新安排问题顺序，把有共同概念的问题比邻放在一起形成簇。在每一簇内，按照参与概念增加的数目顺序排列问题。这个排列结构会对下面的步骤有帮助。

（3）模块组织：把问题和概念分组形成教学模块。复杂性等级排序以及在复杂问题分析中所揭示的概念的公共性将表明簇内概念的适当联系。

（4）模块排序：把用于表征的模块排序，注意先决条件。呈现信息的次序应与学习者已有知识库的结构相联系，并做出相应的考虑。

2. 资源

Oliver 和 Hannafin（2001）的四要素说、Jonassen 等（2002）的六要素说、Collins 等（1989）的认知学徒说、卡恩博士（Khan, 1997）的网上学习环境、陈琦等（2003）的学习生态说、钟志贤（2005）的七要素说、黄荣怀（2012）的五因素说、张伟远（2005）的网上学习环境、张洁（2010）的泛在学习环境要素、亢春艳（2011）的泛在学习环境模型、吴金红（2011）的泛在学习环境的基本要素、刘树娜（2012）的泛在学习的支持环境等理论基本都包含了"资源"这个要素。只是在不同的理论中，其表现

---

① 参见［美］罗伯特·D. 坦尼森、罗伯特·L. 埃尔莫尔《教学设计的学习理论基础》，载［美］罗伯特·D. 坦尼森、［德］弗兰兹·肖特、［德］诺伯特·M. 西尔、［荷］山尼·戴克斯特拉主编《教学设计的国际观（第一册）理论·研究·模型》，任友群、裴新宁主译，教育科学出版社2005年版，第80页。

形式各异，包括资源、信息资源、内容、资源支持、数字化学习资源、学习资源、学习资源网和资源环境等。

为了研究问题，学习者需要一些信息来建构他们的心智模型并驱动问题空间形成假设。因此，当设计学习环境时，应该选出学习者在理解问题时所必需的那些信息。丰富的信息资源是学习环境的一个基本组成部分。学习环境应该提供学习者可选的信息。学习环境假设，信息可以在问题境脉或应用中发挥很大作用。因此，必须选出哪些信息是学习者解释问题所必需的。一些信息被自然地包含在问题表征中，而其他相关信息库则应该链接到该环境。其中可能包括有助于学习者理解问题和原理的文本文献、图片、声音资源、视频和动画等。

本研究中资源是指"微课"，为几分钟至十几分钟微型教学视频课，它是围绕学科知识点、例题习题、疑难问题、实验操作等进行的教学过程及相关资源之有机结合体。设计者应该评价微课的泛在学习环境中包含或链接的信息资源的相关性，并将它们以某种适当的方式进行组织，以支撑我们希望学习者所做的思考。在微课平台中进行了学习活动设计时，要从媒体、学习终端、实用目的、提供者、适合人群等视角来分析，才能够提供更优质的学习资源，适应当下的学习需要。

3. 工具

Oliver 和 Hannafin（2001）的四要素说、Jonassen 等（2002）的六要素说、卡恩博士（Khan，1997）的网上学习环境、陈琦等（2003）的学习生态说、钟志贤（2005）的七要素说、张伟远（2005）的网上学习环境、亢春艳（2011）的泛在学习环境模型、刘树娜（2012）的泛在学习的支持环境等理论包含了"工具"这个要素。其表现的形式包括工具、认知工具、会话与协作工具、技术的、技术支持等。

本研究中的工具包含认知工具、会话工具、协作工具、创作工具和过程记录工具等。

乔纳森等（Kommers, Jonassen, &Mayes, 1992）对认知工具进行了清晰地界定。他们认为"认知工具是触发学习者思考并辅助特定认知过程的计算机工具"，[①] 通常可以帮助学习者更好地表征问题或任务，表征已有的

[①] Duffy, T, Jonassen, DH. (Eds.). Constructivism and the technology of instruction: conversation. Hillsdale, NJ: Lawrence Erlbaum Associates. 1992: 12.

知识，减轻认知负荷，以及查找资料等。目前，由技术支撑的学习环境秉承的基本理念就是用各种以计算机为中介的通信技术支撑学习共同体中的协作学习。如电子列表、电子邮件、公告板、新闻组、聊天室和协作记事簿等。当学习者协作时，他们有着共同的目标：解决问题或就某个话题达成某种科学上的一致看法。泛在学习环境应该支持参与者群体中的协作，让他们对如何操纵环境取得一致决定，产生某个话题或问题的不同解释，清晰地表述他们的观点，以及反思他们所使用的过程。协作解决问题需要达成共同的决策，在知识的社会性共同建构和理解问题的活动中取得一致性的看法。

意塔罗·德·迪安纳等认为，在学习环境中对话的工具可以分为三个主要种类的互动技术：通信系统、共享工作空间和组件。[①] 通信系统为人与人进行沟通的中介，包括电子邮件、谈话框、音频会议或电话会议、视频会议等；共享工作空间允许远距离的人们共享从合作记录到小组报告等不同类型的文件；组件是基本上把通信和共享工作空间工具整合在一起应用的程序，如小组头脑风暴和思维组织工具。

泛在学习环境中，应结合不同手持终端的独特之处，充分发挥技术优势，重视学习者的亲身体验，为学习者提供社会性互动和交流的平台，如相关主题的微博、论坛、交流软件（QQ等）、留言板、网络交互白板、BBS论坛等。微课平台中的学习活动要注重学习情境的创设和转移，关注学习者与手持设备、学习者与学习者、学习者与专家之间的"交互"状况，为学习者提供和谐的交流环境和交流载体。

4. 服务

在对泛在学习平台特征分析中，泛在学习平台中学习者获得个性特征的学习支持和服务是其一特征。在对学习环境理论的研究中，鲜有将"服务"提出作为学习环境的一个要素，但在泛在学习环境中将"服务"作为其一要素的并不少。例如，张洁（2010）的泛在学习环境要素、吴金红（2011）的泛在学习环境的基本要素中都提出将"服务"作为泛在学习环境的要素。从此可以看出，泛在学习环境中更注重从学习者为中心，更强调学习者在此环境中获得个性特征的学习支持和服务。

---

① 参见［荷］戴克斯特拉、［德］西尔、［德］肖特、［美］坦尼森《教学设计的国际观 第2册 解决教学设计问题》，任友群等译，教育科学出版社2007年版，第1页。

服务主要包括学习资源推荐服务、智能导学服务、学习社区服务等模式。学习资源推荐服务是指利用情境感知设备来感知和分析有关学习者或周围环境的一些信息，并结合学习者的知识水平、学习风格等内部要素，为学习者主动推荐适应性和个性化的学习内容；智能导学服务是指根据学习者的学习能力和学习动机以及周围所处的情境，自动地或者导向性地为学习者量身定制合适的学习目标，设计最佳学习路径，寻找有互动意向的学习伙伴，为学习者自主学习提供最大的帮助服务；学习社区服务是指根据学习的内容，帮助学习者寻找或者创建讨论群组进行协作学习，在交流中获得有益的帮助，从而促进学习的深入。

5. 学习共同体

Jonassen 等（2002）的六要素说、陈琦等（2003）的学习生态说、钟志贤（2005）的七要素说、黄荣怀（2012）的五因素说，以及李卢一等（2006）的泛在学习环境理论中包含了学习共同体的要素，如学习社群、学习共同体、虚拟学习社区等。

温格认为，实践共同体到处都有——有的在课堂中，有的在运动场上，有的是正式的，有的是非正式的。虽然有课程、学科和训教，但对个人影响最大的学习就是那些作为实践共同体成员进行的学习。[①]

在泛在学习平台中建立一个共同体，要明确共同体的目标人群，包括团队的管理者和用户，其中用户包括通讯员、教师、学生等，考虑该共同体拥有哪些潜在成员，他们有什么需求，形成共同体的愿景，构想该共同体拥有共同的蓝图；确定共同体拥有明确的使命任务和服务目的；根据共同体的任务，确定共同体的基本主题，根据主题再设立相关专题、问题。

6. 管理

卡恩博士（Khan，1997）的网上学习环境和黄荣怀（2012）的五因素说中提出了"管理"作为学习环境中的一个要素。

在泛在学习平台中的管理包括学习环境的维持和学习信息的发送。

7. 评价

钟志贤（2005）的七要素说和张伟远（2005）的网上学习环境八个维度说中提出了"评价"作为学习环境中的一个要素。

---

① Wenger, E. Communities of Practice：Learning, meaning, and identity. Cambrigde university Press. 1998：9.

在泛在学习平台中要对学习者进行综合的评价，如布兰斯福特等认为：评价应该反映出学生思维的品质和他们已学习的特定内容。为达到这个目的，学业测评应该考虑行为表现的认知理论。例如评价科学学科学业成绩的框架把认知和情景融合在一起，根据学科的内容、过程任务需求和在特定的评价情景中所观察到的认知活动的特征和范围来描述学生的行为表现。① 因此，在泛在学习平台中要注重学习者的个性差异，提供不同形式、不同难度的学习活动，学习评价要综合考虑形成性评价和总结性评价相结合，不同形式评价相结合，促进学习者参与微课学习的积极性。

四、泛在学习环境下微课学习平台设计策略

综上所述，泛在学习平台的七个要素有：情境、资源、工具、服务、学习共同体、管理和评价。

（一）微课的泛在学习平台中情景的创设

情景是泛在学习平台中重要的要素之一。在微课的泛在学习平台中情景的创设包括描述境脉、复杂问题分析、模块组织、模块排序。描述境脉指利用文字、图形、视频将学习的境脉描述，利于学习者掌握知识之间的联系；复杂问题分析指利用提出问题、分析问题和解决问题的思路呈现复杂问题，利于学习者掌握复杂问题的解决过程；模块组织指将学习的内容按模块化组织，利于学习者进入相关的问题情景学习；模块排序指将学习的内容按关联程度排序，利于学习者发展认知的邻近领域。微课的泛在学习平台支持学习者在合适的时间、合适的地点、合适的方式、合适的信息开展学习活动。

（二）微课的泛在学习平台中资源的建设

微课的泛在学习平台中的资源主要是微课及其相关资源。包括知识点、例题习题、疑难问题、实验操作等，根据学习主题的需要可以拓展。资源的主要形式是以视频呈现的微课。

---

① 参见［美］约翰·D. 布兰斯福特等《人是如何学习的——大脑、心理、经验及学校》，程可拉、孙亚玲、王旭卿译，华东师范大学出版社2002年版，第272页。

（三）微课的泛在学习平台中工具的设计

微课的泛在学习平台中，工具主要是帮助学习者在学习过程中建构知识，包括终端工具、认知工具、会话工具、协作工具、创作工具和过程记录工具。终端工具指计算机、平板电脑、手机、电子书包等支持泛在学习的硬件工具；认知工具指支持、指引和扩充学习者思想过程的心智模式和设备，如概念图工具、脑图工具等；会话工具是指帮助学习者沟通的工具，如网络即时聊天工具；协作工具是帮助学习者组成学习共同体并进行交流的工具，如微博；创作工具是学生创作作品的工具；过程记录工具是记录学习者学习活动过程的工具，如电子档案袋。

（四）微课的泛在学习平台中学习共同体的组建

在微课的泛在学习平台中，学习共同体由学习者及其助学者（包括教师、通讯员等）共同构成的团体，他们彼此之间经常在学习过程中进行沟通、交流，分享各种学习资源，共同完成一定的学习任务，因而在成员之间形成了相互影响、相互促进的人际联系。学习共同体中的学生通过移动网络/互联网进入情境，学习共同体中的学生通过移动网络/互联网获得微课资源，学习共同体中的学生通过移动网络/互联网使用学习工具，学习共同体中的教师通过移动网络/互联网设计问题情境，学习共同体中的教师通过移动网络/互联网发布微课资源，学习共同体中的教师通过移动网络/互联网为学生提供工具，学习共同体中的教师或通讯员通过移动网络/互联网对学习共同体提供服务、管理和评价。

（五）微课的泛在学习平台中服务、管理和评价的设置

在微课的泛在学习平台中，为了协调学习共同体之间的关系，提高学习效率、优化学习效果，提供服务、管理和评价。服务主要指学习支持服务，包括基于移动通信技术的双向交流为主的各种信息的、资源的、人员的和设施的支持服务；管理指学习者学习过程的监督、学习者个人信息的管理；评价包括借助移动通信技术开展的过程性评价、诊断性评价和总结性评价。

综上所述，泛在学习环境下微课学习平台设计，如图46所示。

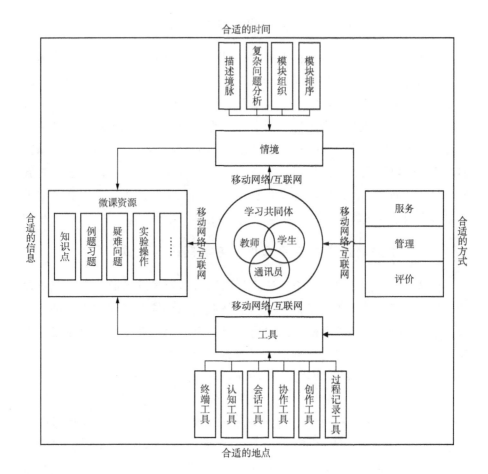

图46　泛在学习环境下微课的平台设计

　　微课的泛在学习平台支持学习者在合适的时间、合适的地点、合适的方式、合适的信息开展学习活动。泛在通信技术促使教学环境向泛在学习环境变化，致使教与学习过程中原有的规则和运作方式受到了极大冲击，学习模式更强调受众的小众化、个性化、泛在化、多元化、互动性和参与性等。微课是一种新型的教学资源，更适合泛在学习环境，设计好泛在学习环境下微课学习平台是提高泛在学习效果的一个重要因素。此外，还要开展泛在学习模式、学习策略的设计和研究。

第二节　泛在学习环境下微课的设计

一、微课特点分析

胡铁生（2011）认为"微课"的主要特点是：主题突出，指向明确；资源多样，情境真实；"短小精悍"，使用方便；半结构化，易于扩充。[①] 肖安庆（2013）认为"微课"的主要特点是：教学时间较短，教学内容较少，资源容量较小，资源组成、结构"情景化"。[②]

因此，微课具有短小精悍、主题突出、资源多样、交互性强、半结构化的特征，特别适合手机、平板电脑等移动设备，为学习者提供泛在学习新体验。

二、泛在学习环境下微课设计的指导理论

（一）以微型移动学习理论设计微课

Theo Hug 认为，微型学习是处理比较小的学习单元并且聚焦于时间较短的学习活动[③]，是在短时间内利用媒体学习"片段化"的知识或者知识块[④]；Lindner 将微型学习表述为一种指向存在于新媒介生态系统中，基于微型内容和微型媒体的新型学习[⑤]；Mosel 认为，微型学习过程是来自微型内

[①] 参见胡铁生《"微课"：区域教育信息资源发展的新趋势》，载《电化教育研究》2011 年第 10 期，第 61－65 页。

[②] 参见肖安庆《关于微课教学的几点思考》，载《青年教师》2013 年第 2 期，第 44－46 页。

[③] Theo Hug. Micro learning and narration. Fourth Media in Transition conference：The Work of Stories, 2005：5.

[④] Hug, T. Microlearning：A new pedagogical challenge—Proceedings of Microlearing 2005 learning & Working in New Media. Austria：Innsbruck University Press, 2005.

[⑤] Martin Lindner, Peter A, Bruck. Macromedia and Corporate Learning. Proceedings of the 3rd International Microlearing 2007 Conference. Innsbruck：Innsbruck University Press, 2007.

容的交互①。虽然不同的研究者对微型学习的解释不尽相同，但都主要强调在较短的时间内学习相对"短小的、松散连接的、永处于动态重组中"②的信息片段，是一种可随时随地使用零碎时间的学习方式。微型移动学习具有的突出特点，如表10所示。

表10　微型移动学习的特点③

维度	描述特点的短语
1. 学习需要	目的明确，以问题解决为导向
2. 学习内容	短小直观、轻松学习、独立可重用、数字化、便于导航和检索
3. 学习目标	三大领域（认知、情感、动作技能）、五种学习结果（言语信息、智力技能、认知策略、动作技能、态度）
4. 学习者	全民、终身
5. 学习模式	多种学习模式，体现学习的灵活性和个性化
6. 学习方法	非正式、在线（离线）、个别化、协同
7. 学习过程	个性化、随时随地、多种交互、存在干扰
8. 学习环境与设备	通信网络、卫星网络、Internet、无线网络、小巧、便携、多样、灵活
9. 学习支持	多样反馈（短信、电话、留言、移动QQ等）、广播、多播、点对点、FAQs
10. 学习评价	成长记录、终身学习档案袋

例如，吴军其等（2012）④ 提出的微学习活动系统设计模型，就是以微型移动学习中学习活动的开展为基础的，如图47所示。微课件中的学习活动系统组成成分界定如下：主体是指广义学习者，客体是指学习的对象（如微课件、微内容等），共同体指与学习者共同完成学习过程的参与者，

---

① Mosel, S. Self-directed learning with Personal publishing and micro content—Proceedings of Microlearning 2005 learning & Working in New Media. Austria：Innsbruck University Press，2005.

② David Weinberger. Small Pieces Loosely Joined. New York：PerusersBooks Group，2002.

③ 参见顾小清《终身学习视野下的微型移动学习资源建设》，华东师范大学出版社2011年版，第73页。

④ 参见吴军其、齐利利、胡文鹏等《微课件的学习活动设计》，载《中国电化教育》2012年第9期，第106－109页。

工具是指学习过程中使用的硬件与软件工具，规则是指能够协调主体与客体的、微课件学习活动中的一种约定，学习分工是指微课件学习活动过程中不同参与者在学习过程中的任务分工。

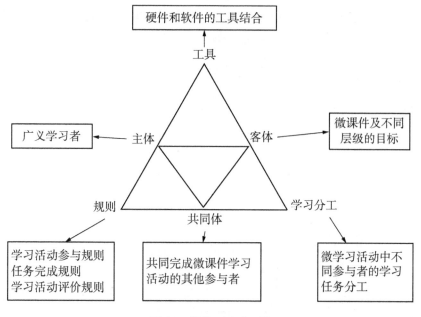

图 47　微学习活动系统

此外，吴军其等（2012）[①] 从基于微课件的微型学习模式，提出了微课件的设计要点：①以知识点为主题设计微课件。②以螺旋式地重复来加深教学内容。③辅助、引导、强化学习者的自主学习。

（二）以教学设计理论设计微课

建构主义学习理论和学习环境强调以学生为中心，不仅要求学生由外部刺激的被动接受者和知识的灌输对象转变为信息加工的主体、知识意义的主动建构者，而且要求教师要由知识的传授者、灌输者转变为学生主动建构意义的帮助者、促进者。以学为主的教学设计方法与步骤应如下：①教学目标分析；②情境创设；③信息资源设计；④自主学习策略的设计；

---

① 参见吴军其、张纯、刘治强《微课件的交互学习策略研究》，载《软件导刊（教育技术）》2012 年第 5 期，第 5-7 页。

⑤协作式教学策略设计;⑥学习效果评价设计;⑦教学模式设计。①

泛在学习环境下微课设计也需要遵循教学设计的一般过程。为了满足泛在学习环境下学习者实用取向的学习目标,需要在学习目标分析、学习内容选择和学习活动设计上进行微课的教学设计。

例如,梁乐明等(2013)提出的微课程设计模式,侧重于教学设计理论的运用,如图48所示。② 首先,需要注重教学设计;其次,教学支持服务设计;最后,学习资源动态生成,师生相互建构学习内容。

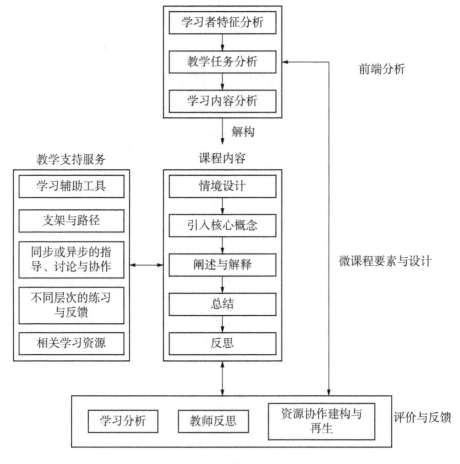

图48 微课程设计模式

---

① 参见何克抗、郑永柏、谢幼如《教学系统设计》,北京师范大学出版社2002年版。
② 参见梁乐明、曹俏俏、张宝辉《微课程设计模式研究——基于国内外微课程的对比分析》,载《开放教育研究》2013年第1期,第65-73页。

(三) 以教育电视编导理论设计微课

泛在学习环境下微课的设计，还需要进行媒体设计。首先需要确定学习资源应用的终端、考虑学习内容的呈现方式和交互性等。作为微课，主要的媒体格式是视频，因此需要遵循教育电视节目编导理论，包括教育电视节目的选题、选材，教育电视节目的语言符号，教育电视节目结构编排，教育电视节目蒙太奇等。

（1）在选型上，要丰富节目的表现形式，发挥游戏型和表演型节目的优势，在选题上，要多角度选题，扩大教育电视节目的应用范围。

（2）在内容策划时，需要通过直观、形象、生动的电视画面向受众展示科学知识、科学过程与科学方法。

（3）微课的解说词要注意准确、科学、精炼、通俗和口语化。

（4）在编辑阶段，其镜头组接除了要遵循镜头组接的普遍规律之外，还应该重视对内容的真实表现和再现，以避免在镜头组接中出现科学性错误。

（5）在微课制作的准备阶段、前期摄录阶段、后期合成阶段、评审阶段等都要注意相关的事项，达到控制微课制作质量。其中准备阶段全体工作人员明确分工任务，并拟订相关计划。前期摄录阶段是从开机拍摄到停机拍摄这段时间，包括外景拍摄和演播室拍摄。在外景拍摄中要注意天气、季节、时间和场地等因素，还可根据实际情况对个别镜头重新构思或做适当修改。在演播室内拍摄时如果条件允许，尽量使用多机位进行拍摄。

例如，胡铁生（2013）[①]提出中小学微课设计的主要原则和注意事项主要围绕微课作为一种呈现和交互媒体展开。此外，胡铁生等（2012）[②]提出微课的开发过程，也是围绕视频的制作而论述。包括①合理选题。②撰写教学设计规范化。③精细化课堂教学。④撰写课堂教学视频字幕。⑤拓展其他教学资源。

[①] 参见胡铁生《中小学微课建设与应用难点问题透析》，载《中小学信息技术教育》2013 年第 4 期，第 15 – 18 页。

[②] 参见胡铁生、詹春青《中小学优质"微课"资源开发的区域实践与启示》，载《中国教育信息化》2012 年第 22 期，第 65 – 69 页。

三、泛在学习环境下微课设计策略

（一）微课的内容设计

1. 根据学习者的需要设计微课内容

微学习活动系统设计模型中指出，学习对象（如微课件、微内容等）的分析与设计方向根据主体的需求和水平因人而异，要设置不同层次的目标以满足学习者。① 需要对学生进行需求分析，结合教学任务需求，确定学习内容，并解构成微课程资源。②

2. 精细化学习内容

在微课的内容设计上，必须紧扣一个"微"字，③ 要精细化课堂教学。教师要在短暂的时间内展示其教学技能，同时也要完成既定的教学任务，即教师的教学任务更加明确化、精细化。④ 以知识点为主题设计微课件，体现微课的短小精悍的特点。将学习内容精细化，便于被移动状态下的学习者所接受。因为，在移动中，学习者的注意力往往处于高度分散状态，而精细化的知识点，则更可能适合于零散的时间，从而减少外界环境的干扰。

3. 丰富微课的拓展内容

微课中要注意微课的单元整体设计，拓展其他教学资源。微课是一个有机组成体，不仅包括课堂教学视频、教学设计，还包括多媒体课件、教学反思、专家点评、学生反馈以及课堂练习等教学资源，以丰富微课的内容。⑤ 要突出微教案、微课件、微练习等配套教学资源的设计与制作。⑥ 在

---

① 参见吴军其、齐利利、胡文鹏等《微课件的学习活动设计》，载《中国电化教育》2012年第9期，第106–109页。

② 参见梁乐明、曹俏俏、张宝辉《微课程设计模式研究——基于国内外微课程的对比分析》，载《开放教育研究》2013年第1期，第65–73页。

③ 参见胡铁生《中小学微课建设与应用难点问题透析》，载《中小学信息技术教育》2013年第4期，第15–18页。

④ 参见胡铁生、詹春青《中小学优质"微课"资源开发的区域实践与启示》，载《中国教育信息化》2012年第22期，第65–69页。

⑤ 参见胡铁生、詹春青《中小学优质"微课"资源开发的区域实践与启示》，载《中国教育信息化》2012年第22期，第65–69页。

⑥ 参见胡铁生《中小学微课建设与应用难点问题透析》，载《中小学信息技术教育》2013年第4期，第15–18页。

学习单上将微课程和相关的资源与活动超链接起来,方便学生在学习单的统一调度下跳转学习。①

(二) 微课的学习活动设计

微课程是整个教学组织中的一个环节,要与其他教学活动环境配合,②以辅助、引导、强化学习者的自主学习。③ 要体现"任务驱动,问题导向,反馈互动"的原则,课程设计要引入有趣,逐步推进,层次分明,适当总结。④ 在微课的学习活动中,主体是指广义学习者,客体是指学习的对象,共同体指与学习者共同完成学习过程的参与者,工具是指学习过程中使用的硬件与软件工具,规则是指能够协调主体与客体的、微课件学习活动中的一种约定,学习分工是指微课件学习活动过程中不同参与者在学习过程中的任务分工。⑤ 微课中的学习活动也需要充分体现微型化的特征。如,学习活动要短小,学习活动要简单,学习者不必花长时间去了解活动的规则。设计微课中的学习活动步骤包括:确定活动的学习目标、设计活动的具体任务、确定学习活动的流程、制定学习活动的规则。

(三) 微课的媒体设计

微课的媒体设计也应该体现最简媒体原则,一个学习对象以一种媒体形式呈现,或者一个学习对象提供多种媒体呈现形式,供学习者选用。⑥ 作为微课,主要的媒体格式是视频。因此,教师要善于把"微教案"转化成

---

① 参见黎加厚《微课的含义与发展》,载《中小学信息技术教育》2013 年第 4 期,第 10 – 12 页。

② 参见黎加厚《微课的含义与发展》,载《中小学信息技术教育》2013 年第 4 期,第 10 – 12 页。

③ 参见吴军其、张纯、刘治强《微课件的交互学习策略研究》,载《软件导刊(教育技术)》2012 年第 5 期,第 5 – 7 页。

④ 参见胡铁生《中小学微课建设与应用难点问题透析》,载《中小学信息技术教育》2013 年第 4 期,第 15 – 18 页。

⑤ 参见吴军其、齐利利、胡文鹏等《微课件的学习活动设计》,载《中国电化教育》2012 年第 9 期,第 106 – 109 页。

⑥ 参见顾小清《终身学习视野下的微型移动学习资源建设》,华东师范大学出版社 2011 年版,第 102 页。

拍摄与制作微视频的"微脚本"。① 要合理选题。选题原则：聚焦课程改革、反映学科特征、具有典型性、具有实际意义。② 一门课程开始的时候，要清楚地介绍课程的评价方法和考试方式，引导学生根据教学目标学习，要介绍主讲教师本人的情况，让学生了解教师。③ 提出用字幕方式补充微课程不容易说清楚的部分，包括开头加标题、交代教学内容主题、段落之间添加小标题、重点难点处添加字幕。④ 每一个微课程结束时要有一个简短的总结。⑤

（四）微课的互动设计

微课设计不仅要注重资源的设计与制作，更要体现微学习环境的互动方式和学习方式的设计，如提供微课应用过程中的教师反思、用户评论和学习反馈等。⑥ 需要通过巧妙的活动设计恰如其分地增加师生互动，增强课堂教学效果。⑦ 在微课中，学习资源是动态生成的，师生相互建构学习内容。而学习资源动态生成的实现需通过师生教学的评价与反馈体现。教学反馈包括学生的学习分析与教师的教学反思。微课程学习平台能够记录学生的学习足迹，供学生了解自身学习情况，制定个性化的学习计划；也可以供教师进行学习分析，以便在正式课堂上能够针对性地查漏补缺。⑧ 在微课中，反馈与交互也应体现出微型的特点，以小测试、投票、有奖竞答等方式为宜。

---

① 参见胡铁生《中小学微课建设与应用难点问题透析》，载《中小学信息技术教育》2013年第4期，第15－18页。

② 参见胡铁生、詹春青《中小学优质"微课"资源开发的区域实践与启示》，载《中国教育信息化》2012年第22期，第65－69页。

③ 参见黎加厚《微课的含义与发展》，载《中小学信息技术教育》2013年第4期，第10－12页。

④ 参见胡铁生、詹春青《中小学优质"微课"资源开发的区域实践与启示》，载《中国教育信息化》2012年第22期，第65－69页。

⑤ 参见黎加厚《微课的含义与发展》，载《中小学信息技术教育》2013年第4期，第10－12页。

⑥ 参见胡铁生《中小学微课建设与应用难点问题透析》，载《中小学信息技术教育》2013年第4期，第15－18页。

⑦ 参见胡铁生、詹春青《中小学优质"微课"资源开发的区域实践与启示》，载《中国教育信息化》2012年第22期，第65－69页。

⑧ 参见梁乐明、曹俏俏、张宝辉《微课程设计模式研究——基于国内外微课程的对比分析》，载《开放教育研究》2013年第1期，第65－73页。

(五) 微课的学习支持服务设计

教学支持服务包括学习辅助工具、支架与路径、同步与异步讨论与协作、不同层次的练习与反馈及相关的学习资源。[①] 此外，在微学习活动系统设计模型中，规则就是维持学习支持服务的一个约定，包括学习活动参与规则、任务完成规则、评价规则、活动交流规则等。[②]

第三节 泛在学习环境下微课学习平台的设计

泛在学习环境下微课学习平台包含微课服务器端、电脑客户端和移动客户端，其主要由 Java、MySQL 以及无线网络技术组成。

一、泛在学习环境下微课学习平台的设计原则

泛在学习环境下微课学习平台是依托无线通信和流媒体技术，以教学系统设计理论、全球学习联盟的学习设计规范、建构主义学习理论、混合学习理论、学习活动理论、情景认知理论和学习共同体理论为指导，通过电脑、移动设备有效呈现微课，提供学习共同体之间交流与评价的学习平台。其设计原则如下。

1. 突出微课的应用优势

基于微课的学习在学习需要、学习内容、学习目标、学习者、学习模式、学习方法、学习过程、学习环境与设备、学习支持及学习评价等方面都与其他的学习不同。因此，泛在学习环境下微课学习平台需要考虑如下两点：

（1）简单易用。保持泛在学习环境下微课学习平台的简单是最基本的要求，学习者能便捷到达所需要学习的内容，所以，每一个学习活动应该

[①] 参见梁乐明、曹俏俏、张宝辉《微课程设计模式研究——基于国内外微课程的对比分析》，载《开放教育研究》2013 年第 1 期，第 65-73 页。

[②] 参见吴军其、齐利利、胡文鹏等《微课件的学习活动设计》，载《中国电化教育》2012 年第 9 期，第 106-109 页。

控制在 5 步操作之内。

（2）易于控制，灵活交互。为更好地体现以学为中心，达到深度参与学习活动的目的，学习者要能够自主控制学习活动过程，在学中观察、交流、反思。

2. 以学习者为中心，提供合适的资源

泛在学习环境下微课学习中需要提供与学习内容相关度高的资源，如"类似知识点资源""对比知识点资源""拓展知识点资源"等。对于增强平台黏度有重要的意义。这些资源是根据学习者的需要向其提供，突出学习者的个性化学习。

3. 优化学习者的互动

Web 2.0 核心理念为"用户交互"，用户既是内容的浏览者，同时也是内容的制造者。泛在学习环境下微课平台可以融合微博、播客、Wap 论坛的优势。

二、泛在学习环境下微课学习平台的设计目标

泛在学习环境下微课学习平台设计应当充分考虑泛在学习、微课学习的特点，支持泛在学习环境下利用微课进行学习，最大化支撑基于现有终端技术的学习内容类型。同时从学习者的角度出发，建立个性化学习通道，快速有效地传递学习内容、支撑针对性的交流互动。一个良好的学习管理系统基本功能应当包含以下几个方面。

1. 多种终端支持

本研究中泛在学习环境下微课学习平台支持两类终端，包括电脑终端与智能移动终端。电脑终端主要指台式电脑和笔记本电脑，智能移动终端指智能手机、PDA 智能终端、平板电脑等终端。通过设计基于 Web 服务器和客户端的平台，必须能支持多种终端，保证学习者顺畅的完成学习过程，才能获得广泛的用户群，并得到进一步的推广和应用。

2. 课程制作

内容始终决定着一个学习系统的成败，如何把视频资源（3gp、mp4、avi、wmv、mpg、asf 等）转为泛在学习环境下微课学习平台的学习资源，以及通过内容制作模块将图文内容进行编辑处理生成 Wap 课件都是泛在学习环境下微课学习平台的必备功能。

3. 课程管理

内容管理需要实现对课件栏目分级、课件编辑、课件发布等功能的管理。栏目分级管理，系统内置一个根栏目，以这个根为基础进行树状分级管理，随着泛在学习环境下微课学习系统应用的推广，能够支撑灵活的栏目分级处理，并且能够支持编辑的移动搜索。

4. 课程管理

课程管理既要完成对课程的适用对象、学习时长、学分、素质分类、课程类型进行管理，又要能够管理到课程中的所有课件，以课件为基础监控整个课程的学习状态。对 scrom 标准的支撑是课程管理必须具备的功能。

5. 评价管理

评价管理是推进和优化泛在学习服务的基础，因此，泛在学习环境下微课学习平台需要支持对每个组织架构中的每个组织、模型中的每个学习者能够针对学习内容进行讨论及评价，支持对每个学习栏目的访问情况、每个栏目中具体学习课件的访问情况进行即时点评和相互交流。

三、泛在学习环境下微课学习平台的架构设计

根据系统需求，系统采用浏览器/服务器（B/S）体系架构，如图49所示。客户端学习系统通过 Web 服务获取课程学习资源和相关信息。Web 服务接收客户端请求，访问数据库获取需要的资源和信息，并将处理结果返回客户端。服务器端管理系统负责管理系统用户、学习者信息、课程信息、课程资源和学习进度等数据。

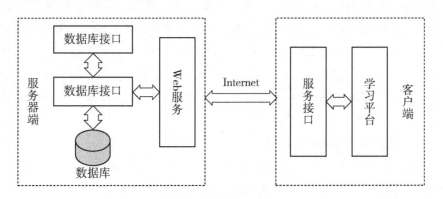

图49　泛在学习环境下微课学习平台架构

服务器端的应用程序支持多种终端访问。在客户端直接由网页浏览器运行，各模块的内容资源（文本、图片、视频等）完全由服务器端分发。服务器端程序由 Struts 2 框架设计，部署在 Apache tomcat 容器上运行，数据库采用 MySQL，是一种开放源代码的关系型数据库管理系统，系统使用最常用的数据库管理语言——结构化查询语言（SQL）进行数据库管理。

移动客户端向服务器端发送请求，首先必须进行身份认证，通过用户名和密码进行认证，用户成功登录后，由服务器后端程序根据客户端的请求分发到相应的服务器端功能程序。系统开发时引用 HTTP 和 JSON 支持，服务器端接收客户端的 post 请求，解析参数，并进行相应的逻辑运算，再给客户端返回一个封装了新的数据的 JSON 数据结果，客户端解析该 JSON 对象后显示给用户。其中，JSON 是一种轻量级的数据交换格式，它的全称是 JavaScript Object Notation，与 XML 具有相同的特性，例如，易于人编写和阅读，易于机器生成和解析，但是 JSON 比 XML 数据传输的有效性要高出很多。JSON 完全独立于编程语言，使用文本格式保存。在服务器上，需要使用 JSON Java 支持类才能将 JSON 格式的数据转换为各种类型的数据。

四、泛在学习环境下微课学习平台的服务器端设计

1. 服务器端架构设计

服务器端管理系统完成服务器端各种数据管理操作。系统采用可视化 web 界面，操作方面。系统编程采用 php 语言开发，有利于系统的扩展和跨平台应用。本模块负责存储客户端发送的数据，并将数据库存储的数据根据用户的请求返回给客户端。数据库支持文本、图片、音频、视频的存储。用户发送 HTTP 数据请求服务时，负责用户请求的 Action 层根据请求参数调用相关 DAO，从数据库取得数据，并封装成 JSON 格式数据，返回给客户端。此过程中的关键一步是：获取客户端发送的数据请求，解析此数据并经过数据库逻辑运算，将运算结果封装成 JSON 格式，并返回给客户端用户。

2. 服务器端功能模块设计

根据系统需求，服务器端管理系统负责服务器端数据的添加、修改、删除和查询等维护操作，其功能模块如图 50 所示。

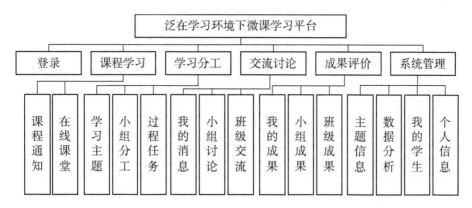

图50 服务器端管理功能模块

课程学习模块分为课程通知和在线课堂两个部分。课程通知为教师向学生发布课程的相关通知、学习进度安排等消息；在线课堂为微课的主要内容，包括课程录像、拓展资源、课件等资源的发布。

学习分工模块分为学习主题、小组分工和过程任务三个部分。学习主题为教师创建新的学习内容的容器，小组分工为教师对学生进行分组，过程任务为教师根据学习主题制定学习过程中的各个过程环节。

交流讨论模块分为我的消息、小组讨论和班级交流三个部分。我的消息为教师向学生发布消息，小组讨论为教师参与各个小组内部讨论，班级交流为教师参与班级的交流。

成果评价模块分为我的成果、小组成果和班级成果三个部分。我的成果为教师上传给学生参考的成果，小组成果为教师查看各个小组内部成果，班级成果为教师查看班级成果。

系统管理模块分为主题信息、数据分析、我的学生和个人信息四个部分。主题信息是对平台中各个主题的信息查询，数据分析是分析学生在平台中的学习活动数据，我的学生是教师对学生信息的管理，个人信息是教师对自己信息的管理。

五、泛在学习环境下微课学习平台的客户端设计

1. 客户端功能模块设计

客户端学习系统为运行于多种终端设备的学习平台，其功能模块如图

51所示。

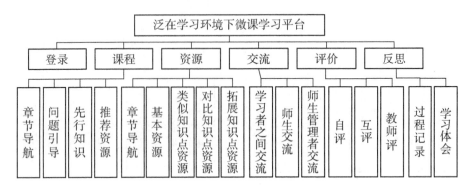

图51　客户端学习系统功能模块

2. 客户端界面设计

在客户端通过网页浏览器访问泛在学习环境下微课学习平台，平台的电脑客户端界面如图52所示，平台移动终端客户端界面如图53所示。

图52　平台电脑客户端界面

图53　平台移动终端客户端界面

第四章　泛在学习环境下微课的学习模式设计

第一节　学习模式要素

一、国内外对比研究中学习模式要素的研究成果

（一）学习资源的设计

在以微课资源设计为主要角度，开展对泛在学习环境下微课学习模式的研究中，主要是针对微课作为视频媒介特征开展的研究。例如，胡铁生（2013）提出中小学微课设计的主要原则和注意事项主要围绕微课作为一种呈现和交互媒体展开。微课的媒体设计也应该体现最简媒体原则，一个学习对象以一种媒体形式呈现，或者一个学习对象提供多种媒体呈现形式，供学习者选用。

（二）学习情景的设计

设计泛在学习环境下微课的学习模式时，要以建构主义理论为基础，形成促进学习者知识建构的学习环境。例如，在美国哈佛大学的"促进泛在学习的无线手持设备"项目、欧洲的 Mobile ELDIT 项目、西班牙巴塞罗那大学开发的 U-语言学习系统和墨西哥圣弗兰西斯克博物馆项目中，学习者通过增强现实模拟、泛在计算技术，访问语言学习系统、互动型博物馆等学习环境，体现了学习者参与学习环境进行知识建构的特点。周文娟建构的基于云计算的英语泛在学习模态，建立了国际校际间的远程协作，以获得真实的交流语境。

(三) 学习活动的设计

设计泛在学习环境下微课的学习模式时，有部分研究者以学习活动理论为基础，设计泛在学习环境下微课的学习。例如，吴军其等（2012）以活动理论和情境学习理论为指导，提出了微课件学习活动设计的步骤和内容。程志、龚朝花（2011）依据活动理论，构建了微型移动学习活动的设计框架。因此，设计泛在学习环境下微课学习活动，应从主体、客体、共同体、工具、规则和分工等要素的设计展开，并体现"任务驱动，问题导向，反馈互动"的原则，课程设计要引入有趣，逐步推进，层次分明，适当总结。

(四) 学习过程的设计

设计泛在学习环境下微课的学习模式时，学者根据正式学习和非正式学习、终身教育、协作学习、探究学习、基于问题学习等不同的学习过程所具有的特点，设计泛在学习过程。因此，在设计泛在学习环境下微课的学习模式时应该根据不同的学习方式制定不同的学习过程。

二、教学系统设计理论对设计学习模式的启示

教学设计是依据对学习需求的分析，提出解决问题的最佳方案，使教学效果达到优化的系统决策过程。它以学习理论、教学理论和传播理论为基础，应用系统科学理论的观点和方法，调查、分析教学中的问题和需求，确定目标，建立解决问题的步骤，选择相应的教学活动和教学资源，评价其结果，从而优化教学效果。[1] 教学设计的目的是要优化教学效果。

教学系统设计理论是"关于如何规定、设计教学活动的理论，它是一套用来决定在一定的教学条件下，为了使学习者达到特定的教学目标，应该采取什么样的教学策略与教学方法的系统化的知识体系"[2]。具有代表性的教学设计理论有加涅的学习与记忆的信息加工模型、瑞格卢斯的教学系统设计理论、梅瑞尔的 ID2 和 ITT、史密斯和雷根的教学系统设计理论以及

---

[1] 参见南国农《信息化教育概论》，高等教育出版社2004年版，第79页。
[2] 何克抗等：《教育技术学》，北京师范大学出版社2002年版，第156页。

国内学者何克抗教授的"主导–主体"教学设计模式等。

　　美国著名教育心理学家罗伯特·M. 加涅的教学系统设计理论的核心思想是他提出的"为学习设计教学"的主张，他认为教学必须考虑影响学习的全部因素，即学习的条件。学习的条件又分为内部条件和外部条件。加涅根据信息加工心理学原理，提出了学习与记忆的信息加工模型，如图54所示。

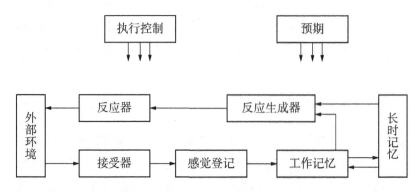

图54　学习与记忆的信息加工模型

　　瑞格卢斯认为，教学系统设计理论就是"教学科学"，教学系统设计理论是规定性的教学理论，他还提出了建立关于教学系统设计理论知识库的构想。瑞格卢斯把教学理论的变量细分为教学组织策略、教学管理策略和教学传输策略。

　　"第二代教学系统设计"（ID2）是梅瑞尔等人于1990年针对"第一代教学系统设计"（ID1）的局限性而提出的新一代的教学系统设计理论与方法。他们首先假定在记忆系统中的学习结果是以"结构"的形式存在——在ID2中叫作"心理模型"。然后，关于学习过程他们又提出两个假设：①学习过程中的"组织"有助于知识的检索。②学习新信息时进行的"细化"加工能促进检索。

　　ID2的核心是"教学处理理论"（Instructional Transaction Theory，简称ITT）。其基本思想是：教学处理就是"教学算法"，即解决教学问题的步骤，是使学习者获得某类知识技能的交互作用模式。

　　史密斯和雷根认为，学习结果包括陈述性知识、概念、规则、问题解决、认知策略、态度和心因动作技能。他们提出：①教学过程一般都包括四个阶段，导入、主体部分、结论和评定。②在训练情境中，一般包括引起注意、提高动机、给出课的概要、解释和详细说明知识、学习者在监督下练习、评价、总结、鼓励、结束等若干教学事件。

在此基础上，史密斯和雷根提出了 15 个教学事件，并对不同的学习结果提出了相应的教学策略。

我国国内教学系统设计研究起步较晚，比较有影响的有何克抗教授 1997 年提出的"学教并重"教学模式和"主导－主体"教学设计模式，郑永柏博士 1998 年提出的教学处方理论。这里，主要介绍对本课题研究具有直接指导作用的"主导－主体"教学设计模式。从方法和步骤上来说，"主导－主体"教学设计模式是以教学为主与以学为主的教学设计方法和步骤的综合，但其指导思想却与上述两种教学设计有本质的不同，双主教学设计强调既要发挥教师在教学中的主导作用，又要体现学生在学习中的主体地位。

（一）学习过程的设计

教学系统设计理论中以"学"为中心的教学设计理论强调：以学生为中心，"情境"对意义建构的重要作用，"协作学习"对意义建构的关键作用，利用各种信息资源来支持"学"，强调学习过程的最终目的是完成意义建构。因此在学习过程中学生的主体地位应该得到体现，同时加强教师的引导。并根据自主学习、协作学习、探究性学习和情景感知学习不同的学习过程进行教学设计。

（二）学习资源与工具的设计

教学系统设计理论指出，为了支持学习者的主动探索和完成意义建构，在学习过程中要为学习者提供各种信息资源，包括各种类型的教学媒体和教学资料。学习工具能促进学习者认知、帮助学生进行思维，基于心理学、知识科学、教与学而开发的计算机认知工具能极大地便利学习过程并促进深度学习。因此，在设计泛在学习环境下微课学习模式时，根据教学设计理论设计学习资源与工具。

（三）个性化学习的设计

教学系统设计理论中强调对学习者特征分析，并根据学习者的需要以学习者为中心进行教学。要在学习过程中充分发挥学生的主动性，要能体现出学生的首创精神，要让学生有多种机会在不同的情境下去应用他们所学的知识，要让学生能根据自身行动的反馈信息来形成对客观事物的认识和解决实际问题的方案。因此，在设计泛在学习环境下微课学习模式时，根据教学设计理论设计个性化学习。

三、全球学习联盟学习设计规范理论对设计学习模式的启示

IMS 全球学习联盟提出学习设计规范 IMS-LD，IMS-LD 提倡按照一定的方法从活动中学习（方法决定着活动的时间和种类），每个人承担一定的角色（如学习者、教师），各个角色以各自的目标为导向，在环境中进行学习活动或支持活动，并通过活动达到学习目标。基于 IMS-LD 对这一系列过程进行的设计就是学习设计，如图 55 所示。

IMS-LD 的设计和执行分为 A、B、C 三个级别，其分级原则是：首先定义一个完整简洁的框架（framework）及内核，在此基础上再定义两个扩展级，以实现更复杂的行为和特征。A 级包含了支持教学方法多样性的核心词汇：方法（method）、角色（role）、活动（activities）、环境（environment）等，B 级在 A 级的基础上增加了属性（properties）和条件（conditions），C 级增加了通知（notification）元素，以支持更多的复杂行为。

角色：IMS-LD 规定每个人被赋予角色后才能参与活动。角色的划分，在一定程度上体现了学习者的个别化学习任务，这样有助于协调个别化学习和协作学习之间的关系，也保证了学习过程中多种角色的互动和多种活动的交互，尤其是对于协作学习而言，通过角色来完善学习者的素质是非常重要的。图 55 中定义的基本角色有两种：学习者和教师。每种角色还可以包含各种子角色，规范中将为子角色命名和分配活动的权利交给了设计者。例如，在协作学习的设计方案中，不同的学习者可以扮演不同的角色，并且在不同的环境中进行不同的活动。

活动：活动是学习设计中一个很重要的元素，IMS-LD 认为活动是指基于一定的学习目标，学习者和教师所进行的操作的总和。活动连接着角色和环境中的学习对象及服务，分为学习活动和支持活动两种。学习活动是最小的完整单元，对于学习者来说是一步一步的情景，它以文本或多媒体的形式给出了活动的指导说明，帮助学习者达到预定的学习目标；支持活

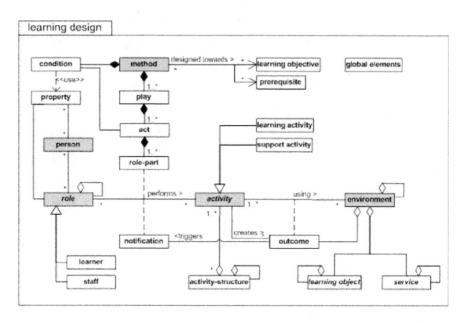

图 55 IMS-LD 学习设计的概念模型

动规定了支持教学的角色所进行的活动,以保证学习活动的顺利进行。活动可以通过活动结构(activity-structure)来组织,活动结构也可以嵌套,这样能够保证教学的灵活性。活动结构分为顺序结构和选择结构:顺序结构中,角色按预定的顺序来完成结构中不同的活动;选择结构中,角色可以任选结构中一定数量(这个数量是预先规定的)的活动。活动结构还可以参引其他的活动结构和外部的学习单元,如果有必要的话,还可以在此基础上定义评价活动。①

环境:环境是指学习资源和学习工具的整合,相当于容器,课程设计者将学习者在每一个固定步骤所需要的资源放在其中。环境包含了学习对象和服务,这里的学习对象是指在学习活动和支持活动中使用的可重用的数字或非数字资源,例如,Web 页面、书本、制作工具(文本编辑器等)、仪器(显微镜等)、试题等;服务就是用来支持教与学过程的工具,例如,聊天室、论坛和邮件等(这些工具由学习管理系统提供)。服务可分为四

---

① IMS Global Learning Consortium. IMS Learning Design Best Practice and Implementation Guide. http://www.imsglobal.org/learningdesign/ldv1p0/imsld_bestv1p0.html. 2013 - 11 - 2.

类：邮件服务、会议服务（实时会议、非实时会议和通知等）、监控服务和索引搜索服务。IMS-LD 不仅能够选择性地使用服务，在需要的时候还能整合服务。① 具体学习环境的设计就是根据一定的活动对学习资源和学习工具的收集、开发、选择和整合。角色、活动和环境的关系在具体的环境下，不同的角色执行不同的活动，最终完成学习任务。②

方法：方法是为了使学习者在具体情境中达到学习目标，对各种角色、活动和环境进行设计，从而得出的一组教学方案以及使用方案的先决条件。③ 教与学的过程通过方法来体现，学习设计的其他成分也直接或间接的参照方法。方法这一元素凸显了 IMS-LD 注重学习过程而非学习内容的理念，是其核心所在。方法的描述采用了戏剧术语，方法中通常包含一个剧本（play），剧本中包含若干按先后顺序执行的幕（act），幕中又包含若干角色分配（role-parts），在系统中，多个角色分配可以并行，这就保证了各个角色在同一时间进行各自的活动。

条件：在级别 A 的学习设计中，学习者的活动是线性的，不能在活动之间来回跳转。而包含了属性和条件的 B 级，可以触发相应的活动跳转，从而非线性地执行相关的活动，使教学方法丰富化。条件能够为具体的学习者设计个性化的学习设计，精确活动和环境对于人物和角色的分配。例如，通过相关条件的设计，对于善于逻辑推理的学习者，所有的活动采用无顺序呈现的方式；如果学习者已具有某一主题的前导知识，则相关的学习活动可以略过。④

属性：属性是用户和角色档案的组成部分，用来存储角色、学习单元、

---

① IMS Global Learning Consortium. IMS Learning Design Best Practice and Implementation Guide. http://www.imsglobal.org/learningdesign/ldv1p0/imsld_bestv1p0.html. 2013 - 11 - 2.

② IMS Global Learning Consortium. IMS Learning Design Best Practice and Implementation Guide. http://www.imsglobal.org/learningdesign/ldv1p0/imsld_bestv1p0.html. 2013 - 11 - 2.

③ IMS Global Learning Consortium. IMS Learning Design Best Practice and Implementation Guide. http://www.imsglobal.org/learningdesign/ldv1p0/imsld_bestv1p0.html. 2013 - 11 - 2.

④ IMS Global Learning Consortium. IMS Learning Design Best Practice and Implementation Guide. http://www.imsglobal.org/learningdesign/ldv1p0/imsld_bestv1p0.html. 2013 - 11 - 2.

用户档案、完成活动的过程数据、测试结果（前导知识、能力、学习风格等）、在教与学的过程中添加的学习对象（报告、散文或新的学习资源等）。通过属性可以对用户和角色进行监控、评价、个别化。①

通知：通知是学习设计在 C 级增加的一个元素，它能够基于一定的事件来给角色发送消息或启动一个新的活动。角色执行活动后生成的结果和事件可以触发一个通知，使角色执行一项新的活动。例如，一个学生完成一个活动后（这就是一个结果），他自己或另一个学生和老师就被通知触发可以进行下一个活动。通知的机制也适用于后一个活动依赖前一个活动结果的适应性任务环境的设计。C 级高于 B 级的地方在于，B 级只能基于属性的值来执行活动的跳转，而 C 级还可以基于活动的完成和属性值的设置等通知事件来执行操作，并发送消息。②

（一）学习共同体的设计

全球学习联盟学习设计规范理论中对角色的划分，在一定程度上体现了学习者的个别化学习任务，这样有助于协调个别化学习和协作学习之间的关系，也保证了学习过程中多种角色的互动和多种活动的交互，尤其是对于协作学习而言，通过角色来完善学习者的素质是非常重要的。IMS-LD 定义的基本角色有两种：学习者和教师。本研究中泛在学习环境下微课的学习模式结合 IMS-LD 与学习共同体的理论，将角色定义为学生、教师和通讯员。

（二）学习活动的设计

全球学习联盟学习设计规范理论中学习活动是最小的完整单元，对于学习者来说是一步一步的情景，它以文本或多媒体的形式给出了活动的指导说明，帮助学习者达到预定的学习目标；支持活动规定了支持教学的角色所进行的活动，以保证学习活动的顺利进行。本研究中泛在学习环境下

---

① IMS Global Learning Consortium. IMS Learning Design Best Practice and Implementation Guide. http://www.imsglobal.org/learningdesign/ldv1p0/imsld_bestv1p0.html. 2013 – 11 – 2.

② IMS Global Learning Consortium. IMS Learning Design Best Practice and Implementation Guide. http://www.imsglobal.org/learningdesign/ldv1p0/imsld_bestv1p0.html. 2013 – 11 – 2.

微课的学习模式结合 IMS-LD 与学习活动理论设计学习活动。

（三）个性化学习的设计

全球学习联盟学习设计规范理论中条件、属性和通知能够为泛在学习环境下微课学习活动中的学习者设计个性化的学习设计。例如，通过相关条件的设计，对于善于逻辑推理的学习者，所有的活动采用无顺序呈现的方式。属性用来存储：角色、学习单元、用户档案、完成活动的过程数据、测试结果、在教与学的过程中添加的学习对象，通过属性可以对用户和角色进行监控、评价、个别化。通知能够基于一定的事件来给角色发送消息或启动一个新的活动。角色执行活动后生成的结果和事件可以触发一个通知，使角色执行一项新的活动。本研究应用其设计泛在学习环境下微课的学习模式中的个性化学习。

四、学习理论对设计学习模式的启示

（一）泛在学习理论对本研究的指导意义

对于泛在学习这个术语最先由谁提出，学术界观点不一。但关于泛在学习概念的起源大多数学者已达成了共识：泛在学习是由"泛在计算"衍生而来，是美国的马克·威士（Mark Weiser）重新审视了计算机和网络应用后提出的概念。Hiroaki Ogata、Guozhen Zhang 与 Timothy K. Shih、Zhao Haila 与 Youngseok Lee、付道明、徐福荫、余胜泉、李卢一、郑燕林、白娟、禹淑芳、汪琼、梁瑞仪、李康等学者都对泛在学习理论进行了研究，总结其要点为：

在泛在学习中，学习者可随时与教师或学伴交流。泛在学习强调适时、适地提供适合的学习资源。所谓的"无所不在"表示随时随地都可利用终端设备与网络连接，实现任何时间、任何地点、任何人都可连接和利用任何信息的学习环境。

对学习者来说，泛在性就是学习信息的易获取性和及时性。由于这些信息的提供是基于学习者自身的需求，因此，学习是一种自我导向的过程，整个学习过程是学习者自主控制的。因此，泛在学习是以学习者为中心，以学习任务本身为焦点的学习。

泛在学习理论对本研究的指导意义是，学习是一种自我导向的过程，其学习的时间、地点、内容、方式均可由学习者个人决定，学习者可根据自己的特点和需要选择适合自己的学习。因此，在设计泛在学习环境下微课的学习模式和策略时，要以学习者的需求为中心。

（二）建构主义学习理论指导学习个性化设计

建构主义主张，世界是客观存在的，但对于世界的理解和赋予的意义却是由每一个人自己决定的。我们是以自己的经验为基础来建构现实的，至少是来解释现实的，我们个人的经验世界是用我们自己的头脑创建的，由于我们的经验以及对经验的信念不同，我们对外部世界的理解也不同。所以建构主义更关注如何以原有的经验、心理结构和信念为基础来建构知识，强调学习的主动性、社会性和情境性。

建构主义的学习观点：[1] ①不能对学生作共同起点、共同背景通过共同过程达到共同目标的假设；②不能对学生掌握的知识领域作典型的、结构化的、非情景化的假设；③知识是个体化、情景化的产物；④学习是每个学生从自身的角度出发，建构起对某一事物的各自的看法，在此过程中，教师只是起辅助作用。

建构主义认为，学习是学习者主动建构内部心理表征的过程。学习者不是被动地接受外来信息，而是主动地进行选择加工；学习者不是从同一背景出发，而是从不同背景、不同角度出发；学习者不是由教师统一引导，完成同样的加工活动，而是在教师和他人的协助下，通过独特的信息加工活动，建构自己的意义的过程。包括两个方面的建构：①对新信息的理解是通过运用已有经验，超越所提供的新信息而建构；②从记忆系统中提取信息本身，是按具体情况进行建构，而不单是提取。[2]

建构主义关于教学的基本思路：①注重以学生为中心进行的教学；②注重在实际情景中进行教学；③注重协作学习；④注重提供充分的资源。[3]

在设计泛在学习环境下微课的学习模式时，以学习者为中心，创设学习情景。根据学习内容，利用资源和工具，创设能满足学生学习需要的情

---

[1] 参见莫雷《教育心理学》，广东高等教育出版社2002年版，第128页。
[2] 参见莫雷《教育心理学》，广东高等教育出版社2002年版，第129页。
[3] 参见莫雷《教育心理学》，广东高等教育出版社2002年版，第132页。

境，激发学生的学习兴趣，调动学生探究发现的积极性，引导他们主动寻求解决问题的方法。

（三）混合学习理论指导学习过程设计

20世纪90年代末以来，E-learning在教育领域得到了迅速发展。由于人们在应用E-learning的过程中逐渐体会到，不同的问题需要用不同的方案来解决。因此，在企业培训领域中首先开始应用"混合学习"（blended learning）的原理和方法。这种学习方式可以看作面对面的课堂学习（face-to-face）和在线学习（online learning，或 e-learning）两种方式的有机整合。混合学习的核心思想是根据不同问题、要求，采用不同的方式解决问题，在教学上采用不同的媒体与信息传递方式进行学习，而且这种解决问题的方式要求付出的代价最小，取得的效益最大[①]。

Driscoll（2002）[②]曾对混合学习进行了较为全面的论述，她认为混合学习意味着学习过程可以"是基于Web的技术（如虚拟课堂实况、协作学习、流媒体和文本）的结合（或者混合），以实现某一教学目标；是多种教学方式（如建构主义、行为主义和认知主义）和教学技术（或者非教学技术）的结合，共同实现最理想的教学效果；是任何形式的教学技术（如视频、CD-ROM、基于Web的培训和电影）与基于面对面的教师教学培训方式的结合；是教学技术与具体的工作任务的结合，以形成良好的学习或工作效果"。从Driscoll对混合学习多种形式的描述中，可以看到，混合学习的基本思想是：①混合学习过程强调教师主导作用与学生主体地位的结合；②混合学习研究的本质是对信息传递通道的研究；③混合学习的关键是对媒体的选择与组合。

在泛在学习环境下微课的学习中，为了减少由于师生分离带来的影响，应该制定相应的混合学习过程。在混合学习中，应该强调教师的主导作用与学生主体地位的结合，并且根据教学的实际情况对媒体进行选择和组合。

---

① 参见李克东、赵建华《混合学习的原理与应用模式》，载《电化教育研究》2004年第7期，第1-6页。

② Driscoll M. Blended learning: Let's get beyond the hype. Learning and Training Innovations. (2002).

（四）学习活动理论指导学习活动设计

学习活动是指学习者与学习环境的相互作用，包含了学习者的外显行为表现和内隐行为变化，暗含了学习活动与学习环境的内在紧密联系。

活动理论是指以"活动"为逻辑起点和中心范畴来研究和解释人的心理发生发展问题的理论。活动理论认为活动是主体与客观世界相互作用的整个过程，是主体心理活动和外部实践活动的总称。活动是一个完整的系统，包含有三个核心成分——主体、客体和共同体，以及三个次要成分——工具、规则和劳动分工，次要成分又构成了核心成分之间的联系。

维果茨基的活动理论认为，人的心理是在人的活动中发展起来的，是在人与人之间的相互交往的过程中发展起来的。人的各种高级心理机能都是这些活动与交往形式不断内化的结果。人的高级心理机能，如人的实践活动是以劳动工具为中介一样，也是以各种符号系统为中介而进行的，也就是说人的心理运行过程是靠人所特有的符号这个工具来实现的。

在泛在学习环境下微课的学习活动中，主体是指广义学习者，客体是指学习的对象，共同体指与学习者共同完成学习过程的参与者，工具是指学习过程中使用的硬件与软件工具，规则是指能够协调主体与客体的、微课件学习活动中的一种约定，学习分工是指微课件学习活动过程中不同参与者在学习过程中的任务分工。

（五）情境认知理论指导学习资源与工具设计

情境认知学习理论认为，学习的本质是个体与他人、环境参与实践，构成群体之间的合作与互动的过程。知识和概念都只有通过社会化的运用才能得到充分的理解，个体参与实践活动与环境相互作用是学习得以发生的根本机制。[1] 它关注物理的和社会的场景与个体活动的交互作用，认为学习不可能脱离具体的情境而产生，情境不同，学习者受到具体的情境影响也不同。[2] 泛在学习为情境认知提供了技术支持，而情境认知学习理论则为

---

[1] Brown, J. S., Collins, A., and Duguid, P. Situated cognition and the cul-ture of learning. Educational Researcher, 1989, 18 (Jan-Feb): 32-42.

[2] 参见姚梅林《从认知到情境：学习范式的变革》，载《教育研究》2003年第2期，第60-64页。

泛在学习提供理论指导。

情境认知理论对本研究的启示是，在泛在学习环境下微课的学习中，学习不可能脱离具体的情境而产生，情境不同，学习者受到具体的情境影响也不同，在学习资源与工具设计时，应该根据学习的需要利用学习资源与工具创设学习情境，支持学习者知识建构。

（六）学习共同体理论指导学习共同体设计

学习共同体是指一个由学习者及其助学者（包括教师、专家、辅导者等）共同构成的团体，他们彼此之间经常在学习过程中进行沟通、交流，分享各种学习资源，共同完成一定的学习任务，因而在成员之间形成了相互影响、相互促进的人际联系。

在传统教学中，教师、学生同时在一个教室中参与教学活动，彼此之间可以很容易进行面对面的交流，可以自然而然地形成一定的学习共同体，比如一个学习小组、一个班级，乃至一个学校，都可能成为一个学习共同体。而在基于网络的学习环境中，学习共同体必须经过有意识的设计才能形成。由于缺少与学习者面对面的接触，网络教学中的教师常常意识不到自己在与各个身处异地的学习者进行沟通交流，这会减低学习者对学习共同体的认同和投入程度。

1995 年，博耶尔（ErnestL. Boyer）发表了题为《基础学校：学习的共同体》（*The basic school：a community of learning*）的报告，首次提出了"学习的共同体"的概念。他认为在有效的学校教育中首要的是建立真正意义上的学习的共同体，为了达到这个目的，学校必须有共同的愿景、能够彼此交流、人人平等、有规则纪律约束、关心照顾学生、气氛是快乐的。

巴拉布（Barab）认为，共同体必备的特点是：共同的文化历史传统，包括共同的目标、协商的意义、实践；相互依赖的系统，在其中个体成为更大的集合的一个部分；再生产循环，新来者能成为老手，而共同体也因此得以维持。

根据 Gattiker 等人（2000）的研究，共同体应该具备这样几个要素：个人关系构成的社会网络；感兴趣的团体，对共同体拥有简单开放的交流通道；私人会议以及互相理解；对话、反馈以及共享的体验；拥有一段共同历史。

另外，不同学者对学习共同体有不同的解释。例如，有学者这样描述：

学习共同体就是指参与学习活动的学习者（包括专家、教师及学生），围绕共同的主题内容，在相同的学习环境中，通过参与、活动、反思、会话、协作、问题解决等形式建构的一个具有独特文化氛围的动态结构。

在泛在学习环境下微课的学习中建立一个共同体，要明确共同体的目标人群，包括团队的管理者和用户，其中用户包括通讯员、教师、学生及其他受众，考虑该共同体拥有哪些潜在成员，他们有什么需求，形成共同体的愿景，构想该共同体拥有共同的蓝图；确定共同体拥有明确的使命任务和服务目的；根据共同体的任务，确定共同体的基本主题，根据主题再设立相关专题、问题。

第二节 学习模式设计

综上所述，本研究整合国内外泛在学习环境下微课的学习情境设计、资源设计、平台设计、学习方式设计和学习活动设计等方面的研究成果，以教学系统设计理论、全球学习联盟的学习设计规范、建构主义学习理论、混合学习理论、学习活动理论、情景认知理论和学习共同体理论为指导，设计泛在学习环境下微课的学习共同体、学习活动、微课学习资源、学习过程与个性化学习等学习要素。

一、学习共同体设计

角色的划分，在一定程度上体现了学习者的个别化学习任务，这样有助于协调个别化学习和协作学习之间的关系，也保证了学习过程中多种角色的互动和多种活动的交互，尤其是对于协作学习而言，通过角色来完善学习者的素质是非常重要的。

IMS-LD 定义的基本角色有两种：学习者和教师。学习共同体理论中的角色包括：一个学习者及其助学者（包括教师、专家、辅导者等）。本研究将角色定义为学生、教师和通讯员。在学习过程中，资源开发者与一线教师相分离将大大降低资源的实用性。而若单纯依赖学科一线教师开展建设工作，让他们花大量时间开发资源，从效率上讲是不现实的。这就要求我们必须发动各方力量共同建设资源库。成立包括技术人员、学科一线教师和学生在内的实践共同体。[①] 温格认为，实践共同体到处都有——有的在课堂中，有的在运动场上；有的是正式的，有的是非正式的。虽然有课程、学科和训教，但对个人影响最大的学习就是那些作为实践共同体成员进行的学习。[②]

巴拉布认为，共同体必备的特点是：共同的文化历史传统，包括共同的目标、协商的意义、实践；相互依赖的系统，在其中个体成为更大的集合的一个部分；再生产循环，新来者能成为老手，而共同体也因此得以维持。本研究提出泛在学习环境下微课的学习共同体的设计策略如下。

（一）成员协调，组建学习共同体

学习共同体的形成可以依据学习者特征、目标特征和策略信息进行分组。一般来说，教师应根据学习内容，综合学生的学习基础、能力、特长、性别等因素，按照"互补互助、协调和谐"的原则，建构学习共同体。

泛在学习环境下微课学习共同体由学生、教师和通讯员组成。在组建时考虑学生的讨论习惯、意愿和学生成员的异质性。同时适当兼顾学习成绩、性别、个性特征等，保证他们的多元互动。教师对学习共同体的分组要适当地满足学生的情感需求，调查学生之间的配对意愿与亲疏情况，有益于日常的交流，更容易产生情感上的共鸣，对团队凝聚力的创建与保持具有重要意义。

（二）定制规则，保证运作

共同商定共同体文化。创设团队名，讨论规则，确定目标，以增强学习共同体的凝聚力和向心力。

通过通讯员与教师强化共同体的日常管理。记载共同体生成的问题、主要观点、合作学习成果和小组成员的激励性评价成绩，推荐组员展示小组合作学习成果，检查作业完成情况，组织帮扶学困生等。

[①] 参见胡小勇、郑朴芳、陈学宏《浅议经济发达地区基础教育信息资源建设》，载《中小学信息技术教育》2009年第1期，第89-90页。

[②] Wenger, E. Communities of Practice: Learning, meaning, and identity. Cambrigde university Press. 1998: 9.

作为共同体，共同活动是凝聚共同体成员的过程体验，把共同体从"资源集散地"向"交互参与场所"转变的关键因素。在泛在学习环境下微课学习系统中的共同体可以开展下列活动：共同体庆典，如门户网站开通仪式和纪念日；组织不同的小组尽可能地进行定期交流与成果展示；适时组织一些可以增强共同体学习氛围的活动、竞赛或专题讨论；通过调查收集共同体观点和反馈来调整共同体实施。

个体在环境中是共同体的一部分，与共同体有相互关系。个体所做的已经超越了传递知识，他们对自己在实践共同体中的身份建构做出了贡献，同时，又对自己所在的共同体的建构和发展也做出了贡献。

（三）鼓励参与，共同成长

泛在学习环境或许会让个别学习者产生孤立感，为促进学习者的学习，促使学习共同体的成长，通讯员应充分发挥情感因素的作用，积极在泛在学习环境中构筑充满人性化的氛围。同时，对学习者在共同体内部发表的一些言论给予积极的回馈，充分肯定学习者的学习行为，帮助学习者舒缓学习压力，排除不利于学习者学习的一些负面情感。如发掘学习者提问中积极的一面，并给予适当的表扬和赞美之辞，促进学习者进行边缘性参与，从各个方面加强学习者对共同体的认可，从而促使学习共同体的成长。

（四）创设情境，加强互动

通过泛在学习环境，可以提供多样化的资源，创设相应的真实学习情境，激发学习者的学习动机。在课程实施之时，通讯员应根据课程的具体情况，设置专题进行研讨，如开展专题讨论，促进学习者之间的交互。实践证明，开展专题讨论比单纯布置作业，效果要好得多。

（五）加强管理，保持凝聚力

作为教师和通讯员应及时对学习者的言论进行反馈，给予充分的肯定，但对于出现的错误同样给予明确的批评。如当有学习者对其他学习者的言论嗤之以鼻时，助学者应及时引导，避免学习者间进一步的人身攻击，有效地保持共同体的凝聚力。

二、学习活动设计

活动理论是指以"活动"为逻辑起点和中心范畴来研究和解释人的心理发生发展问题的理论。活动理论认为，活动是主体与客观世界相互作用的整个过程，是主体心理活动和外部实践活动的总称。活动是一个完整的系统，包含有三个核心成分——主体、客体和共同体，以及三个次要成分——工具、规则和劳动分工，次要成分又构成了核心成分之间的联系。

在泛在学习环境下微课的学习活动中，主体是指广义学习者，客体是指学习的对象，共同体指与学习者共同完成学习过程的参与者，工具是指学习过程中使用的硬件与软件工具，规则是指能够协调主体与客体的、微课件学习活动中的一种约定，学习分工是指微课件学习活动过程中不同参与者在学习过程中的任务分工。

微课程是整个教学组织中的一个环节，要与其他教学活动环境配合，以辅助、引导、强化学习者的自主学习。要体现"任务驱动，问题导向，反馈互动"的原则，课程设计要引入有趣，逐步推进，层次分明，适当总结。微课中的学习活动也需要充分体现微型化的特征。例如，学习活动要短小，学习活动要简单，学习者不必花长时间去了解活动的规则。因此，设计泛在学习环境下微课学习活动，主体、客体、共同体、工具、规则和分工等要素的设计应从以下六个部分展开。

（一）通过泛在学习环境的创设实现微课学习中主体的主动学习

泛在学习环境下微课的学习活动设计需要体现学习者的主体性，泛在学习环境的创设是以学习者为中心，通过通信技术沟通学习环境中的情境、资源、工具、服务、学习共同体、管理和评价。只有学习者在学习活动中充分发挥其主动性与能动性，才能促进他们积极地进行知识建构，发展他们的认知兴趣，培育健全的个性品质。

活动理论强调"知识建构"，认为学习是学习者在与情境的交互作用过程中自行建构的过程，因而学生是处在中心地位，教师是学习的帮助者和指导者。在泛在学习环境中，学习者不论是个体建构还是社会建构都需要与周围环境进行交流，都需要学习者自己主动地参与活动，积极地建构。

即学习者进行知识建构的过程是学习者与环境之间通过活动从一种平衡到不平衡，再到另一种平衡的动态过程。因而，学习者认知发展前进一步的标志是一个新的平衡的建立。

（二）通过泛在学习环境创设学习活动的客体情景

学习活动是学习者与客体相互作用，参与到真实的环境和实践中，与周边的环境和人相互作用的过程。因此，学习活动是在一定的情境中完成，真正的学习活动不能脱离日常生活而存在，并且学生在参与的过程中不仅可以学到一些良构性的知识，还能培养学习者的高级思维。

在泛在学习环境下微课的学习活动中，移动通信技术为学习者创设了以微课为中心的客体环境，提供了进入真实情境中的机会，为他们创造社会交流和互动的学习环境。在泛在学习环境下的微课学习活动设计中，应该将真实生动的学习任务放到学习者的社会活动中，应用移动通信设备完成各项实际任务。

微课资源包括知识点、例题习题、疑难问题、实验操作等，根据学习主题的需要可以拓展。资源的主要形式是以视频呈现的微课。

（三）通过泛在学习环境中社会交往促进学习活动中共同体的构建

泛在学习环境的微课学习活动中，学习共同体成员为主体提供学习所需的资源及帮助，不断影响着主体的知识意义的建构。主体与共同体之间的交往活动是学习过程中认知得以建构和形成的社会基础。而泛在学习环境能为学习共同体提供社会交往的条件。

在泛在学习环境下微课的学习活动中，共同体由学生、教师和通讯员组成。学习者的认识建构包括学习者个体的主动建构和学习者之间的社会建构两个过程，即双重建构。一方面，通过个体建构，学习者运用自己的已有经验，在泛在学习环境下，建构自己对事物的独特理解；另一方面，通过社会建构，在泛在学习环境下，学习者能便捷地参与到学习者之间的交流、对话与合作之中，学会表达自己的见解，学会聆听及理解他人的看法，从而使他们能够从不同的侧面、不同的角度来达到对事物较深的理解，超越个人认识的局限，实现认识建构的社会意义。

(四)通过泛在通信技术实现微课学习活动中学习工具的中介性

活动理论强调工具是人类活动的中介，工具的使用不仅影响个体行为的改变，也影响个体的智力发展。微课学习活动中学习工具包括：终端工具、认知工具、会话工具、协作工具、创作工具和过程记录工具。泛在学习环境下的微课学习活动能突出移动通信技术在学习过程中无时无刻的沟通，无处不在的学习。这是一种任何人可以在任何地方、任何时刻获取所需的任何信息的方式。

泛在学习环境下学习者与其他要素的相互作用过程中，泛在通信技术能实现微课学习活动中学习工具的中介性。学习者借助一定的工具和中介与同伴交往和协作交流，这样不仅有利于发挥主体的能动性，还有利于培养学生的个性品质。因此，学生主动参与的活动提供了建构学生知识、发展学生认知能力的可能性和有效途径。

(五)通过泛在学习环境的学习服务支持为微课的学习活动提供活动规则

从活动理论中对活动系统的分析可知，活动系统描述了个人层面和社会层面两层含义。个人层面是指个体的心理发展以历史文化工具为中介；社会层面是指个体处在共同体情境中，共同体以规则和分工为中介。

泛在学习环境的学习服务支持正为微课的学习活动提供相应的活动规则。泛在学习环境下微课的学习活动中需要主体及共同体成员共同遵守的规则、约定、标准等，包括学习活动的任务完成规则、学习评价规则及协作交流规则等。而泛在学习环境的学习服务其中一部分功能正是确保学习活动规则的顺利实施。

(六)通过微课学习活动分工实现学习活动的协调开展

泛在学习环境下微课的学习活动中，共同体成员之间需要进行分工协作，不同的成员需要扮演不同的角色，以使学习活动可以正常进行下去。虽然在学习的过程中，有些角色可能会发生变化，但无论如何每个人都要完成自己应该完成的任务。

本研究的泛在学习环境下微课的学习活动，以学习活动理论、学习共同体理论、微课设计策略、学习环境理论为基础，设计了泛在学习环境下微课的学习活动，如图56所示。

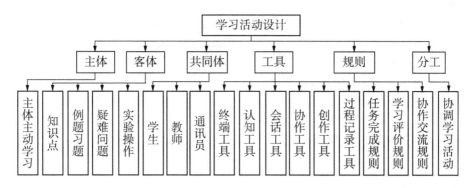

图56 泛在学习环境下微课的学习活动系统

泛在学习环境下微课的学习活动系统中组成成分界定如下：主体是指学习共同体中的学生，是学习活动设计的执行者；客体是指学习的对象（微课资源），客体的分析与设计方向根据主体的需求和水平因人而异，要设置不同层次的目标以满足学习者；共同体指与学习者共同完成学习过程的参与者，主要包含学生、教师、通讯员；工具是指学习过程中使用的硬件与软件工具，硬件指的是智能手机、PDA、电子词典等手持终端，软件工具指的是微课件学习软件、信息发布工具、信息查询与检索工具等；规则是指能够协调主体与客体学习活动中的一种约定，包括学习活动参与规则、任务完成规则、评价规则、活动交流规则等；学习分工是指微课件学习活动过程中不同参与者在学习过程中的任务分工，教师需要做指导和设计工作，学生需要积极主动参与学习活动，通讯员确保泛在学习通讯环境。

三、学习资源与工具设计

学习资源与工具设计包括微课主体资源的建设，微课中情景的创设，微课中学习工具的设计，微课中服务、管理和评价的设置。

（一）微课主体资源的建设

微课主体的资源主要是微课及其相关资源。微课的核心内容是课堂教学视频，同时还包含与该教学主题相关的教学设计、素材课件、教学反思、练习测试及学生反馈、教师点评等教学支持资源。它们以一定的结构关系和呈现方式共同营造了一个半结构化、主题突出的资源单元应用生态环境。[①]

本研究中包括微课主体资源知识点、例题习题、疑难问题、实验操作等,根据学习主题的需要可以拓展。资源的主要形式是以视频呈现的微课。

(二) 微课中情景的创设

情景是泛在学习中重要的要素之一。微课中情景的创设包括描述境脉、复杂问题分析、模块组织、模块排序。

描述境脉指利用文字、图形、视频将学习的境脉描述,利于学习者掌握知识之间的联系;复杂问题分析指利用提出问题、分析问题和解决问题的思路呈现复杂问题,利于学习者掌握复杂问题的解决过程;模块组织指将学习的内容按模块化组织,利于学习者进入相关的问题情景学习;模块排序指将学习的内容按关联程度排序,利于学习者发展认知的邻近领域。微课的泛在学习平台支持学习者在合适的时间、合适的地点、合适的方式、合适的信息开展学习活动。

(三) 微课中学习工具的设计

微课中的学习工具主要是帮助学习者在学习过程中建构知识,包括终端工具、认知工具、会话工具、协作工具、创作工具和过程记录工具。终端工具指计算机、平板电脑、手机、电子书包等支持泛在学习的硬件工具;认知工具指支持、指引和扩充学习者思想过程的心智模式和设备,如概念图工具、脑图工具等;会话工具是指帮助学习者沟通的工具,如网络即时聊天工具;协作工具是帮助学习者组成学习共同体并进行交流的工具,如微博;创作工具是学生创作作品的工具;过程记录工具是记录学习者学习活动过程的工具,如电子档案袋。

(四) 微课中服务、管理和评价的设置

为了协调学习共同体之间的关系,提高学习效率、优化学习效果,在

[①] 参见胡铁生《"微课":区域教育信息资源发展的新趋势》,载《电化教育研究》2011年第10期,第61-65页。

泛在学习环境下的微课中设置服务、管理和评价。服务主要指学习支持服务，包括基于移动通信技术的双向交流为主的各种信息的、资源的、人员的和设施的支持服务；管理指学习者学习过程的监督、学习者个人信息的管理；评价包括借助移动通信技术开展的过程性评价、诊断性评价和总结性评价。

四、学习过程设计

教学设计理论中以"学"为中心的教学设计理论强调：以学生为中心，"情境"对意义建构的重要作用，"协作学习"对意义建构的关键作用，利用各种信息资源来支持"学"，强调学习过程的最终目的是完成意义建构。在 IMS-LD 的理论中指出，为了使学习者在具体情境中达到学习目标，需要对各种角色、活动和环境进行设计，从而得出的一组教学方案以及使用方案。[①] 针对泛在学习环境下微课学习的特点，可以设计自主学习过程、协作学习过程、探究性学习过程和情境感知学习过程等。

（一）自主学习过程设计

自主学习名称各异，如 learner autonomy/autonomous learning（自主学习）、independent learning（独立学习）、learner-controlled instruction（学习者控制的教学）、self-directed learning（自我为导向的学习）等。[②] 自主学习是指学生在教师必要的指导下使用多种方式和途径，以个体为单位进行能动的学习活动。

随着技术的不断发展，移动通信设备的交互和显示能力得到进一步的增强，学习者不但可以将设备带入真实的学习环境中，还可以利用设备的模拟和演示功能，对不易接近的学习情境进行动态模拟。学习者携带移动通信设备沉浸在一个动态模拟系统中，参与学习活动，能够快速看到自身活动对于整个系统的影响，他们不仅只是观看模拟，而且自身就是模拟系

---

① IMS Global Learning Consortium. IMS Learning Design Best Practice and Implementation Guide. http://www.imsglobal.org/learningdesign/ldv1p0/imsld_bestv1p0.html. 2013 – 11 – 2.

② 参见束定芳《外语教学改革：问题与对策》，上海外语教育出版社 2004 年版。

统的一部分，这种学习模式被称为"participatory simulations"（共同参与模拟仿真）。

在泛在学习环境中许多支持知识传递和情境认知的学习案例，都是针对个人自主学习，如世界范围的 MOBIlearn 项目、普渡大学的 BoilerCast 网站、英国利物浦约翰莫瑞斯大学支持实习医生学习的移动学习系统、中国台湾博物馆参观导航系统等。

在自主学习中学生可根据自身的情况，按照自己的学习方式，决定学什么和怎样学，并在移动通信技术的帮助下，进入学习情景，完成学习任务。学生在学习中遇到困难时可以随时向学习共同体寻求帮助，教师则可以根据学生在学习中所提出的问题进行有针对性的个性化教学，即建构主义理论所强调的学习过程是学习者根据自己的需要、兴趣、爱好，利用原有的知识结构，即知识和经验，对外部信息进行主动地选择、加工和处理的过程。①

根据协作学习的要点，设计了泛在学习环境下微课学习活动中自主学习过程，如图57所示。

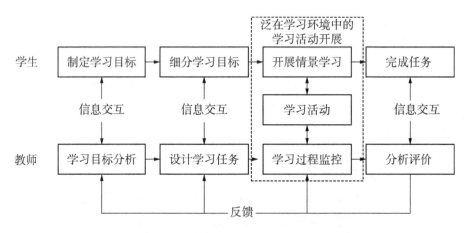

图57　泛在学习环境下微课学习活动中自主学习过程设计

泛在学习环境中微课的自主学习过程模式主要有学习目标分析、学习任务设计、学习情景设计、学习策略设计、学习过程监控和学习评价几个

---

①　参见董卫、付黎旭《对建构主义指导下大学英语多媒体网络课堂的调查》，载《外语界》2004年第2期。

部分。在泛在学习环境中,学生和教师的交互使用互联网/移动互联网的交流工具,共同分析学习者、学习目标;教师设计学习任务,学生根据学习任务细分学习目标;学习活动在泛在学习环境中创设的学习情景中开展;最后由教师对学生的学习过程和学习结果进行分析评价。①

(二) 协作学习过程设计

协作学习是学生以小组形式参与、为达到共同的学习目标、在一定的激励机制下最大化个人和他人习得成果而合作互助的一切相关行为。②泛在学习环境不仅能有效地支持个人自主学习,更能克服传统协作学习遇到的一些障碍,推动协作学习创造性的应用和发展。

协作学习的基本模式主要有 7 种,分别是竞争、辩论、合作、问题解决、伙伴、设计和角色扮演。③协作学习主张将教学内容精心设计为各个任务,学习者以小组的形式一起进行学习,各自担当一定的角色,共同完成某一任务或解决某一问题。在协作学习中,学习者借助学习共同体的帮助,实现学生之间的双向互动,并利用必要的共享学习资料,充分发挥其主动性和积极性,进行意义建构,获得事物的性质、规律以及事物之间的内在联系,强调学习者的创造性、自主性和互动性。

在泛在学习环境下利用移动通信技术能直接促进协作学习过程中的交互性。通过交互性工具,方便学生与学生、教师之间信息的搜集、共享、沟通和反馈。在协作式研究性学习过程中,不仅可以随时通过网络向指导教师咨询,也可以向学习共同体寻求帮助,最大限度发挥资源和经验的效用,弥补传统研究性学习中师资力量不足的问题。

根据协作学习的要点,设计了泛在学习环境下微课学习活动中协作学习过程,如图 58 所示。

泛在学习环境下强调的是学习者可以在泛在学习平台获得与其他学习者、学习内容在社会化的网络中广泛交互,实现社会化协作;去中心化的

---

① 参见张学波、林秀瑜《信息化环境中的教育传播实践应用模式研究》,载《电化教育研究》2011 年第 9 期,第 37-40 页。

② 参见黄荣怀《关于协作学习的结构化模型研究》,北京师范大学博士学位论文,2000 年。

③ 参见赵建华、李克东《协作学习及其协作学习模式》,载《中国电化教育》2000 年第 10 期,第 5-6 页。

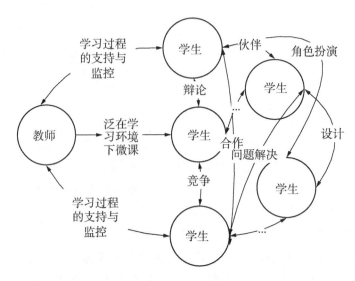

图58 泛在学习环境下微课学习活动中协作学习过程设计

内容生产方式,使得学习内容多元化,能最大限度地满足学习者个性化需求;使学习无处不在,能满足学习者正式学习和非正式学习;在其过程模式加入学习监控,能减少学习在快捷、自由状态下缺乏学习目标、教学过程设计、教学策略实施的弊端发生,保证学习质量。

(三) 探究性学习过程设计

泛在学习环境下探究式学习强调学生的自主探索,但其并非以问题的解决为主要目的,而主要使学习者体验探究过程,在探究活动中加深对知识的理解和应用。在泛在学习环境下微课学习活动中的探究性学习,主要利用移动通信技术进行检索信息、搜集资料、数据记录、信息共享、协作交流等,微课即是其进行探究性学习主要的学习框架和行动指导。

例如,我国台湾"中央大学"设计的 BWL 蝴蝶观察学习系统支持学习者在户外进行探究性学习。学生在蝴蝶观察活动中携带具有拍照功能的 PDA,对观察到的蝴蝶进行拍照,然后通过基于内容的图片查询技术,查询蝴蝶的相应的信息。如果系统中没有所拍摄的该蝴蝶的信息,则通过日志子系统将该章图片及信息记录下来,加入原有系统中。该系统可以帮助学习者提高查询、决策、检查、修改的能力,充分发挥了无线网络技术和移动学习系统的优势。①

根据探究性学习的要点，设计了泛在学习环境下微课学习活动中探究性学习过程，如图59所示。

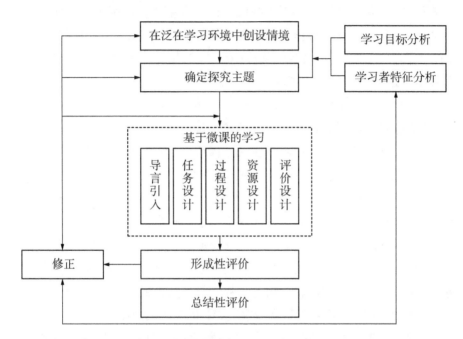

图59　泛在学习环境下微课学习活动中探究学习过程设计

在泛在学习环境中，通过资源创设情境，在情景中确定探究性学习的主题，这是泛在学习环境下微课学习活动中探究学习过程模式首先考虑的问题，此项工作是在对学习目标分析和学习者特征分析的基础上进行的。在确定探究主题之后，开展基于微课的学习活动，在此活动中包括引言设计、任务设计、过程设计、资源设计和评价设计几个部分。最后通过形成性评价和总结性评价对学习过程进行修正。

---

① Yuh-Shyan Chen, Tai-Chien Kao, Gwo-Jong Yu. A MobileButterfly-Watching Learning System for SupportingIndependent Learning. Proceedings of the 2nd IEEEInternational Workshop on Wireless and MobileTechnologies in Education（WMTE2004）. Los Angeles：IEEE Computer Society Press，2004：11-18.

(四) 情境感知学习过程设计

情境就其广义来理解，是指作用于学习主体，产生一定的情感反应的客观环境。从狭义来认识，则指在课堂教学环境中，作用于学生而引起积极学习情感反应的教学过程。无论情境的外在形式还是情境内容都会使学生产生积极的情绪反应。创设情境可分为以下几类：问题情境、真实情境、模拟真实情境、合作性教学情境等。

情境感知学习是指学习系统通过感知学习者的具体情境将相关的学习内容自动推送给学习者。这种应用模式与基于问题解决的学习和探究性学习相比，更能有效地促使学习者在具体情境中学习。通过使用 RFID 标签、GPS 定位等技术，目前移动技术支持的情境感知学习主要能对时间、地点、标签等要素进行感知。

为了支持外国人学习日本的礼貌语表达，日本德岛大学开发名为"U-biquitous-Learning System for the Japanese Polite Expressions"（ULSJPE）的日本礼貌语表达学习辅助系统。在该辅助系统的支持下，学习者携带移动设备进入某些场景，如商场、餐馆等，移动设备通过感知学习者的位置或根据学习者的查询，为学习者呈现与情境相关的礼貌表达语。[①]

根据情境感知学习的要点，设计了泛在学习环境下微课学习活动中情境感知学习过程，如图 60 所示。

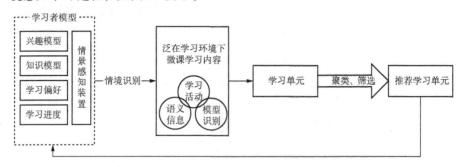

图 60　泛在学习环境下微课学习活动中情境感知学习过程设计

---

① Chengjiu Yin, Hiroaki Ogata, YoneoYano. UbiquitouS-Learning System for the Japanese PoliteExpressions. Proceedings of the 3rd IEEE InternationalWorkshop on Wireless and Mobile Technologies inEducation（WMTE 2005）. Los Angeles：IEEE ComputerSociety Press，2005：269 - 273.

在泛在学习环境下微课的情境感知学习中，学生在学习过程形成了学习者模型，包括学习者兴趣模型、知识模型、学习偏好和学习进度等，学习者通过情境感知装置进入泛在学习环境下的微课学习，识别相应的情境后，开展学习活动。在不断重复的过程中，学习者模型更加丰富，使泛在学习环境更具有针对性地向学习者推荐学习单元。

五、个性化学习设计

微课中服务、管理和评价的设置能够为泛在学习环境下微课学习活动中的学习者设计个性化学习，同时 IMS-LD 定义的条件、属性和通知能够为泛在学习环境下微课学习活动中的学习者设计个性化的学习设计。

IMS-LD 模型在级别 A 的学习设计中，学习者的活动是线性的，不能在活动之间来回跳转。而包含了属性和条件的 B 级，可以触发相应的活动跳转，从而非线性地执行相关的活动，使教学方法丰富化。通知是学习设计在 C 级增加的一个元素，它能够基于一定的事件来给角色发送消息或启动一个新的活动。

例如，通过相关条件的设计，对于善于逻辑推理的学习者，所有的活动采用无顺序呈现的方式；如果学习者已具有某一主题的前导知识，则相关的学习活动可以略过。属性用来存储：角色、学习单元、用户档案、完成活动的过程数据、测试结果（前导知识、能力、学习风格等）、在教与学的过程中添加的学习对象（报告、散文或新的学习资源等）。通过属性可以对用户和角色进行监控、评价、个别化。通知能够基于一定的事件来给角色发送消息或启动一个新的活动。角色执行活动后会生成的结果和事件可以触发一个通知，使角色执行一项新的活动。

因此，微课中服务、管理和评价的设置能够为泛在学习环境下微课学习活动中的学习者设计个性化学习，同时 IMS-LD 定义的条件、属性和通知也是学习个性化设计的要素。在平台中提供学习支持服务，为学生推荐所学的相关资源、解答学习问题；在平台中提供学生管理，帮助学生构建学习共同体、管理学习过程；在平台中提供学习评价，帮助学生开展学习反思；在平台中设置学习内容的相关连接条件，帮助学生调整学习进度；在平台中生成学习者和学习资源的属性，对学习者进行监督和学习提示。

为此，本研究设计了泛在学习环境下微课的学习模式，如图 61 所示。

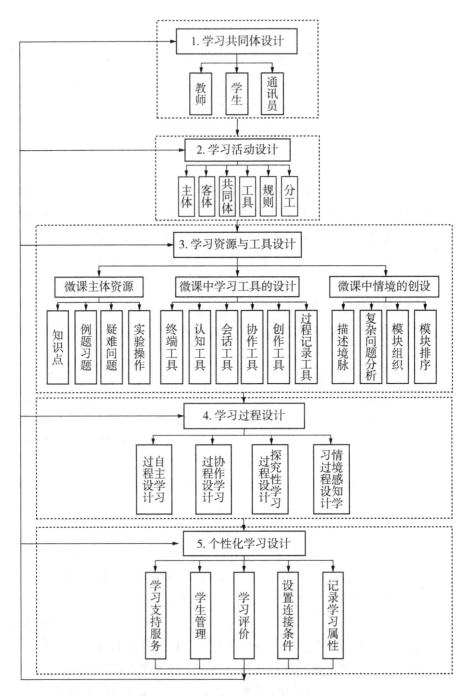

图61 泛在学习环境下微课的学习模式

第五章 泛在学习环境下微课的学习策略设计

学习策略的研究始于1956年布鲁纳等人的工作。此后对学习策略的研究出现了"知道如何知道""知道何时、何处及如何记忆""学会学习""学习技能""认知策略"等术语，都被认为与学习策略的研究相关。

第一节 学习策略的定义

在对学习策略定义的研究中，莫雷将其分为三种观点：①学习策略是具体的学习方法或技能，如里格尼（Rigney，1978）、梅耶（Mayer，1988）等人的观点；②学习策略是学习的调节和控制技能，如尼斯比特（Nisbet，1986）等人的观点；③学习策略是学习方法与学习的调节和控制的有机统一，如斯腾伯格（Stemberg，1983）等人的观点。[①] 刘电芝根据已有文献可归纳为如下四种观点：①把学习策略看作内隐的学习规则系统（Duffy，1982）；②把学习策略看作具体的学习方法或技能（Mayer，1988）；③把学习策略看作学习的程序与步骤（Rigney，1978）；④把学习策略看作学生的学习过程（Nisbet，1986）。[②]

本研究的学习策略界定为学习方法与学习的调节和控制的有机统一。

[①] 参见莫雷《教育心理学》，广东教育出版社2002年版，第215—216页。
[②] 参见刘电芝《小学儿童数学学习策略的发展与加工机制研究》，西南师范大学博士学位论文，2003年。

第二节　学习策略的体系研究

加涅（Gagne，1985）把学习策略分为通用学习策略（general strategies）和学科学习策略（domain-specific strategies）。通用学习策略指不与特定学科知识相联系，适合各门学科知识的学习程序、规则、方法、技巧及调控方式。学科学习策略指与特定学科知识相联系，适合特定学科知识的学习程序、规则、方法、技巧及调控方式。

斯滕伯格（Stemberg，1983）将学习策略分为执行的技能（executive skills）和非执行的技能（non-executive skills）。执行的技能指学习者用来对指向一定学习任务的学习方法进行规划、监控和修正的高级技能，即学习的调节与控制；非执行的技能指用于对学习任务进行实际操作的技能，即学习方法。

丹瑟洛（Dansereau，1985）认为，学习策略包括主策略（primary strategies）和辅策略（support strategies）。主策略为具体的直接操作信息，即学习方法。辅策略则作用于个体，同来帮助学习者维持一种合适的内部心理定向，以保证主策略的有效作用。

迈克卡（Mckeachie et al.，1990）将学习策略分为认知策略、元认知策略和资源管理策略。伯杰（Pokey，1990）把学习策略分为元认知策略、认知策略和努力策略。

谷生华、辛涛等（1998）将学习策略归为元认知策略、认知策略、动机策略和社会策略。何进军、刘华山（1996）认为，认知策略包括注意集中、组织、理解加工、阐述、自我计检、目标想象和意象联系七种策略。周国韬等（1997）将学习策略划分为计划性策略、努力策略和认知策略。刘志华和郭占基（1993）归纳出组织策略、搜集信息、复述与记忆、寻求社会帮助、复习、评估与诊断、目标与计划、记录与自我监控和环境建构九种通用性学习策略。张履祥、钱含芬（2000）把学习策略概括为课堂学习策略、巩固记忆策略、解题思维策略、创造学习策略和总结考试策略五种。

根据上述研究，本研究将学习策略分为认知策略、元认知策略和管理策略。认知策略指学习方法,包括注意策略、复述策略、精加工策略、组织策略和问题解决策略;元认知策略指监控策略,包括计划监控、领会监控、策略监控和注意监控;管理策略包括时间监管、学习环境管理、努力管理和他人的支持。

一、认知策略

(一) 注意策略

注意策略是指学习者学会与掌握将注意指向或集中在所需要的信息上的方法、技巧或规则。它指向学习活动的各个阶段,其主要作用是帮助学习者进行知觉意向,实行自我控制,促进有意义学习。

(二) 复述策略

复述策略是在工作记忆中为了保持信息,运用内部语言在大脑中重现学习材料或刺激,以便将注意力维持在学习材料之上的学习策略。在学习中,复述是一种主要的记忆手段,许多新信息,只有经过多次复述后,才能在短时间内记住并长期保持。分为识记过程的复述策略和保持过程中的复述策略。识记过程的复述策略包括:利用随意记忆和有意记忆、排除相互干扰、多种感官参与能有效增强记忆、整体与分散识记相结合、尝试背诵和过度学习。保持过程的复述策略包括:及时复习、分散与集中相结合、复习形式多样化和反复实践。

(三) 精加工策略

精加工策略是指通过对学习材料进行深入细致的分析、加工,理解其内在的深层意义并促进记忆的一种策略。精加工策略主要包括以下方法。

1. 类比法

类比是根据两个(或两类)对象之间在某些属性上的相同或相似所做的一种类推,它是精加工的重要方法。运用类比,抽象的内容可以具体化、形象化,陌生的东西可以转化为熟悉的东西,深奥的道理可以明白简单地揭示出来。

2. 比较法

比较是对两种或两种以上易混淆的相关事物进行对比分析的一种常用

方式。当新学的知识与原有的知识存在某种联系而又有区别时，往往容易混淆不清。对这种易混淆的相关知识进行比较，不仅能揭示新概念的关键特征，而且能更容易地掌握新概念的内涵。因此，比较也是一种常用的精加工方法。比较的方法较多，下面介绍几种主要的方法：①对立比较。把相互对立的事物放在一起，形成反差极为强烈的鲜明对比，易留下深刻的印象，而且记住了一个就往往掌握了另一个。②差异比较。对两种易混淆的事物进行分析，着重找出其差异，通过突出它们各自的"个性"来区别。③对照比较。把同一类别的若干材料同时并列，进行对应比较。

3. 质疑

质疑是以追问"为什么"，或者用挑剔、批判的眼光来看待已有的事物，达到对事物的深层次理解。以合作学习的方式相互提问效果更好。在合作学习中，同伴的优秀学习方法易成为自己的最近发展区，易于相互吸取与模仿。同时，合作学习使学习更具有竞争性和激励性。

4. 扩展与引申

对新知识进行扩展与引申也是深化理解新知识的重要途径。这是因为扩展、引申的过程就是思维的过程。思考程度增加，获得的印象就更为深刻。此外，扩展、引申后的知识比原知识具有更丰富的信息与外延、更易与有关知识经验连接起来。

5. 先行组织者

先行组织者是美国著名心理学家奥苏伯尔（D. P. Ausubel）提出来的，它是先于学习内容呈现的一种引导性材料，目的在于把新学的知识纳入已有的知识结构中，组织者一般放于学习材料之前，所以称为先行组织者。先行组织者分为陈述性组织者和比较性组织者。如果学习材料与已有知识关联不大，这时就用陈述性组织者，它以一种简化的、纲要的形式去呈现新学习的观念或概念，如在学习山脉、高原、丘陵具体地形前，以定义"地形是大小形状方面具有特点的大片陆地的变化形式"作为先行组织者，可帮助具体地形的学习。如果新学习的知识与先前的知识有交叉重叠，那么最好使用比较性组织者。如在学习"分数四则混合运算"前，呈现比较性先行组织者"分数四则混合运算同整数四则混合运算的运算顺序相同"。这样学生就能有效地运用旧知识，迅速、容易地掌握新知识"分数四则混合运算"。

（四）组织策略

组织策略即根据知识经验之间的关系，对学习材料进行系统、有序的分类、整理与概括，使之结构合理化。应用组织策略可以对学习材料进行深入的加工，进而促进对所学内容的理解和记忆。与精细加工策略相比，组织策略更侧重于对学习材料的内在联系的建构，更适用于那些需要深入理解与思考才能把握内在深层意义的学习材料。常见的组织策略主要有以下几种。

1. 列提纲

列提纲是用简要的语词写下主要和次要的观点，也就是以金字塔的形式组织材料的要点，较具体的细节都包含在高一级水平的类别之中，旨在把握学习材料的纲目、要点及其内在联系。

2. 利用图形

图形是用来图解各种知识如何联系的。具体做法是先提炼出主要知识点，然后识别这些知识点之间的关系，再用适当的解释来标明这些知识点的联系。如概念图、系统结构图、流程图、模型图和网络关系图等。

3. 利用表格

可以利用一览表和双向表组织材料中各要素之间的关系。一览表对材料进行全面综合的分析，抽取主要信息，从一个角度将这些信息全部列出来，从而反映材料的原貌。而双向图是从纵横两个维度罗列材料中的主要信息。

4. 概括和归纳

概括和归纳是学习中最为常用的一种组织策略，学习中可以采用归类来简化纷繁复杂的记忆材料。概括的原则包括：略去枝节，省去不重要的材料；删掉多余，对已涉及的内容不再重复；用上位的概念代替下位的概念；则取要义，找出主题句；自述要义，主动构建主题或中心思想。

（五）问题解决策略

心理学家奥苏贝尔和鲁宾逊认为，学生在解题过程中，要把已掌握的简单规则重组，对已知命题进行"非直接的"转化。解决问题的过程分为表征问题、解答问题和思路总结三个阶段，在此基础上提出每个阶段的策略。

1. 表征问题阶段

表征问题阶段的策略是：①准确理解问题；②从整体把握问题中的要素关系；③在理解问题的整体意义基础上判断题目的类型。

2. 解答问题阶段

解答问题阶段的策略是：①进行双向推理；②克服定势，进行扩散性思维；③评价不同思路，选择最优思路进行集中思维。

3. 思路总结阶段

思路总结阶段的策略是：①思考自己是否已把握与题目有关的知识结构，是否达到了通过练习掌握知识的目的；②回忆自己的解题思维过程，找出其中的问题；③思考还有没有更简洁的思路和更佳的解决办法。

二、元认知策略

（一）计划监控

计划监控包括设置学习目标、浏览阅读材料、产生待回答的问题以及分析如何完成学习任务。成功的学生并不只是听课、做笔记和等待教师布置测查的材料。他们会预测完成作业需要多长时间，在写作前获取相关信息，在考试前复习笔记，在必要时组织学习小组，以及使用其他各种方法。

（二）领会监控

领会监控是指学习者头脑中有明确的领会目标，在整个学习过程中始终注重实现整个目标，根据这个目标监控学习过程，包括寻找重要细节、找出要点等。

（三）策略监控

策略监控主要是学习者对自己应用策略的情况进行监控，保证该策略在学习过程中有效地运用。常用的方法是学生自我提问法。

（四）注意监控

注意监控是指学习者在学习过程中对自己的注意力或行为进行自我管理与自我调节，如注意自己此刻在做什么、如何避免接触能分散注意力的事物、如何控制分心等。

三、管理策略

管理策略，此部分包括学习时间监管、学习环境管理、努力管理、他人的支持等。其中，学习策略时间监管包括建立学习时间表、设立各阶段学习目标时间；学习环境管理是指使用好信息化学习环境；努力管理包括学生对自己学习心境的调整，自我的总结，自我强化，自我鞭策，等等；他人的支持是指学生在学习知识、策略过程中遇到困难寻求教师、其他同学的帮助，或者组织小组学习，等等。

（一）时间监管

时间监管包括学习者统筹安排学习时间、高效利用最佳时间和灵活利用零碎时间。例如，根据自己的总体目标，对时间做出总体安排，并通过阶段性的时间来落实。根据自己的生物钟、学习效率的变化和工作曲线来安排学习活动。利用零散的时间学习微型知识或与人交流，启发思维。

（二）学习环境管理

学习环境是可以人为地选择、改善与创设的。设置学习环境是为了使周围的环境更有利于学习活动的展开。首先，要注意调节自然条件，如流通的空气、适宜的温度、明亮的光线以及和谐的色彩等。其次，要设计好学习的空间，如空间范围、室内布置、用具摆放等因素。最后，注意信息环境的利用。例如，信息学习工具的利用；网络参考资料的利用；工具书的利用，包括字典词典、百科全书、年鉴以及索引等；数字图书馆的利用；网络视频、音频的利用。

（三）努力管理

系统性的学习大都是需要意志努力的。为了使学生维持自己的意志努力，需要不断地鼓励学生进行自我激励。

1. 激发内在动机

对学习本身就有兴趣、好奇心和求知欲是一种重要的内在学习动机，它可以使人持续学习下去，敢于克服障碍，迎接挑战，从学习活动中获得快乐。学习的内在动机是可以自我培养的。

2. 树立为了掌握而学习的信念

每个人学习时都带有不同的目的,这些学习目的大致可以归为两类。一类是为了追求好成绩,即所谓的绩效目标;另一类则特别注重自己是否真正掌握,即所谓的掌握目标。除了要在考试中真实反映出自己的能力水平外,更重要的是,要让学生给自己设立一个内在的标准,来衡量自己的学习是否成功。

3. 选择有挑战性的任务

在挑选学习任务时,要挑选那些具有中等难度的任务。中等难度的任务比太易或太难的任务更能激励自己。

4. 调节成败的标准

学习时,要不断调整自己的成败标准。如果标准一直过高,自己总不满意自己,结果会造成自责、自卑和情绪低落。相反,如果标准一直过低,自我感觉过于良好,造成盲目的自信,学习也会受到影响。因此,只有适时调整自己内在的成败标准,才能维持自己的学习自信心。

5. 正确认识成败的原因

学习有成功,但也难免失败。人在成功或失败时,肯定会产生相应的情绪反应,但积极或消极的情绪并不直接等于自己能力的高低。因此,在反应过后,需要冷静下来,客观而正确地认识自己成败的原因,以便获取下一次成功,避免下一次失败。

6. 自我奖励

当学生获得了满意的效果后,要设法让学生对自己进行奖励。

(四) 他人的支持

1. 老师的帮助

老师不仅是一座知识库,而且是学习的引路人和促进者。但不要过分迷信老师的权威性,关键是得到老师在知识、解决问题以及学习方法上的启发。

2. 学习者间的合作与讨论

同学间的相互合作和讨论有助于彼此相互启发、达成对事物的全面理解。同学间的合作存在许多形式:一种是双方或小组学习同样的内容,相互讨论,彼此提问和回答;另一种是双方或小组共同完成同一项任务。此外,同学间还可以相互辅导。

第三节 泛在学习环境下微课的学习策略

根据文献综述部分，整合泛在学习环境下微课的学习策略的研究成果，本研究根据学习策略理论，设计泛在学习环境下微课的学习策略。以第四章泛在学习环境下微课学习模式为基础，从认知策略、元认知策略和管理策略三个部分论述：

认知策略为学习者加工学习内容的方法和技术，指向学习内容。微课具有将学习内容细分为知识点的特点，适合在泛在学习中设计知识的自适应，本研究将认知策略指向学习知识点。

元认知策略为学习者对自己的学习认知过程的认识和调节的能力，指向学习活动过程。泛在学习环境下微课的学习具有灵活开展学习活动的特点，并能在学习活动过程应用学习分析技术创新学习与评测方式，本研究将元认知策略指向学习活动过程。

管理策略为学习者对可用环境和资源的管理，帮助学习者适应环境并调节环境以适应自己的需要。泛在学习环境下微课的学习融合泛在学习情境感知、情景互动、教育大数据分析和自我量化等技术，实现学习者对学习情景和资源的管理，本研究将管理策略指向学习互动情景。

综上所述，泛在学习环境下微课的学习策略如图 62 所示。

一、以知识点之间的联系设计泛在学习环境下微课学习的认知策略

（一）通过先学知识引导后学知识设计注意策略

促进学习者的选择性注意策略，是帮助学习者选择需要注意的信息，形成知觉，并通过自我控制注意实现有意义的学习。泛在学习环境下微课的学习设计中，利用知识与知识之间的关系，通过先学知识引导后学知识，引导学习者将注意集中到学习信息上。另外，要克服泛在学习的时间碎片化，抓住学习者的选择性注意。利用移动终端屏幕小的特点，在每个页面

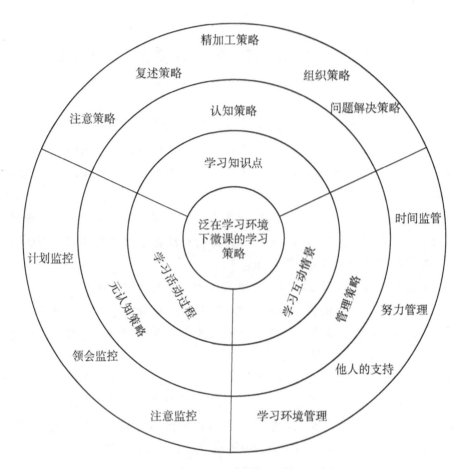

图 62 泛在学习环境下微课的学习策略

中剔除干扰信息,将主要的内容通过显示度高的字号、颜色显示。同时,设计读书笔记、听课笔记等记录模块,形成知识的联系,引导学生记录学习中的重点难点,促进选择性注意。

(二)通过关联知识的重复设计复述策略

学习者在学习过程中会运用两种复述策略:识记过程的复述策略和保持过程的复述策略。这两种策略能加强学习信息对学习者大脑的刺激,形成注意力的维持。在泛在学习环境下微课的学习设计中,设计保存学习笔记的空间,并将学习笔记进行类似知识点关联,便于学生通过知识点的联通,反复查看形成记忆。此外,在微课的制作中,将具有关联的学习重点、难点多次重复，促使学生进行短时记忆。

（三）通过学习知识自适应设计精加工策略

精加工策略可以分为类比法、比较法、质疑法、扩展与引申法和先行组织者策略。在泛在学习环境下微课的学习设计中，运用类比法将类似的知识点归类，如设计"类似知识点资源推送"栏目；运用比较法将相反的知识点归类，如设计"对比知识点资源推送"栏目；运用拓展与引申法，为学习者提供与学习内容相关的拓展材料，如设计"拓展知识点资源推送"栏目；运用质疑法，在学习中针对教学内容提出问题，如设计"问题引导"栏目，引导学生对学习内容质疑；运用先行组织者策略，在知识点里为学习者提供先行知识，如设计"先行知识"栏目。

（四）通过加强知识点内在的联系设计组织策略

组织策略与精加工策略比较，更侧重于对知识内在联系的构建。在泛在学习环境下微课的学习设计中，设计"电子白板"功能，学生可以在此完成概念图的绘制，分析知识的内在逻辑结构和组织结构；设计填表格的方式，比较新旧知识的异同，促进新旧知识的联系。

（五）通过知识的运用设计问题解决策略

问题解决的过程划分为三个阶段：表征问题、解答问题和思路总结。在泛在学习环境下微课的学习设计中，按问题解决的思路设计微课。首先，通过多媒体呈现问题及问题中要素的关系；其次，利用泛在学习环境的互联进行扩散性思维，集中最优思路；最后，通过评价反思问题解决的方法。

二、以学习活动过程为主线设计泛在学习环境下微课的元认知策略

（一）从学习目标设计好计划监控元认知策略

计划监控包括设置学习目标、浏览阅读材料、产生待回答的问题和分析如何完成学习任务等。在泛在学习环境下微课的学习设计中，通过"学习目标""学习任务""重点难点"和"教案"等资源，设计计划监控元认

知策略。

（二）从学习任务设计好领会监控策略

领会监控指在学习过程中学习者领会学习目标，通过努力达成学习目标。领会监控的过程通过学习任务的引领能让学习者更好地实现学习目标。在泛在学习环境下微课的学习设计中，突出任务的设计，让学习者通过泛在学习环境完成学习任务。在微课制作中，围绕学习任务展开，在课程中完成任务。

（三）从学习过程记录设计好策略监控策略

策略监控是对学习策略应用情况的监控，监控学习者自己是否能按计划有效运用学习策略。在泛在学习环境下微课的学习设计中，通过学习跟踪技术，记录学习者学习过程的大数据，帮助学生自我量化、自我反思和自我提问。

（四）从学习评价设计好注意监控策略

注意监控是学习者对自己的注意力或行为进行管理与调节。在泛在学习环境下微课的学习设计中，通过设计小结、总结、过程测验等帮助学生及时把握学习过程的效果，以调整学习行为；通过设计学习勋章、学习等级等奖励措施，帮助学习者进行注意监控。

三、以学习互动情境设计泛在学习环境下微课学习的管理策略

（一）根据学习情景的微特性设计时间监管策略

时间监管包括学习者统筹安排学习时间、高效利用最佳时间和灵活利用零碎时间。微课具有教学时间较短，教学内容较少，资源容量较小，资源组成、结构"情景化"等特点。因此，除了课堂的学习，学习者可以利用泛在学习环境下微课进行灵活的学习，充分利用好每个时间单元。

（二）根据泛在学习环境的情境感知设计学习环境管理

学习环境是可以人为地选择、改善与创设的。设置学习环境是为了使周围的环境更有利于学习活动的展开。在泛在学习环境下微课的学习设计中，具有物理环境与虚拟环境的融合、学习者获得个性特征的学习支持和服务、情境感知性和支持混合学习等特点，可以为学习者提供开展个性化学习的服务。

（三）根据多元的学习评价设计努力管理策略

系统性的学习大都是需要意志努力的。为了使学生维持自己的意志努力，需要不断地鼓励学生进行自我激励。在泛在学习环境下微课的学习设计中，设计学习评价、作品展，对学生的学习过程进行评价，激发学生自主投入学习的动机。

（四）根据学习活动的互动性设计他人的支持策略

他人的支持主要指教师、学习伙伴对学习者的支持作用。在泛在学习环境下微课的学习设计中，设计基于社会网络交互的学习空间，能促进学习者与教师之间的交互，同时也为学习者之间的交互提供了有利的条件。

第六章 "电视教材编导与制作"课程个案研究

为了验证本研究提出的泛在学习环境下微课的学习模式与策略的有效性，本研究选取华南师范大学教育信息技术学院教育技术学专业本科"电视教材编导与制作"课程的"动态构图"学习内容为个案研究，采用单组准实验与问卷调查研究方法，研究泛在学习环境下微课的学习模式与策略应用的效果。

第一节 实验设计

一、实验目的

本实验旨在研究泛在学习环境下微课学习模式与策略应用的效果。

二、实验对象

实验对象来自华南师范大学教育信息技术学院某级教育技术学专业修读"电视教材编导与制作"课程的48名本科生。

三、实验变量

实验以泛在学习环境下微课学习模式与策略为自变量，以学习效果为因变量。

四、实验假设

运用泛在学习环境下微课的学习模式与策略,能够改善学习方法,优化学习过程,提高知识掌握率、应用技能、学习质量,提升情感态度与价值观方面的信息素养,提升学生的学习策略水平。

五、实验过程

实验采用前后测对比研究。前测内容是课堂教学,由教师在非泛在学习环境下利用微课讲解教学内容。后测内容由教师在课堂教学中应用泛在学习环境下微课学习模式与策略开展教学,课后学生利用泛在学习环境进行个性化学习、合作学习。

(一)前测内容

前测内容是课堂教学,由教师在非泛在学习环境下利用微课讲解教学内容。步骤如下:

(1)课程学习。由任课教师讲解静态构图的含义及最常见的静态构图形式,包括黄金分割构图、中心构图、线条会聚构图、色块对比构图等。

(2)学习质量的测试。由任课教师设计课程的测验卷,检验学生的学习质量。测验卷包含 5 道大题,15 道小题。(见附录 6)

(二)后测内容

后测内容由教师在课堂教学中应用泛在学习环境下微课学习模式与策略开展教学,课后学生利用泛在学习环境进行个性化学习、合作学习。步骤如下。

1. 学习共同体设计

由学生、教师和通讯员组成了学习共同体。设定的学习目标为:通过课程的学习了解动态的概念和内涵,掌握动态构图的方法。鼓励学生在泛在学习微课平台中交流、互动,制定了参与规则,保证运作。

2. 学习活动设计

在学习活动过程设计中融入泛在学习环境下微课的元认知策略,实验中设计 3 个学习活动。

（1）教师在课堂教学中应用泛在学习环境下微课的学习模式与策略开展教学。

（2）学生在泛在学习环境下微课系统中学习"动态构图"课程录像，并学习"类似知识点资源推荐""对比知识点资源推荐""拓展知识点资源推荐"里面的相关资源。学生开展个性化学习、合作学习。

（3）学生围绕问题开展讨论。课程设计了两个讨论主题：①请设计一个或者一组动态构图的镜头，并说明其作用。②评价学生创作的作品。

3. 学习资源与工具设计

开展泛在学习环境下"动态构图"微课开发与评价，在学习资源设计过程融入泛在学习环境下微课的认知策略。详细论述见本章第二节。

4. 学习过程设计

（1）课程学习。

课前学习：教师向学生布置课前学习内容，学生通过泛在学习环境下微课学习平台开展预习。

课堂教学：教师在课堂教学中应用泛在学习环境下微课的学习模式与策略开展教学。

课后学习：学生在泛在学习环境下微课系统中学习"动态构图"课程录像，并学习"类似知识点资源推荐""对比知识点资源推荐""拓展知识点资源推荐"里面的相关资源。学生开展个性化学习、合作学习。

学生在泛在学习环境下微课系统下的"交流"栏中围绕学习的重点和难点展开协作学习，教师综合疑难问题并解答，将其发布在微课系统中，供学习者学习。学生上传视频作品、实验报告到微课系统中的"评价"栏，教师和学生可以查看其他同学上传的材料并打分。学生在泛在学习环境中微课系统中的"反思"栏对学习进行总结。

（2）学习质量的测试。由任课教师设计课程的测验卷，检验学生的学习质量。测验卷包含 5 道大题，15 道小题。（见附录 7）

（3）学习效果的调查。运用设计的学习效果调查问卷，检验学习效果。学习效果调查问卷包含"知识""技能""学习过程与方法"和"情感态度与价值观"4 个一级指标，18 个二级指标，设计了"完全同意""基本同意""一般""基本不同意"和"完全不同意"5 个等级双向量表。（见附录 8）

（4）学习策略的调查。运用设计的学习策略调查问卷，检验学习策略。包括：态度 ATT、动机 MOT、时间管理 TMT、焦虑 ANX、专心 CON、信息加工 INP、选择要点 SMI、学习辅助 STA、自我测试 SFT、合作交流 COM 10 个一级指标，60 个二级指标，设计了"完全同意""基本同意""一般""基本不同意"和"完全不同意"5 个等级双向量表。（见附录 9）

5. 个性化学习设计

在个性化学习设计中融入泛在学习环境下微课的管理策略。在平台中提供学习支持服务，为学生推荐所学的相关资源、解答学习问题；在平台中提供学习管理，帮助学生构建学习共同体、管理学习过程；在平台中提供学习评价，帮助学生开展学习反思；在平台中设置学习内容的相关连接条件，帮助学生调整学习进度；在平台中生成学习者和学习资源的属性，对学习者进行监督和学习提示。

第二节　泛在学习环境下"动态构图"微课开发与评价

一、泛在学习环境下"动态构图"微课设计与开发

（一）微课的内容设计与开发

1. 根据学习者需要设计微课内容

在设计"动态构图"微课的学习内容之前，先分析学习者的特征：①学生对摄像构图的概念与应用有基本了解；②初次接触动态构图，学习热情高；③学生思维活跃，具有独立思考精神；④缺乏实践经验，对动态构图的应用了解不多。因此，学习内容应该围绕动态构图的应用展开。

2. 精细化学习内容

精细化学习内容就是将学习内容按逻辑结构细分。"动态构图"微课的教学内容包括：摄像构图与照相构图的区别、被摄物运动构图、摄像机运动构图、摄像机运动与被摄物运动的综合运动构图四个部分。其中，被摄物体运动构图可以分为：人物在原地不动，而动作姿态发生变化；在同一

环境里,人物运动产生空间位置变化;人物在不同环境的连续运动变化;群体运动四种情况。摄像机运动构图可以分为:摄像机运动构图注意要点和摄像机运动构图的形式(推、拉、摇、移、跟、变焦等)。如图63所示。

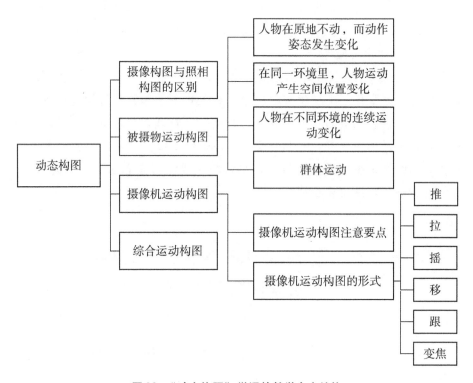

图63 "动态构图"微课的教学内容结构

3. 丰富微课的拓展内容

微课中要注意微课的单元整体设计,拓展其他教学资源。微课是一个有机组成体,包括课堂教学视频、教学设计、多媒体课件、教学反思、学生反馈以及课堂练习、拓展资源等。

(1)教学视频。

根据教学内容录制了教学视频。视频压缩采用H.264(MPEG-4 Part10:profile = main,level = 3.0)编码方式,码流率为256 Kbps,帧率为25 fps,分辨率为1024×576。泛在学习环境下微课的学习平台中微课的电脑端微课界面,如图64所示。泛在学习环境下微课的学习平台中微课的移动终端微课界面,如图65所示。

图64 泛在学习环境下微课的学习平台中微课的电脑端微课界面

图65 泛在学习环境下微课的学习平台中微课的移动终端微课界面

（2）教学设计。

微课包括课程的教学设计方案，如表11所示。

表 11 "动态构图"教学设计方案

专题名称	动态构图	专题学时	1 学时
所属课程	电视教材的编导与制作	教学对象	教育技术专业本科二年级

一、教学目标
1. 了解动态构图的概念和内涵
2. 掌握动态构图的方法

二、教学要求
通过理论讲授与案例分析，使学生能够理解动态构图的概念和基本内容
通过教师讲解及学生实践，使学生能够掌握动态构图的方法

三、教学重难点
（一）教学重点
1. 动态构图的概念
2. 动态构图的方法
（二）教学难点
动态构图的综合运用

四、教学内容
本专题的教学内容包括被摄物运动构图、摄像机运动构图、长焦、广角、变焦，详见图1：

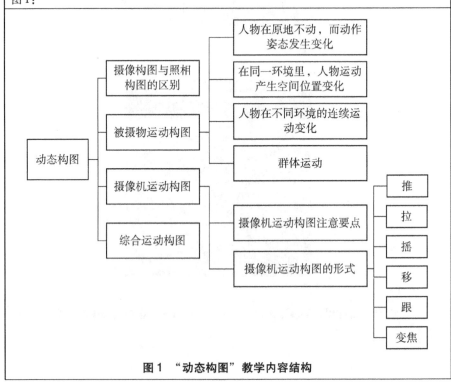

图 1 "动态构图"教学内容结构

续表 11

专题名称	动态构图	专题学时	1 学时
所属课程	电视教材编导与制作	教学对象	教育技术专业本科二年级

五、学习者特征分析

1. 学生对摄像构图的概念与应用有基本了解；
2. 初次接触动态构图，学习热情高；
3. 学生思维活跃，具有独立思考精神；
4. 缺乏实践经验，对动态构图的应用了解不多

六、教学流程

本专题包括"问题提出—概念形成—内容讲解—案例分析—课堂互动—总结反思"六个教学环节，具体教学流程见图2：

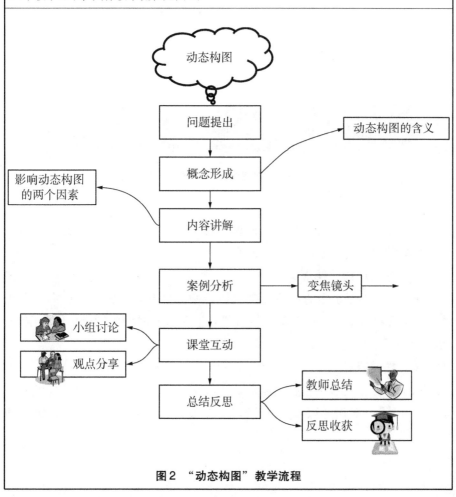

图2 "动态构图"教学流程

(3)多媒体课件。

根据教学内容制作的多媒体课件,上传到系统平台上,供学习者学习。如图66所示。

图66 "动态构图"多媒体课件

(4)学习反思。

学生和老师可以在系统中的反思栏目中,使用记事本功能将学习中的反思和教学中的反思记录下来。如图67所示。

(5)学生反馈与课堂练习。

学生可以在系统中的评价和交流栏目中,反馈学习的问题、完成课题练习,老师在这些栏目中对学习过程进行监督,及时回答问题,解决困难。如图68所示。

(6)拓展资源。

在"课程"栏目中,除了课堂录像之外,还有"问题引导""类似知识点资源推荐""对比知识点资源推荐""拓展知识点资源推荐"等。如图69所示。

第六章 "电视教材编导与制作"课程个案研究

突出主体人物
在拍摄新闻场面时,常用推镜头来选择和交待众多...

推镜头
推镜头可以连续展现人物动作的变化过程,逐渐从...

拉镜头
拉镜头能反映主体与环境的关系

关于移动拍摄
移动拍摄具有很好的效果,但是在拍摄过程中需要...

学习要努力
这个视频效果更好

作品《小单车》
林秀瑜 2014-03-28 11:15:33   评价

作品《小单车》

作品《走进山沟沟的小老师》
林秀瑜 2014-03-28 11:13:32   评价

反映大学生暑期社会实践三下乡活动的完整纪录片,是因爱心公益而把梦想编织联系在一起的主题片。在九个白天与黑夜中,会发生什么样的故事呢?

图 67 学习反思 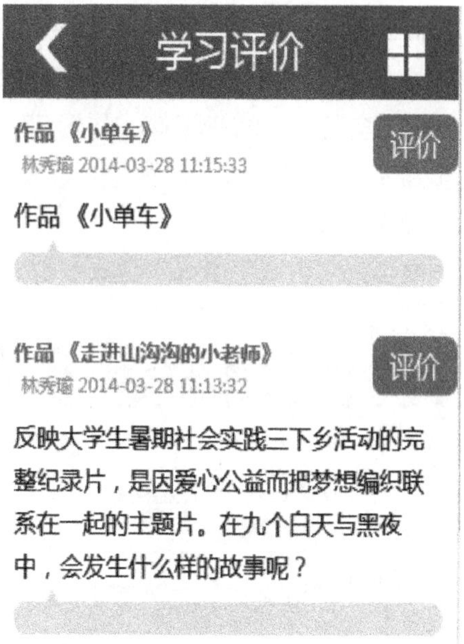   图 68 教学反馈

序号	推荐学习资源
1	拓展知识点资源推荐 拉镜头
2	类似知识点资源推荐 画面布局
3	类似知识点资源推荐 动态构图专题视频
4	类似知识点资源推荐 摄像机位
5	对比知识点资源推荐 静态构图
6	拓展知识点资源推荐 推镜头1
7	拓展知识点资源推荐 移镜头
8	拓展知识点资源推荐 推镜头2
9	拓展知识点资源推荐 长焦、广角、变焦
10	拓展知识点资源推荐 跟镜头
11	拓展知识点资源推荐 升镜头
12	拓展知识点资源推荐 降镜头
13	拓展知识点资源推荐 主镜头
14	拓展知识点资源推荐 综合与环移
15	拓展知识点资源推荐 综合运动

图 69 课程资源

"资源"栏列出相关资源,由超链接打开相应的资源,可以是网站、flash 课件、视频等。如网络资源:信息传播国家级实验教学示范中心网络资源、"电视教材编导与制作"国家级精品课程网络资源和现代传媒制作远程虚拟实验室网络资源等,如图 70 所示。flash 课件:变焦操作课件,如图 71 所示。视频:动态构图电视教材、各种动态构图形式的案例视频等,如图 72 所示。

图 70　网络资源

图 71　变焦操作 flash 课件

图72　动态构图电视教材

（二）微课的学习活动设计与开发

学习活动是一个完整的系统，包含三个核心成分：主体、客体和共同体，以及三个次要成分：工具、规则和劳动分工，次要成分又构成了核心成分之间的联系。根据本研究中建构的泛在学习环境下微课的学习模式，设计微课的学习活动有以下几个要点：通过泛在学习环境的创设实现微课学习中主体的主动学习，通过泛在学习环境创设学习活动的客体情景，通过泛在学习环境下的社会交往促进学习活动中共同体的构建，通过泛在通信技术实现微课学习活动中学习工具的中介性，通过泛在学习环境的学习服务支持为微课的学习活动提供活动规则，通过微课学习活动分工实现学习活动内化和外化的统一。

本实验中，泛在学习环境下"动态构图"微课的学习活动系统组成界定如下：主体是指学习共同体中的学生，是学习活动设计的执行者；客体是指学习的对象，即"动态构图"微课中的学习资源，根据学习者不同的需要设定了"问题引导""类似知识点资源推荐""对比知识点资源推荐""拓展知识点资源推荐"等；共同体是指与学习者共同完成学习过程的参与者，主要包含学生、教师、通讯员；工具是指学习过程中使用的硬件与软件工具，硬件是指的是计算机、智能手机、PDA 等终端，软件工具指的是本研究开发的泛在学习环境下微课系统；规则是指教师与学生根据学习活动需要而制订的约定，包括哪些资源是必须学习的、学生应该完成的课程作业和交流等；学习分工是指微课件学习活动过程中不同参与者在学习过程中的任务分工，教师需要做指导和设计工作，学生需要积极主动参与学习活动，通讯员需要确保泛在学习通讯环境的正常。

（三）微课的媒体设计与开发

"动态构图"微课的媒体设计，根据电视教材编导与制作的相关理论进行设计与开发。

在选型上，选用综合型表现形式，既有教师讲解，也有图解型和表演型。如表现不同镜头的运动形式时，利用电视教材加以说明；在讲解运动镜头时，利用学生现场拍摄，将各种镜头的运动拍摄表演出来。在内容策划时，通过电视教材、flash 动画等直观、形象、生动的电视画面向学生展示动态构图的相关内容。课程的解说词准确、科学、精炼、通俗和口语化。

此外，在微课制作的准备阶段、前期摄录阶段、后期合成阶段、评审阶段等都要注意相关的事项，保证微课制作质量。其中准备阶段全体工作人员明确分工任务，并拟订相关计划。在演播室内拍摄时，使用多机位进行拍摄。后期制作包括开头加标题、交代教学内容主题、段落之间添加小标题、重点难点处添加字幕。除遵循镜头组接的普遍规律之外，重视对内容的真实表现和再现，以避免在镜头组接中出现科学性错误。

（四）微课的互动设计与开发

本研究中"动态构图"微课的互动设计包括课堂录像中的互动和微学习环境的互动两个部分。

课堂录像中的互动，通过主讲教师在课堂中与学生的互动体现。例如，课程开始时，教师通过"摄像构图与照相构图有何区别"等问题与学生互动，引起学生对学习内容的思考。在课程讲解各种动态构图形式时，学生通过实践拍摄的方式参与到课堂中。

微学习环境的互动，通过主讲教师与学生在泛在学习环境下微课系统中的互动体现。例如，学生和教师在交流平台中互动、记录反思、用户评论和学习反馈等。

(五) 微课的学习支持服务设计与开发

本研究中"动态构图"微课的学习支持服务包括相关的学习资源、学习辅助工具、学习支架、同步与异步讨论与协作及不同层次的练习与反馈。如在微课内容设计里设计的各种学习资源，提供学习反思记录的学习辅助工具，以系统推荐学习资源为基础的学习支架、学习交流区的协作互动等。

二、泛在学习环境下"动态构图"微课评价

(一) 评价指标

运用本研究设计的泛在学习环境下微课的评价指标体系，评价泛在学习环境下"动态构图"微课。如表12所示。

表12 泛在学习环境下微课的评价指标体系

一级指标及权重	二级指标及权重	评价标准	评价等级			
			优	良	中	差
教学内容 (20分)	选题价值 (9分)	选取教学环节中某一知识点、技能点、专题、实训活动作为选题，针对教学中常见、典型、有代表性的问题或内容进行设计。选题"小而精"，具备独立性、完整性、示范性、代表性，能够有效解决教与学过程中的重点、难点问题				
	科学正确 (7分)	教学内容严谨充实，无科学性、政策性错误，能理论联系实际，反映社会和学科发展				
	逻辑清晰 (4分)	教学内容的组织与编排要符合学生的认知逻辑规律，过程主线清晰、重点突出，逻辑性强，明了易懂				
教学活动 (31分)	教学设计 (12分)	围绕选题设计，突出重点，注重实效；教学目的明确，教学思路清晰，注重学生的全面发展				
	教学组织 (6分)	符合学生的认知规律；教学过程主线清晰、重点突出，逻辑性强，明了易懂；注重突出以学生为主体的教学理念以及教与学活动有机的结合				

续表 12

一级指标及权重	二级指标及权重	评价标准	评价等级			
			优	良	中	差
教学活动 (31分)	教学策略 (9分)	教学策略选择正确，注重调动学生的学习积极性和创造性思维能力；能根据教学需求选用灵活适当的教学方法；信息技术手段运用合理，正确选择使用各种教学媒体，教学辅助效果好				
	教学手段 (4分)	采用多元设计理念、方法、手段设计微课，教师在授课过程中，将多种媒体技术恰到好处地运用在教学过程中，以实现较好的教学效果				
教学效果 (27分)	目标达成 (12分)	完成设定的教学目标，有效解决实际教学问题，能促进学生知识运用能力及专业能力的提高				
	教学特色 (9分)	教学形式新颖，教学过程深入浅出，形象生动				
	教学启发 (6分)	趣味性和启发性强，教学氛围的营造有利于提升学生学习的积极主动性				
作品规范 (9分)	材料完整 (2分)	包含微课视频，以及在微课录制过程中使用到的全部辅助扩展资料：教学方案设计、课件、习题、动画、视频、图片、答案、总结等。辅助扩展资料以单个文件夹形式上传提供				
	技术规范 (3分)	微课视频图像清晰稳定、构图合理、声音清楚，主要教学环节有字幕提示等				
	教学规范 (4分)	教师教学语言规范、清晰，富有感染力；教学逻辑严谨，教师仪表得当，教态自然，严守职业规范，能展现良好的教学风貌和个人魅力				
泛在学习体验 (13分)	网络适用 (4分)	适用于泛在学习环境下的学习，能支持课前、课中和课后的学习				
	用户评价 (3分)	用户对利用微课的学习评价好				
	用户互动 (6分)	点击率高、收藏数量多、分享数量多、讨论热度高，能积极与用户互动				

（二）评价结果

为了评价本研究中的泛在学习环境下"动态构图"微课，向教育技术领域的专家和工作者发放了 32 份微课评价调查问卷，回收 32 份。经过统计，泛在学习环境下"动态构图"微课平均得分为 84.2 分，结果表明泛在学习环境下"动态构图"微课质量优秀。

第三节 测验卷与调查问卷编制

为了了解个案研究中泛在学习环境下微课学习模式与策略的应用效果，本研究编制了"静态构图"测验卷、"动态构图"测验卷、泛在学习环境下微课学习效果调查问卷和学习策略调查问卷对实验结果进行调查。

一、测验卷编制

在研究实验中，实验对象采用泛在学习环境下微课的学习模式与策略，本研究根据"电视教材编导与制作"课程中"静态构图"和"动态构图"的学习内容分别编制了测验卷，用于检验学生的学习质量。测验卷包括前测验卷和后测验卷，各包含 5 道大题，15 道小题。（见附录 6、7）

二、泛在学习环境下微课学习效果调查问卷编制

为了研究实验中学生的学习效果，本研究根据"电视教材编导与制作"课程中"动态构图"的课程内容要求，结合布鲁姆学习目标分类理论，编制了泛在学习环境下微课学习效果调查问卷，包含"知识""技能""学习过程与方法"和"情感态度与价值观"4 个一级指标，18 个二级指标，设计了"完全同意""基本同意""一般""基本不同意"和"完全不同意"5 个等级双向量表。如表 13 所示。

表13　泛在学习环境下微课学习效果调查问卷

项目	标准描述	完全不同意	基本不同意	一般	基本同意	完全同意
知识	理解了摄像构图与照相构图有何区别					
	理解了动态构图与静态构图的区别					
	理解了动态构图在摄像构图中的作用					
	掌握了影响摄像动态构图的因素					
	理解了摄像机运动构图的变化要求					
	掌握了变焦镜头的构图特点与应用					
技能	能根据被摄物体运动变化的特点组织画面构图					
	能根据摄物机运动变化的特点组织画面构图					
	掌握了摄像机运动构图时镜头起幅和落幅的画面构图要点					
	掌握了拍摄运动物体时，镜头运动画面构图要求					
	掌握变焦镜头的构图的拍摄技能					
学习过程与方法	能在泛在学习环境下微课系统中开展学习					
	能使用泛在学习环境下微课系统中的拓展资源					
	能使用泛在学习环境下微课系统与他人交流互动					
	能使用泛在学习环境下微课系统进行学习过程记录和学习评价					
情感态度与价值观	激发对动态构图学习的求知欲，形成积极主动学习的态度					
	在动态构图学习活动中逐步学会与人合作，形成积极的合作学习意识					
	养成对自己学习和生活进行反思的习惯					

三、泛在学习环境下微课学习策略调查问卷编制

（一）温斯坦（Weinstein）等人编制的 LASSI 量表

本次调查采用的学习策略量表参考了国内外相关研究广泛采用的美国

德克萨斯大学温斯坦等人编制的 LASSI 量表,① 此量表测量学生用来进行学习和研究活动的策略和方法,重点关注那些通过教学可以改善的、与成功学习（successful learning）相关的显性或隐性的思想和行为。② 在美国已有 1000 多所学校使用此量表对学生的学习策略应用水平进行测试。③

（二）陈义勤编制的网络环境下的学习策略量表

LASSI 量表虽然在国际上被广泛采用,但由于其语言表述、测量对象、学习者情况（如焦虑水平、信息加工方式、学习辅助方式等）存在较大的差异,所以并不完全适合对中国的网络学习者进行调查。中国人民大学网络教育学院的陈义勤以 LASSI 为蓝本,结合国内网络教育学院学生的情况编制了网络学习策略量表,并针对中国人民大学网络教育学院的学生进行了调查④。

（三）泛在学习环境下微课学习策略调查问卷

本研究在参考温斯坦等人编制的 LASSI 量表和陈义勤编制的网络学习策略量表的基础上,编制了泛在学习环境下微课学习策略量表。量表测试的常模直接采用国际上 LASSI 量表的常模,包括态度 ATT、动机 MOT、时间管理 TMT、焦虑 ANX、专心 CON、信息加工 INP、选择要点 SMI、辅助学习 STA、自我测试 SFT、合作交流 COM 10 个一级指标,60 个二级指标,设计了"完全同意""基本同意""一般""基本不同意"和"完全不同意"5 个等级双向量表。如表 14 所示。

---

① Weinstein, C. E., Schulte, A. C., & Palmer, D. R. (1987). Learning and Study Strategies Inventory (LASSI). Clearwater, FL: H & H Publishing.

② Weinstein, C. E. (1987). LASSI user's manual. Clearwater, FL: H & H Publishing.

③ H & H Publishing Co. (1994). 1189 institutions have used the LASSI or E-lASSI as of June 1, 1994. Clearwater, FL: Author.

④ 参见陈义勤《人大网院完全基于 Internet 的研究性学习效果分析与评价》, http://www.cmr.com.cn/websitedm/elearning/guest/magazine/index.asp.

表 14　泛在学习环境下微课学习策略调查问卷

	题　　目	完全不同意	基本不同意	一般	基本同意	完全同意
学习态度（ATT）	A1 提高了坚持微课学习计划的能力					
	A2 提高了坚持完成学业的态度策略水平					
	A3 提高了微课学习兴趣					
	A4 提高了有效的微课学习能力					
	A5 提高了分析学习目标的能力					
	A6 提高了渴求知识的态度策略水平					
	A7 正确对待微课中教师所教内容的态度					
学习动机（MOT）	B1 提高了自觉完成微课中自学任务的能力					
	B2 提高了专注地完成微课学习任务能力					
	B3 在学习中设立高标准					
	B4 提高了主动学习微课的能力					
	B5 明确了学习的目的					
时间管理能力（TMT）	C1 提高了按时交作业的时间管理能力					
	C2 提高了按时进行学习的时间管理能力					
	C3 提高了应对考试而安排好学习时间的管理能力					
	C4 提高了及时阅读微课中所分配课程学习材料的时间管理能力					
	C5 提高了学习时间管理能力，以缓解考试压力					
	C6 提高了应对每次考试的记忆分配时间管理能力					
	C7 提高了协作学习中及时完成协作任务、合理安排学习时间的能力					
学习焦虑情绪（ANX）	D1 缓解了担心考试不及格的焦虑					
	D2 缓解了因考试不好而感到泄气的焦虑					
	D3 缓解了在学习课程时的紧张情绪					
	D4 提高了考试前的自信心					
	D5 缓解了因工作与学习之间的冲突造成的情绪上的烦躁不安					

续表 14

	题　　目	完全不同意	基本不同意	一般	基本同意	完全同意
学习专心程度（CON）	E1 避免了在微课学习时开小差					
	E2 提高了专注于微课课程内容的学习能力					
	E3 避免了由于注意力不集中造成的对一些知识不理解					
	E4 避免了因家庭、经济、社会关系等问题影响学习					
	E5 避免了因心情不好而无法集中注意力					
	E6 避免了因抵制不了娱乐或休闲性网页的诱惑而分散注意力					
信息加工能力（INP）	F1 提高了将不同观点和主题联系在一起的信息加工能力					
	F2 提高了将微课学习中学到的知识运用到日常生活中的能力					
	F3 提高了微课学习中对信息进行加工使其符合逻辑的能力					
	F4 提高了在微课的问题讨论时，对重要信息的分析能力					
	F5 提高了将所学知识转换为自己语言的能力					
	F6 提高了将所学到的知识应用到生活实践的能力					
	F7 提高了将学到的新法则运用到实践中的能力					
	F8 提高了使用搜索引擎检索资料，对信息分析和鉴别，用自己语言进行归纳的能力					
选择要点能力（SMI）	G1 提高了微课学习时区分信息的重要性的能力					
	G2 提高了听讲时找出重点的能力					
	G3 提高了在微课学习中找到需要的信息的能力					
	G4 避免了在微课学习时漏掉重要信息					
	G5 避免了在与同学讨论时因把握不住重点而偏离主题和方向					
辅助学习能力（STA）	H1 提高了在微课学习中找到学习伙伴和学习小组的能力					
	H2 提高了使用标题作为微课学习材料指南的能力					
	H3 提高了根据特殊符号如粗体、斜体、字号或颜色来辅助学习的能力					
	H4 提高了由画图或表格帮助理解的能力					

续表 14

	题　　目	完全不同意	基本不同意	一般	基本同意	完全同意
自我测试能力（SFT）	I1 形成了阶段性复习的习惯					
	I2 形成了复习时在有可能考到的知识点上做记号的习惯					
	I3 形成了在一有空时就参加复习的习惯					
	I4 形成了经常性自我测试以检验对所学知识的理解的习惯					
	I5 提高了选择合适的学习材料的能力					
	I6 形成了每次学习前总是先对上次的内容进行复习的习惯					
	I7 形成了阅读中时不时地在脑海中回顾阅读过的内容的习惯					
合作交流能力（ANX）	J1 提高了使用电子邮件进行交流的能力					
	J2 提高了面对面交流的能力					
	J3 提高了使用聊天室与老师和同学交流的能力					
	J4 提高了参加小组协作交流的能力					
	J5 提高了通过移动通信工具与同学交流的能力					
	J6 形成了在学习中遇到困难时经常向辅导教师和同学寻求帮助的习惯					

为检验泛在学习环境下微课学习策略调查问卷的同质性、信度和效度，向被测者发放了 30 份量表，收集预答数据，运用 IBM SPSS Statistics 20.0 进行以下分析。

1. 泛在学习环境下微课学习策略调查问卷与总分的相关分析

在对泛在学习环境下微课学习策略调查问卷的题项进行分析时，可以采用同质性检验作为个别题项筛选的一个指标，如果个别题项与总分的相关度越高，表示该题项与整体量表的同质性越高，所要测量的学习策略更为接近。如果个别题项与总分的相关系数未达到显著，或两者低度相关（相关系数小于 0.4），表示该题项与整体量表的同质性不高，最好删除。运用 IBM SPSS Statistics 20.0 分析结果如表 15 所示。

表15 泛在学习环境下微课学习策略调查问卷与总分的相关分析结果

		总分			总分
a1	Pearson 相关性	0.458	a2	Pearson 相关性	0.608
	显著性（双尾）	0.011		显著性（双尾）	0.000
	N	30		N	30
a3	Pearson 相关性	0.721	a4	Pearson 相关性	0.458
	显著性（双尾）	0.000		显著性（双尾）	0.011
	N	30		N	30
a5	Pearson 相关性	0.570	a6	Pearson 相关性	0.721
	显著性（双尾）	0.001		显著性（双尾）	0.000
	N	30		N	30
a7	Pearson 相关性	0.721	b1	Pearson 相关性	0.619
	显著性（双尾）	0.000		显著性（双尾）	0.000
	N	30		N	30
b2	Pearson 相关性	0.651	b3	Pearson 相关性	0.800
	显著性（双尾）	0.000		显著性（双尾）	0.000
	N	30		N	30
b4	Pearson 相关性	0.651	b5	Pearson 相关性	0.800
	显著性（双尾）	0.000		显著性（双尾）	0.000
	N	30		N	30
c1	Pearson 相关性	0.659	c2	Pearson 相关性	0.619
	显著性（双尾）	0.000		显著性（双尾）	0.000
	N	30		N	30
c3	Pearson 相关性	0.687	c4	Pearson 相关性	0.626
	显著性（双尾）	0.000		显著性（双尾）	0.000
	N	30		N	30
c5	Pearson 相关性	0.538	c6	Pearson 相关性	0.592
	显著性（双尾）	0.002		显著性（双尾）	0.001

续表 15

		总分			总分
	N	30		N	30
c7	Pearson 相关性	0.626	d1	Pearson 相关性	0.659
	显著性（双尾）	0.000		显著性（双尾）	0.001
	N	30		N	30
d2	Pearson 相关性	0.702	d3	Pearson 相关性	0.846
	显著性（双尾）	0.000		显著性（双尾）	0.000
	N	30		N	30
d4	Pearson 相关性	0.702	d5	Pearson 相关性	0.846
	显著性（双尾）	0.000		显著性（双尾）	0.003
	N	30		N	30
e1	Pearson 相关性	0.659	e2	Pearson 相关性	0.512
	显著性（双尾）	0.000		显著性（双尾）	0.003
	N	30		N	30
e3	Pearson 相关性	0.592	e4	Pearson 相关性	0.569
	显著性（双尾）	0.000		显著性（双尾）	0.000
	N	30		N	30
e5	Pearson 相关性	0.626	e6	Pearson 相关性	0.677
	显著性（双尾）	0.000		显著性（双尾）	0.002
	N	30		N	30
f1	Pearson 相关性	0.833	f2	Pearson 相关性	0.661
	显著性（双尾）	0.000		显著性（双尾）	0.000
	N	30		N	30
f3	Pearson 相关性	0.515	f4	Pearson 相关性	0.551
	显著性（双尾）	0.004		显著性（双尾）	0.002
	N	30		N	30
f5	Pearson 相关性	0.608	f6	Pearson 相关性	0.626
	显著性（双尾）	0.000		显著性（双尾）	0.000

续表 15

		总分			总分
	N	30		N	30
f7	Pearson 相关性	0.642	f8	Pearson 相关性	0.626
	显著性（双尾）	0.001		显著性（双尾）	0.000
	N	30		N	30
g1	Pearson 相关性	0.811	g2	Pearson 相关性	0.535
	显著性（双尾）	0.000		显著性（双尾）	0.002
	N	30		N	30
g3	Pearson 相关性	0.811	g4	Pearson 相关性	0.630
	显著性（双尾）	0.000		显著性（双尾）	0.002
	N	30		N	30
g5	Pearson 相关性	0.720	h1	Pearson 相关性	0.702
	显著性（双尾）	0.000		显著性（双尾）	0.000
	N	30		N	30
h2	Pearson 相关性	0.582	h3	Pearson 相关性	0.720
	显著性（双尾）	0.001		显著性（双尾）	0.000
	N	30		N	30
h4	Pearson 相关性	0.857	i1	Pearson 相关性	0.886
	显著性（双尾）	0.000		显著性（双尾）	0.000
	N	30		N	30
i2	Pearson 相关性	0.811	i3	Pearson 相关性	0.702
	显著性（双尾）	0.000		显著性（双尾）	0.000
	N	30		N	30
i4	Pearson 相关性	0.886	i5	Pearson 相关性	0.811
	显著性（双尾）	0.000		显著性（双尾）	0.000
	N	30		N	30
i6	Pearson 相关性	0.624	i7	Pearson 相关性	0.739
	显著性（双尾）	0.000		显著性（双尾）	0.000

续表 15

		总分			总分
	N	30		N	30
j1	Pearson 相关性	0.834	j2	Pearson 相关性	0.811
	显著性（双尾）	0.000		显著性（双尾）	0.000
	N	30		N	30
j3	Pearson 相关性	0.662	j4	Pearson 相关性	0.811
	显著性（双尾）	0.000		显著性（双尾）	0.000
	N	30		N	30
j5	Pearson 相关性	0.857	j6	Pearson 相关性	0.749
	显著性（双尾）	0.000		显著性（双尾）	0.000
	N	30		N	30

表 15 为泛在学习环境下微课学习策略调查问卷各题项与总分的相关系数。其中，"Pearson 相关性"为积差相关系数，"显著性（双尾）"为显著性概率，"N"为个数。从表中可以看出，各题项的显著性概率均小于 0.05，相关系数均大于 0.4，表示各题项与总分的积差相关均达到显著，并呈现中高度相关关系。各题项均可保留。

2. 泛在学习环境下微课学习策略调查问卷信度检验

信度代表量表的一致性或稳定性，信度系数在项目分析中，也可作为同质性检验指标之一，信度可定义为真实分数的方差占测量分数方差的比例，通常一份量表或测验在测得相同的特质或潜在构念时，题项数越多，量表或测验的信度会越高。在社会科学领域中有关类似李克特量表的信度估计，采用最多者为克隆巴赫 α（Cronbach α）系数，克隆巴赫 α 系数又称为内部一致性 α 系数。通过 IBM SPSS Statistics 20.0 的信度分析，结果如表 16 所示。

表 16　泛在学习环境下微课学习策略量表信度检验结果

Cronbach's Alpha	项数
.980	60

从表 16 泛在学习环境下微课学习策略调查问卷信度检验结果可以看出，

量表的信度检验内部一致性 α 系数 = 0.980 > 0.8，量表的内部一致性佳。

对泛在学习环境下微课学习策略调查问卷各一级指标内信度检验结果如表 17 所示。

表 17　泛在学习环境下微课学习策略量表各一级指标信度检验结果

一级指标	题号	Cronbach's Alpha	项数
学习态度（ATT）	A1 – A7	.858	7
学习动机（MOT）	B1 – B5	.844	5
时间管理能力（TMT）	C1 – C7	.819	7
学习焦虑情绪（ANX）	D1 – D5	.873	5
学习专心程度（CON）	E1 – E6	.840	6
信息加工能力（INP）	F1 – F8	.836	8
选择要点能力（SMI）	G1 – G5	.828	5
辅助学习能力（STA）	H1 – H4	.824	4
自我测试能力（SFT）	I1 – I7	.902	7
合作交流能力（ANX）	J1 – J6	.904	6

从表 17 泛在学习环境下微课学习策略调查问卷各一级指标信度检验结果可以看出，调查问卷各一级指标的信度检验内部一致性 α 系数均大于 0.8，调查问卷各一级指标的内部一致性佳。

第四节　实验实施与数据分析

一、实验实施

实验采用前后测对比研究。前测内容是课堂教学，由教师在非泛在学习环境下利用微课讲解教学内容。后测内容由教师在课堂教学中应用泛在学习环境下微课学习模式与策略开展教学，课后学生利用泛在学习环境进行个性化学习、合作学习。

（一）前测实施

前测内容是课堂教学，由教师在非泛在学习环境下利用微课讲解教学内容。步骤如下：

（1）课程学习。由任课教师讲解静态构图的含义及最常见的静态构图形式，如黄金分割构图、中心构图、线条会聚构图、色块对比构图等。

（2）学习质量的测试。由任课教师设计课程的测验卷，检验学生的学习质量。测验卷包含5道大题、15道小题。（见附录6）

（二）后测实施

后测内容由教师在课堂教学中应用泛在学习环境下微课学习模式与策略开展教学，课后学生利用泛在学习环境进行个性化学习、合作学习。步骤如下。

1. 课程学习

（1）课堂教学。教师在课堂教学中应用泛在学习环境下微课学习模式与策略开展教学。教学活动现场如图73所示。

图73 教学活动现场

（2）课后学习。学生在泛在学习环境下微课系统中学习"动态构图"课程录像，并学习"类似知识点资源推荐""对比知识点资源推荐""拓展知识点资源推荐"里面的相关资源。开展个性化学习、合作学习。

学生在泛在学习环境下微课系统中的"交流"栏中围绕学习的重点和难点展开协作学习，教师综合疑难问题并解答，将其发布在微课系统中，供学习者学习。如图74～图76所示。学生上传视频作品、实验报告到微课系统中的"评价"栏，教师和学生可以查看其他同学上传的材料评价，如图77所示。学生在泛在学习环境下微课系统中的"反思"栏对学习进行总结。

图74　讨论主题

图75　围绕主题发表意见

图76　讨论内容

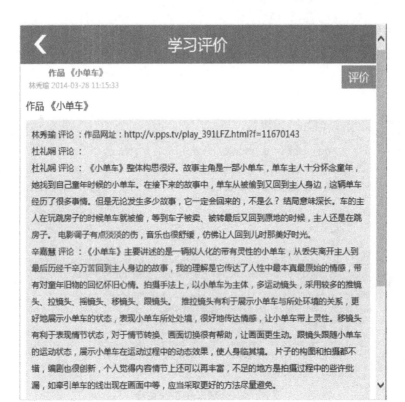

图77 对作品的评价

2. 学习质量的测试

由任课教师设计课程的测验卷，检验学生的学习质量。测验卷包含5道大题，15道小题。（见附录7）

3. 学习效果的调查

运用设计的学习效果调查问卷，检验学习效果。学习效果调查问卷包含"知识""技能""学习过程与方法"和"情感态度与价值观"4个一级指标，18个二级指标，设计了"完全同意""基本同意""一般""基本不同意"和"完全不同意"5个等级双向量表。（见附录8）

4. 学习策略的调查

运用设计的学习策略调查问卷，检验学习策略，包括态度ATT、动机MOT、时间管理TMT、焦虑ANX、专心CON、信息加工INP、选择要点SMI、学习辅助STA、自我测试SFT、合作交流COM 10个一级指标，60个二级指标，设计了"完全同意""基本同意""一般""基本不同意"和

"完全不同意"5个等级双向量表。(见附录9)

二、测验结果与分析

为了解实验中的教学效果,向实验对象——华南师范大学教育信息技术学院某级教育技术学专业修读"电视教材编导与制作"课程的48名本科生在前测和后测中分别发放前测测验卷和后测测验卷,前测和后测均回收48份问卷,有效问卷均为48份。

(一) 测验卷难度分析

测验卷难度通常以全体被试学生答对该题的百分率表示,其计算公式为:$P_i = 1 - \dfrac{\bar{X_i}}{W_i}$,其中 P_i 为试卷中第 i 题的难度系数,$\bar{X}_i$ 为全体考生第 i 题的平均分,W_i 为第 i 题的满分(试题题型包括填空、选择、简答、论述和设计五个部分,其分值分别为10、10、30、30、20分)。

通过对前测成绩进行分析,可以得到如下前测测验卷的难度分析,如表18所示:

表18 前测测验卷的难度分析

	填空	选择	简答	论述	设计
难度	0.29	0.29	0.22	0.19	0.27
总体难度	P = 0.23				

结论:通过以上分析可以发现,前测测验卷总体难度 P = 0.23,单项试题的难度系数均在 0.2 左右,一般认为,难度系数接近 0.2 比较适宜,因此,数据显示前测测验卷难度控制比较理想。

通过对后测成绩进行分析,可以得到如下后测测验卷的难度分析,如表19所示:

表19 后测测验卷的难度分析

	填空	选择	简答	论述	设计
难度	0.20	0.20	0.17	0.16	0.14
总体难度	P = 0.17				

结论：通过以上分析可以发现，后测测验卷总体难度 P = 0.17，单项试题的难度系数均在 0.2 左右，一般认为，难度系数接近 0.2 比较适宜，因此，数据显示后测测验卷难度控制比较理想。

（二）测验卷区分度分析

测验卷区分度的计算方法如下：

前27%的高分组学生测验卷平均分为 $\overline{X}_h$，后27%的低分组学生测验卷平均分为 $\overline{X}_l$，测验卷区分度为 D，测验卷满分为 W，则测验卷区分度计算公式为：$D = \dfrac{\overline{X}_h - \overline{X}_l}{W}$。

一般认为，D > 0.4 的测验卷区分度为"优秀"，0.3 ≤ D ≤ 0.4 的测验卷区分度为"良好"，0.2 ≤ D ≤ 0.3 的测验卷区分度为"符合"，D < 0.2 的测验卷区分度为"较差"。

由于前测测验卷中 $\overline{X}h$ = 86，$\overline{X}_l$ = 65.8，$D = \dfrac{\overline{X}_h - \overline{X}_l}{W}$ = (86 - 65.8) / 100 = 0.201，证明前测测验卷的区分度为"符合"，测验卷有效。

后测测验卷中 $\overline{X}h$ = 91.8，$\overline{X}_l$ = 71.7，$D = \dfrac{\overline{X}_h - \overline{X}_l}{W}$ = (91.8 - 71.7) / 100 = 0.20，证明后测测验卷的区分度为"符合"，测验卷有效。

（三）测试成绩分析

1. 前测成绩分析

前测内容是课堂教学，由教师在非泛在学习环境下利用微课讲解教学内容。测试成绩作为本实验的前测成绩。

通过对前测成绩的总分进行分析，可以得到的统计数据如表20所示：

表20　前测成绩描述统计量

	N	极小值	极大值	均值	标准差
前测成绩	48	63	90	76.58	7.748
有效的 N（列表状态）	48				

可以看出，前测成绩的最高分为 90 分，最低分为 63 分，平均分为 76.58 分，标准差为 7.748。

进一步分析前测成绩总分的频次分布，可以得到总分频次分布，如表 21、图 78 所示：

表 21　前测成绩总分的频次分布

		频率	百分比	有效百分比	累积百分比
有效	65 分以下	7	14.6	14.6	14.6
	66～70 分	5	10.4	10.4	25.0
	71～75 分	3	6.3	6.3	31.3
	76～80 分	20	41.7	41.7	72.9
	81～85 分	6	12.5	12.5	85.4
	86～90 分	7	14.6	14.6	100.0
	合计	48	100.0	100.0	—

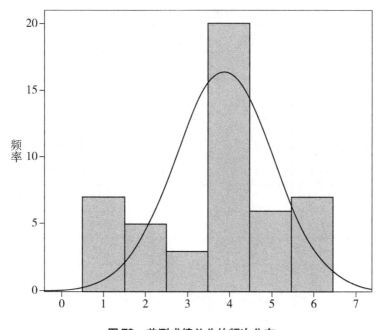

图 78　前测成绩总分的频次分布

从总分的频次分布可以看出，分数处于 76 分至 80 分的人数最多。

2. 后测成绩分析

后测内容由教师在课堂教学中应用泛在学习环境下微课学习模式开展教学，课后学生利用泛在学习环境进行个性化学习、合作学习。学习结束后，运用学习质量的测验卷进行后测。

通过对后测成绩的总分进行分析，可以得到统计数据，如表 22 所示：

表22　后测成绩描述统计量

	N	极小值	极大值	均值	标准差
后测成绩	48	64	94	83.02	7.948
有效的 N（列表状态）	48	—	—	—	—

可以看出，后测成绩的最高分为 94 分，最低分为 64 分，平均分为 83.02 分，标准差为 7.948。

进一步分析后测成绩总分的频次分布，可以得到总分频次分布，如表 23、图 79 所示：

表23　后测成绩总分的频次分布

		频率	百分比	有效百分比	累积百分比
有效	65 分以下	2	4.2	4.2	4.2
	66～70 分	1	2.1	2.1	6.3
	71～75 分	8	16.7	16.7	22.9
	76～80 分	2	4.2	4.2	27.1
	81～85 分	17	35.4	35.4	62.5
	86～90 分	7	14.6	14.6	77.1
	91～95 分	11	22.9	22.9	100.0
	合计	48	100.0	100.0	—

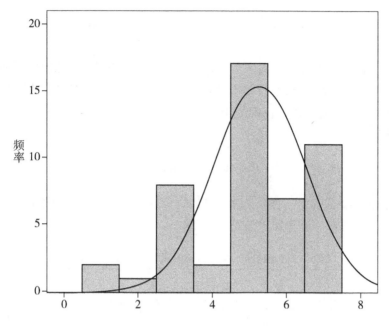

图 79　后测成绩总分的频次分布

从总分的频次分布可以看出，分数处于 81 分至 85 分的人数最多。

3. 前测与后测的配对样本 t 检验分析

为检验前测与后测学生分数的差异程度，利用 IBM SPSS Statistics 20.0 对前测与后测成绩进行 t 检验，检验学生的学习质量。结果如表 24 所示。

表 24　前测与后测 t 检验结果

		成对差分					t	df	Sig（双侧）
		均值	标准差	均值的标准误	差分的 95% 置信区间				
					下限	上限			
对 1	前测 – 后测	-6.438	3.859	.557	-7.558	-5.317	-11.558	47	.000

从前测与后测的配对样本 t 检验结果可以看出，差异显著概率 p = 0 < 0.05，前测与后测的成绩差异显著。前测与后测的平均分值差为 – 6.438，后测的平均分比前测的平均分高。因此可以看出，运用泛在学习环境下微课学习模式开展教学，提高了"动态构图"的学习质量。

三、泛在学习环境下微课学习效果分析

运用泛在学习环境下微课学习效果调查问卷对学生学习情况进行调查，向实验对象——华南师范大学教育信息技术学院某级教育技术学专业修读"电视教材编导与制作"课程的 48 名本科生发放问卷，回收 48 份问卷，有效问卷 48 份。

（一）"动态构图"学习内容的知识学习效果调查

学生"动态构图"学习内容的知识学习效果，采用上述设计的学习效果调查问卷测量。调查结果如表 25 所示。

表25 "动态构图"学习内容的知识学习效果调查结果

项目	标准描述	完全不同意 -2	基本不同意 -1	一般 0	基本同意 +1	完全同意 +2	得分率 F_i
知识	理解了摄像构图与照相构图的区别	0	0	2	14	32	0.81
	理解了动态构图与静态构图的区别	0	0	1	16	31	0.81
	理解了动态构图在摄像构图中的作用	0	0	2	13	33	0.82
	掌握了影响摄像动态构图的因素	0	0	1	16	31	0.81
	理解了摄像机运动构图的变化要求	0	0	2	18	30	0.81
	掌握了变焦镜头的构图特点与应用	0	0	1	15	32	0.82

数据统计结果显示，学生在"知识"的维度，各题项得分率 F_i 均大于 0.5。运用本研究设计的泛在学习环境下微课的学习模式与策略，能提高知识掌握率。学生在摄像构图与照相构图的区别、动态构图与静态构图的区

别、动态构图在摄像构图中的作用、影响摄像动态构图的因素、摄像机运动构图的变化要求、变焦镜头的构图特点与应用等方面的知识均得到很好的掌握。

(二)"动态构图"学习内容的技能学习效果调查

学生"动态构图"学习内容的技能学习效果,采用上述设计的学习效果调查问卷测量。调查结果如表26所示。

表26 "动态构图"学习内容的技能学习效果调查结果

项目	标准描述	完全不同意 -2	基本不同意 -1	一般 0	基本同意 +1	完全同意 +2	得分率 Fi
技能	能根据被摄物体运动变化的特点组织画面构图	0	0	2	14	32	0.81
	能根据摄像机运动变化的特点组织画面构图	0	0	2	13	33	0.82
	掌握了摄像机运动构图时镜头起幅和落幅的画面构图要点	0	0	2	11	35	0.84
	掌握了拍摄运动物体时镜头运动画面构图要求	0	0	2	10	36	0.85
	掌握变焦镜头的构图的拍摄技能	0	0	2	12	34	0.83

数据统计结果显示,学生在"技能"的维度,各题项得分率 Fi 均大于0.5。运用本研究设计的泛在学习环境下微课的学习模式与策略,提高了应用技能。学生在根据被摄物体运动变化的特点组织画面构图、根据摄像机运动变化的特点组织画面构图、摄像机运动构图时镜头起幅和落幅的画面构图要点、拍摄运动物体时镜头运动画面构图要求、变焦镜头的构图的拍摄技能等方面掌握得好。

(三) 学习过程与方法效果调查

学生"动态构图"学习内容的学习过程与方法效果，采用上述设计的学习效果调查问卷测量。调查结果如表27所示。

表27　学习过程与方法效果调查结果

项目	标准描述	完全不同意 −2	基本不同意 −1	一般 0	基本同意 +1	完全同意 +2	得分率 Fi
学习过程与方法	能在泛在学习环境下微课系统中开展学习	0	0	3	12	33	0.81
	能使用泛在学习环境下微课系统中的拓展资源	0	0	1	12	35	0.85
	能使用泛在学习环境下微课系统与他人交流互动	0	0	2	10	36	0.85
	能使用泛在学习环境下微课系统进行学习过程记录和学习评价	0	0	1	12	35	0.85

数据统计结果显示，学生在"学习过程与方法"的维度，各题项得分率 Fi 均大于 0.5。运用本研究设计的泛在学习环境下微课的学习模式与策略，改善学习方法，优化学习过程。学生在学习过程中使用泛在学习环境下微课学习系统中的微课、拓展资源开展学习，使用泛在学习环境下微课学习系统与他人交流互动、进行学习过程记录和学习评价等方面的满意度高。

(四) 情感态度与价值观

学生"动态构图"学习内容的情感态度与价值观效果，采用上述设计的学习效果调查问卷测量。调查结果如表28所示。

表 28　情感态度与价值观效果调查结果

项目	标准描述	完全不同意 −2	基本不同意 −1	一般 0	基本同意 +1	完全同意 +2	得分率 Fi
情感态度与价值观	激发对动态构图学习的求知欲，形成积极主动学习的态度	0	0	1	13	34	0.84
	在动态构图学习活动中逐步学会与他人合作，形成积极的合作学习意识	0	0	2	11	35	0.84
	养成对自己的学习和生活进行反思的习惯	0	0	3	12	33	0.81

数据统计结果显示，学生在"情感态度与价值观"的维度，各题项得分率 Fi 均大于 0.5。运用本研究设计的泛在学习环境下微课的学习模式与策略，提升了情感态度与价值观方面的信息素养。学生在激发对动态构图学习的求知欲，形成积极主动的学习态度，与他人合作，养成对自己的学习和生活进行反思的习惯等方面满意度高。

四、泛在学习环境下微课学习策略分析

运用泛在学习环境下微课学习策略调查问卷对学生学习策略水平进行调查，向实验对象——华南师范大学教育信息技术学院某级教育技术学专业修读"电视教材编导与制作"课程的 48 名本科生发放问卷，回收 48 份问卷，有效问卷 48 份。

（一）学习态度

将回收的 48 份问卷进行得分率统计，"学习态度"维度统计结果如表 29 所示。

表29　学习态度策略水平调查结果

	题　　目	完全不同意 −2	基本不同意 −1	一般 0	基本同意 +1	完全同意 +2	得分率 Fi
学习态度（ATT）	A1 提高了坚持微课学习计划的能力	0	1	7	10	30	0.72
	A2 提高了坚持完成学业的态度策略水平	1	2	5	9	31	0.70
	A3 提高了微课学习兴趣	1	0	5	10	32	0.75
	A4 提高了有效的微课学习能力	2	1	6	11	28	0.65
	A5 提高了分析学习目标的能力	1	1	7	12	27	0.66
	A6 提高了渴求知识的态度策略水平	1	0	4	17	26	0.70
	A7 正确对待微课中教师所教内容的态度	1	1	5	13	28	0.69

数据统计结果显示，"学习态度"维度各题项的得分率 $Fi>0.5$，实验改善了学习者的学习态度，具体体现在改善了学习者坚持微课学习计划的态度、改善了学习者坚持完成学业的态度、激发了学习者的微课学习兴趣、改善了有效的微课学习态度、分析学习目标的态度以及端正了对待微课中教师所教内容的态度。

（二）学习动机

将回收的48份问卷进行得分率统计，"学习动机"维度统计结果如表30所示。

表30　学习动机策略水平调查结果

	题　　目	完全不同意 −2	基本不同意 −1	一般 0	基本同意 +1	完全同意 +2	得分率 Fi
学习动机（MOT）	B1 提高了自觉完成微课中自学任务的能力	0	5	3	14	26	0.64
	B2 提高了专注地完成微课学习任务的能力	0	1	8	13	26	0.67

续表 30

题　　目		完全不同意 −2	基本不同意 −1	一般 0	基本同意 +1	完全同意 +2	得分率 Fi
学习动机（MOT）	B3 在学习中设立高标准	0	0	7	12	29	0.73
	B4 提高了主动学习微课的能力	0	2	7	11	28	0.68
	B5 明确了学习的目的	0	3	3	13	29	0.71

数据统计结果显示，"学习动机"维度各题项的得分率 Fi > 0.5，实验改善了学习者的学习动机，具体体现在提高了学习者自觉完成微课中自学任务的能力、提高了专注地完成微课学习任务的能力、在学习中设立高标准、提高了主动学习微课的能力和明确了学习的目的。

（三）时间管理能力

将回收的 48 份问卷进行得分率统计，"时间管理能力"维度统计结果如表 31 所示。

表 31　时间管理能力策略水平调查结果

题　　目		完全不同意 −2	基本不同意 −1	一般 0	基本同意 +1	完全同意 +2	得分率 Fi
时间管理能力（TMT）	C1 提高了按时交作业的时间管理能力	0	1	4	12	31	0.76
	C2 提高了按时进行学习的时间管理能力	0	1	2	13	32	0.79
	C3 提高了应对考试而安排好学习时间的管理能力	0	0	1	14	33	0.83
	C4 提高了及时阅读微课中所分配课程学习材料的时间管理能力	0	0	3	15	30	0.78
	C5 提高了学习时间管理能力，以缓解考试压力	0	0	1	16	31	0.81

续表31

题　目		完全不同意 -2	基本不同意 -1	一般 0	基本同意 +1	完全同意 +2	得分率 Fi
时间管理能力（TMT）	C6 提高了应对每次考试的记忆分配时间管理能力	1	0	5	9	33	0.76
	C7 提高了协作学习中及时完成协作任务、合理安排学习时间的能力	0	0	7	10	31	0.75

数据统计结果显示，"时间管理能力"维度各题项的得分率 $F_i > 0.5$，实验改善了学习者的时间管理能力，具体体现在提高了学习者按时交作业的时间管理能力、提高了按时进行学习的时间管理能力、提高了应对考试而安排好学习时间的管理能力、提高了及时阅读微课中所分配课程学习材料的时间管理能力、提高了学习时间管理能力以缓解考试压力、提高了应对每次考试的记忆分配时间管理能力、提高了协作学习中及时完成协作任务、合理安排学习时间的能力。

（四）学习焦虑情绪

将回收的48份问卷进行得分率统计，"学习焦虑情绪"维度统计结果如表32所示。

表32　学习焦虑情绪策略水平调查结果

题　目		完全不同意 -2	基本不同意 -1	一般 0	基本同意 +1	完全同意 +2	得分率 Fi
学习焦虑情绪（ANX）	D1 缓解了担心考试不及格的焦虑	0	2	8	8	30	0.69
	D2 缓解了因考试不好而感到泄气的焦虑	0	0	5	12	31	0.77
	D3 缓解了在学习课程时的紧张情绪	0	2	3	14	29	0.73
	D4 提高了考试前的自信心	0	0	3	15	30	0.78
	D5 缓解了因工作与学习之间的冲突造成的情绪上的烦躁不安	1	1	5	10	31	0.72

数据统计结果显示，"学习焦虑情绪"维度各题项的得分率 $F_i > 0.5$，实验缓解了学习者的学习焦虑情绪，具体体现在缓解了担心考试不及格的焦虑、缓解了因考试不好而感到泄气的焦虑、缓解了在学习课程时的紧张情绪、提高了考试前的自信心、缓解了因工作与学习之间的冲突造成的情绪上的烦躁不安。

（五）学习专心程度

将回收的 48 份问卷进行得分率统计，"学习专心程度"维度统计结果如表 33 所示。

表 33　学习专心程度策略水平调查结果

	题　　目	完全不同意 −2	基本不同意 −1	一般 0	基本同意 +1	完全同意 +2	得分率 F_i
学习专心程度（CON）	E1 避免了在微课学习时开小差	0	1	9	9	29	0.69
	E2 提高了专注于微课课程内容的学习能力	0	0	7	8	33	0.77
	E3 避免了由于注意力不集中造成的对一些知识不理解	0	0	6	8	34	0.79
	E4 避免了因家庭、经济、社会关系等问题影响学习	1	2	8	10	27	0.63
	E5 避免了因心情不好而无法集中注意力	0	2	8	9	29	0.68
	E6 避免了因抵制不了娱乐或休闲性网页的诱惑而分散注意力	0	0	7	10	31	0.75

数据统计结果显示，"学习专心程度"维度各题项的得分率 $F_i > 0.5$，实验改善了学习者的学习专心程度，具体体现在避免了在微课学习时开小差，提高了专注于微课课程内容的学习能力，避免了由于注意力不集中造成的对一些知识不理解，避免了因家庭、经济、社会关系等问题影响学习，避免了因心情不好而无法集中注意力，避免了因抵制不了娱乐或休闲性网页的诱惑而分散注意力。

(六) 信息加工能力

将回收的 48 份问卷进行得分率统计,"信息加工能力"维度统计结果如表 34 所示。

表 34　信息加工能力策略水平调查结果

	题　　目	完全不同意 −2	基本不同意 −1	一般 0	基本同意 +1	完全同意 +2	得分率 F_i
信息加工能力（INP）	F1 提高了将不同观点和主题联系在一起的信息加工能力	0	0	5	11	32	0.78
	F2 提高了将微课学习中学到的知识运用到日常生活中的能力	0	1	1	13	33	0.81
	F3 提高了微课学习中对信息进行加工使其符合逻辑的能力	0	0	1	13	34	0.84
	F4 提高了在微课的问题讨论时,对重要信息的分析能力	0	0	6	12	30	0.75
	F5 提高了将所学知识转换为自己的语言的能力	0	2	6	11	29	0.70
	F6 提高了将所学到的知识应用到生活实践的能力	0	1	8	14	25	0.66
	F7 提高了将学到的新法则运用到实践中的能力	0	1	3	16	28	0.74
	F8 提高了使用搜索引擎检索资料,并对信息进行分析和鉴别,用自己的语言进行归纳的能力	0	1	1	17	29	0.77

数据统计结果显示,"信息加工能力"维度各题项的得分率 $F_i > 0.5$,实验改善了学习者的信息加工能力,具体体现在提高了将不同观点和主题联系在一起的信息加工能力、提高了将微课学习中学到的知识运用到日常生活中的能力、提高了微课学习中对信息进行加工使其符合逻辑的能力、提高了在微课的问题讨论时对重要信息的分析能力、提高了将所学知识转换为自己的语言的能力、提高了将所学到的知识应用到生活实践的能力、

提高了将学到的新法则运用到实践中的能力、提高了使用搜索引擎检索资料,并对信息进行分析和鉴别,用自己的语言进行归纳的能力。

(七) 选择要点能力

将回收的48份问卷进行得分率统计,"选择要点能力"维度统计结果如表35所示。

表35 选择要点能力策略水平调查结果

	题　　目	完全不同意 −2	基本不同意 −1	一般 0	基本同意 +1	完全同意 +2	得分率 Fi
选择要点能力 (SMI)	G1 提高了微课学习时区分信息的重要性的能力	0	0	2	15	31	0.80
	G2 提高了听讲时找出重点的能力	0	0	6	13	29	0.74
	G3 提高了在微课学习中找到需要的信息的能力	1	2	8	12	25	0.60
	G4 避免了在微课学习时漏掉重要信息	1	1	5	14	27	0.68
	G5 避免了在与同学讨论时因把握不住重点而偏离主题和方向	0	0	4	12	32	0.79

数据统计结果显示,"选择要点能力"维度各题项的得分率 $F_i > 0.5$,实验改善了学习者的选择要点能力,具体体现在提高了微课学习时区分信息的重要性的能力、提高了听讲时找出重点的能力、提高了在微课学习中找到需要的信息的能力、避免了在微课学习时漏掉重要信息、避免了在与同学讨论时因把握不住重点而偏离主题和方向。

(八) 辅助学习能力

将回收的48份问卷进行得分率统计,"辅助学习能力"维度统计结果如表36所示。

表36　辅助学习能力策略水平调查结果

	题　目	完全不同意 −2	基本不同意 −1	一般 0	基本同意 +1	完全同意 +2	得分率 Fi
辅助学习能力（STA）	H1 提高了在微课学习中找到学习伙伴和学习小组的能力	0	1	7	11	29	0.71
	H2 提高了使用标题作为微课学习材料指南的能力	0	2	8	9	29	0.68
	H3 提高了根据特殊符号如粗体、斜体、字号或颜色来辅助学习的能力	1	2	7	11	27	0.64
	H4 提高了通过画图或表格来帮助理解的能力	0	1	6	12	29	0.72

数据统计结果显示，"辅助学习能力"维度各题项的得分率 Fi＞0.5，实验改善了学习者的辅助学习能力，具体体现在提高了在微课学习中找到学习伙伴和学习小组的能力，提高了使用标题作为微课学习材料指南的能力，提高了根据特殊符号如粗体、斜体、字号或颜色来辅助学习的能力，提高了通过画图或表格来帮助理解的能力。

（九）自我测试能力

将回收的48份问卷进行得分率统计，"自我测试能力"维度统计结果如表37所示。

表37　自我测试能力策略水平调查结果

	题　目	完全不同意 −2	基本不同意 −1	一般 0	基本同意 +1	完全同意 +2	得分率 Fi
自我测试能力（SFT）	I1 形成了阶段性复习的习惯	0	0	4	13	31	0.78
	I2 形成了复习时在有可能考到的知识点上做记号的习惯	0	0	6	12	30	0.75

续表 37

题　目		完全不同意 -2	基本不同意 -1	一般 0	基本同意 +1	完全同意 +2	得分率 Fi
自我测试能力（SFT）	I3 形成了在一有空时就参加复习的习惯	0	3	7	9	29	0.67
	I4 形成了经常性自我测试以检验对所学知识的理解的习惯	1	2	7	10	28	0.65
	I5 提高了选择合适的学习材料的能力	0	2	8	11	27	0.66
	I6 形成了每次学习前总是先对上次的内容进行复习的习惯	1	0	9	9	29	0.68
	I7 形成了阅读中时不时地在脑海中回顾阅读过的内容的习惯	0	3	9	11	25	0.60

数据统计结果显示，"自我测试能力"维度各题项的得分率 $F_i > 0.5$，实验改善了学习者的自我测试能力，具体体现在形成了阶段性复习的习惯、形成了复习时在有可能考到的知识点上做记号的习惯、形成了在一有空时就参加复习的习惯、形成了经常性自我测试以检验对所学知识的理解的习惯、提高了选择合适的学习材料的能力、形成了每次学习前总是先对上次的内容进行复习的习惯、形成了阅读中时不时地在脑海中回顾阅读过的内容的习惯。

（十）合作交流能力

将回收的 48 份问卷进行得分率统计，"合作交流能力"维度统计结果如表 38 所示。

表38　合作交流能力策略水平调查结果

	题　目	完全不同意 -2	基本不同意 -1	一般 0	基本同意 +1	完全同意 +2	得分率 Fi
合作交流能力（ANX）	J1 提高了使用电子邮件进行交流的能力	1	1	5	12	29	0.70
	J2 提高了面对面交流的能力	0	0	6	13	29	0.74
	J3 提高了使用聊天室与老师和同学交流的能力	0	0	5	12	31	0.77
	J4 提高了参加小组协作交流的能力	0	5	5	12	26	0.61
	J5 提高了通过移动通信工具与同学交流的能力	1	1	5	13	28	0.69
	J6 形成了在学习中遇到困难时经常向辅导教师和同学寻求帮助的习惯	0	0	5	14	29	0.75

数据统计结果显示，"合作交流能力"维度各题项的得分率 $Fi>0.5$，实验改善了学习者的合作交流能力，具体体现在提高了使用电子邮件进行交流的能力、提高了面对面交流的能力、提高了使用聊天室与老师和同学交流的能力、提高了参加小组协作交流的能力、提高了通过移动通信工具与同学交流的能力、形成了在学习中遇到困难时经常向辅导教师和同学寻求帮助的习惯。

第五节　实验结果

通过实验研究，检验了泛在学习环境下微课的学习模式与策略的应用效果，本研究认为：

（1）运用本研究建构的泛在学习环境下微课的评价指标体系，开发的泛在学习环境下"动态构图"微课质量优秀。从实验数据看出，泛在学习环境下"动态构图"微课平均得分为 84.2 分，结果表明泛在学习环境下"动态构图"微课质量优秀。

（2）运用本研究建构的泛在学习环境下微课的学习模式与策略，提高了学生的学习质量。从前测与后测的配对样本 t 检验结果可以看出，差异显著概率 $p=0<0.05$，前测与后测的成绩差异显著。前测与后测平均数的均值差为 -6.438，后测的平均分比前测的平均分高。因此可以看出，运用泛在学习环境下微课的学习模式与策略开展教学，提高了学生的学习质量。

（3）运用本研究建构的泛在学习环境下微课的学习模式与策略，能够改善学习方法，优化学习过程，提高知识掌握率、应用技能，提升情感态度与价值观方面的信息素养。数据统计结果显示，学生在"知识""技能""学习过程与方法"和"情感态度与价值观"四个维度的各题项得分率 F_i 均大于 0.5。学生在以上四个维度均得到较好的提升。

（4）运用本研究建构的泛在学习环境下微课的学习模式与策略，提升了学生的学习策略水平。数据统计结果显示，学生在以上十个维度各题项的得分率 F_i 均大于 0.5。主要体现在：缓解了学习焦虑情绪，同时提高了学习态度、学习动机、时间管理能力、学习专心程度、信息加工能力、选择要点能力、辅助学习能力、自我测试能力和合作交流能力。

第七章 "镜头组接"交互式微课个案研究

第一节 实验设计

一、实验目的

为了检验本研究提出的泛在学习环境下微课的学习模式与策略的有效性。本实验设计了基于"镜头组接"交互式微课的教学过程,在华南师范大学教育技术学专业某级本科生中开展教学实验,检验"镜头组接"交互式微课的应用效果。

二、实验对象

本研究选择华南师范大学某级教育技术学专业48名本科生作为实验对象,属于成人学习者。

三、实验假设

在本实验研究中,提出的假设为:
(1)运用"镜头组接"交互式微课开展教学,能促进学生对该课程理论的知识理解。
(2)运用"镜头组接"交互式微课开展教学,能提高学生影视编辑中镜头组接的技能习得。
(3)运用"镜头组接"交互式微课开展教学,能提高学生对镜头组接的兴趣与鉴赏能力。

四、实验过程

（1）根据"镜头组接"交互式微课开发策略，开发"镜头组接"交互式微课。

（2）向电视节目制作人员和专业教师发放"镜头组接"交互式微课质量评价调查问卷，回收电视节目制作人员和专业教师对"镜头组接"交互式微课的评价数据并进行分析。

（3）建构"镜头组接"交互式微课运行的平台。

（4）利用"镜头组接"交互式微课，开展学习活动。

（5）对"镜头组接"交互式微课进行研究。向实验对象发放"'镜头组接'交互式微课学习效果调查问卷"。（见附录10）

（6）总结分析研究结果。

第二节 "镜头组接"交互式微课开发与评价

一、"镜头组接"交互式微课设计与开发

（一）立足大纲，分析微课教学目标

"镜头组接"是教育技术学专业的主干课程和必修课程的重要内容，是理论与实践、技术与艺术紧密结合的知识要点。通过交互式微课的学习，旨在使学习者学习教育电视节目的编导与策划理论，具备文学脚本与分镜头稿本的创作能力，熟练掌握教育电视节目的制作能力，并在此基础上培养学习者对教育电视节目的鉴赏能力，为今后从事教育技术专业实践打下良好的基础。

因此，对交互式微课的培养目标确定为以下几个方面。

1. 提高学生对"镜头组接"的知识理解

提高学生对镜头组接的原则、镜头组接的技巧以及镜头组接的转场方

式的理解。理解镜头组接要符合人们的生活习惯和认知规律，包括镜头组接要合乎逻辑，遵循镜头调度的轴线规律，景别过渡要自然合理，动接动，静接静，光线色彩的过渡要自然。理解镜头组接的技巧有有技巧组接及无技巧组接。理解镜头组接的常用转场方式。

2. 提高学生影视编辑中镜头组接的技能习得

在对镜头组接相关理论的理解基础上，能够进行教育电视节目的编辑，能够运用淡变或者划变技巧或无技巧组接进行镜头之间的连贯组接，能够运用几种常用的转场方式中的一种或几种进行镜头组接转场。

3. 提高学生对镜头组接的兴趣与鉴赏能力

提高学生对镜头组接理论知识以及动手操作的兴趣，包括如何让镜头组接得更流畅，促进学习者对镜头组接的各种技巧进行操作尝试，在观看其他影视节目时能够关注所用的转场方式，能够识别影视节目中的错误组接方式，有兴趣尝试适合自己节目的更多新颖有创意的转场方式。

在编制"镜头组接"交互式微课的初始阶段，应以教学目标为导向来确定电视教材的主题。根据教学目标的需求，选取适宜用电视手段来呈现教学内容的主题。在选题过程中应着重考虑，所选取的题目若编制成电视教材是否有利于促进学习者对"镜头组接"交互式微课相关理论知识的理解，是否有助于提高学生影视编辑中镜头组接的技能，是否有助于提高学生对镜头组接的兴趣与鉴赏能力。应该选取通过活动图像或电视动画、特技手法来更好地呈现教学内容、实现教学目标的主题。

（二）分析微课学习者的特征

对学习者进行分析的目的是为了了解学习者的学习准备情况。学习准备是指学习者在从事新的学习时，原有的知识水平和心理水平对新的学习的适应程度。"镜头组接"交互式微课的教学对象为教育技术学专业的本科生，本研究中具体教学对象为华南师范大学教育技术学专业二年级本科生。

1. 年龄特征

根据我国教育学家查有梁提出的发展认识论，青年人的认识过程分为以下四个阶段：直觉运演阶段、结构运演阶段、综合运演阶段、体系运演阶段。

本研究中的教学对象年龄分布在18～22岁，在这一阶段发展智力，关键是要重视学科知识结构。要求学生能对所学专业、学科有完整的了解，只有掌握了学科知识结构，才能有效地解决涉及该学科的问题，进而进行"转换"。

2. 学习者的信息素养

随着教育信息化的发展，各个学校的信息化教学环境得到了极大的改善。基于信息化环境的各种教育教学模式得到了充分的应用。因此，学习者具备的信息素养将会成为制约学习者学习效果的重要因素。对学习者信息素养分析的结果，可以作为选择教学策略的依据之一。

本研究中的学习者已学习了摄像机拍摄的有关知识并进行了相应的实践，具备摄影摄像的基本技能，了解计算机网络知识，能够独立进行网络信息搜索，具备基本信息素养。

（三）微课的选题与选材

1. "镜头组接"交互式微课的选题

"镜头组接"既包括镜头组接的理论知识，也包括镜头组接的方法与技巧，在授课过程中需要形象化的视觉材料来加深学习者对镜头组接知识的理解。它是理论与实践结合紧密的学习内容。这部分内容如果仅借助课本教材开展教学，因形象性、直观性不够，教学效果不佳，而利用电视手段可以形象生动直观地呈现镜头组接的理论及各种技巧，有利于学习者这一部分的学习。另外，结合电视教材选题时要注意扬长避短原则与表现内容主题单一原则，最终将交互式微课的选题确定为"镜头组接"。选题计划如表39所示：

表39 "镜头组接"交互式微课选题

"镜头组接"交互式微课选题
教学课程："电视教材编导与制作"课程
教学章节："镜头组接"
教学对象：教育技术学专业本科生
教学目标： 1. 理解镜头组接的原则，基本方法与技巧，镜头转场的方法 2. 提高学生影视编辑中镜头组接的技能 3. 提高学生对镜头组接的兴趣与鉴赏能力
教学内容： 一、镜头组接的原则 1. 镜头组接要合乎逻辑　　2. 遵循镜头调度的轴线规律

续表 39

"镜头组接"交互式微课选题
3. 景别的过渡要自然合理　　　4. 动接动，静接静 5. 光线、色调的过渡要自然 二、镜头组接的技巧 1. 技巧组接 (1) 淡变：X 淡变、V 淡变、U 淡变　　(2) 划变：圈入圈出、划出划入 2. 无技巧组接：直接切换 三、镜头组接的转场方式 1. 利用动作组接　　　2. 利用出画、入画组接　　　3. 利用物体组接 4. 利用因果关系组接　5. 利用声音组接　　　　　　6. 利用空镜头组接

2. "镜头组接"交互式微课的选材

根据教学大纲，以文字教材作为参考，选择那些能充分表现该课题教学内容的电视画面素材，这些素材应具有直观形象性、动作性、典型性、真实性与科学性。在根据选材程序图进行选材时，首先考虑在现存的视听资料中是否有符合要求的素材；若确实没有，下一步应考虑在外景现场中是否有可提供拍摄的素材，因为外景现场的素材比演播室内安排的更具真实性与科学性，所以应优先考虑；确实没有时才转入演播室拍摄，这时首先应考虑用实物或模型进行演示或由人物进行表演，最后也可以用照片、图片、美工特技及计算机图文等材料。

(四)"镜头组接"交互式微课的交互设计

1. "镜头组接"交互式微课的知识点交互设计

对"镜头组接"知识点采用颗粒化策略，将微课的结构层级设计为三层，将内容细化到每一个具体的操作步骤，并将每一个知识板块作为电视教材的一个段落。层级结构用概念图表示如图 80 所示，从左到右分别为 1 级结构、2 级结构、3 级结构。共 3 大模块 12 个子模块。

根据层级结构，可将"镜头组接"交互式微课的知识点可分为镜头组接的原则、镜头组接的技巧、镜头组接的转场方式 3 大模块。镜头组接的原则模块共包括：镜头组接要合乎逻辑规律，遵循镜头调度的轴线规律，景别的过渡要自然、合理，动接动、静接静 4 个子模块。镜头组接的技巧包括镜头组接的有技巧组接、无技巧组接两个子模块。镜头组接的转场方式包

第七章 "镜头组接"交互式微课个案研究

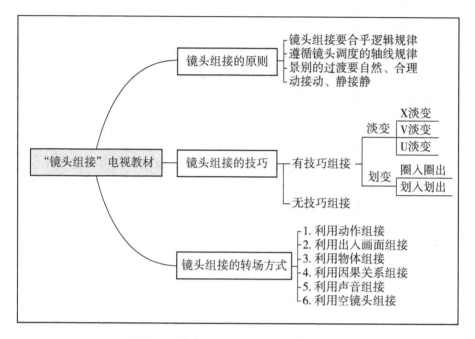

图80 "镜头组接"交互式微课层级结构

括利用动作组接、利用出入画面组接、利用物体组接、利用因果关系组接、利用声音组接和利用空镜头组接六个子模块。

2. "镜头组接"交互式微课的界面交互设计

交互设计包含很多设计类型，比如功能性设计和艺术性设计等，因此在本研究中，将交互设计的范围缩小，强调界面的交互设计。研究基于图形界面的多媒体交互设计一般原则，提出交互式微课界面交互设计的几点原则：

（1）以学习者体验为中心的设计原则。

以学习者体验为中心是指以学习者为中心设计的具体和深化。学习者体验的目标高于可用性的目标，除了达到可用性目标中的有效率、有效、易学易记、安全、通用之外，还应该具备如令人满意、有趣味、富有启发性、富有美感、让人有成就感、让人得到情感上的满足等。

（2）结构简易性原则。

结构简易性原则不是要控制界面的层级数、内容量，而是要求将丰富的内容和功能通过合理地切分和组合，安排在各个层级的页面中，并使学

215

习者可以简单、容易、便捷地找到自己想要的内容或体验。

（3）信息量适度原则。

信息量多少的概念是相对的，界面的大小、前后界面信息量的多少、信息的分类组合方式等都会影响到界面信息量是否适度，因此，信息量适度的原则不仅针对单一界面信息的数量，也是对界面大小、信息布局、上下层级界面的一致性提出的要求。

（4）交互连续性原则。

交互连续性原则指学习者在与设计作品或系统进行交互的过程中，应当保证交互行为进行得通畅、有效、连续。实现交互的通畅有效要满足反应精准、信息反馈及时、响应时间短的要求。对于由技术造成的不可避免的系统响应时间，可以通过设计来弥补用户在等待阶段的空白，保持交互行为的连续进行。

3. "镜头组接"交互式微课的人际交互设计

"镜头组接"交互式微课的人际交互包括学习者与学习者之间的交互、教师与教师之间的交互、学习者与教师之间的交互。"镜头组接"交互式微课运行的平台为网站精品课程网。学习者除了可以通过网站的页面产生交互外，还可以通过论坛发表自己的看法。另外，学习者还可以利用QQ、E-mail等网络交流工具进行经验、知识等的交流。教师可以通过论坛、QQ、E-mail对学生的困惑进行答疑。

（五）"镜头组接"交互式微课的拍摄与制作

1. 文字稿本与分镜头稿本的创作

稿本是一种用文字及图示符号阐述微课视频内容和形式的书面材料，是编制微课程的基础。使用的稿本为文字稿本和分镜头稿本，是最重要和最关键的两种稿本。因此，在创作文字稿本和分镜头稿本时要仔细斟酌、认真推敲。

没有好的准备工作就难以写出好的文字稿本。因此在编写文字稿本前，首先要阅读与收集资料，确定选题、选型与选材。其次要构思整体结构，拟定编写提纲。最后要在编写电视教材的文字稿本时，要按照统一的格式进行编写：画面要富有视觉形象，具有生动性；画面素材要具有获取与录制的可能性；画面内容要有鲜明的目的性，要突出教学目标和主体；画面的内容要符合教学要求，符合科学性；画面设计要与解说词配合。解说词言简意赅,与画面同时配合进行。文字稿本在初稿完成之后要广泛征求同行专家的意见,甚至听取学生的意见,反复修改。

分镜头稿本是拍摄最主要的依据,因此要重视分镜头稿本的创作工作。在进行分镜头稿本的创作之前,首先要对文字稿本进行钻研。掌握教学对象的生活经验与实际知识水平,明确学生通过微课达到哪些教学目标,明确微课应该包括哪些知识点。参与有关的教学活动,熟悉拍摄的题材。

掌握前期准备的内容后,进行分镜头稿本的构思工作。对准备的内容进行加工、组织。①从整体到局部逐一构思,在脑海中分镜头。②另外,在写分镜头稿本时,要注意在微课的内容的重点、难点处多下功夫,充分运用典型题材、电视动画、特技等手段突破这些教学重点、难点。③构思分镜头时,还应该充分运用影视艺术的表现手法,增强视频的表现能力。④要按照统一的格式进行分镜头稿本的撰写,要重视写好分镜头稿本。

2. "镜头组接"交互式微课的拍摄

拍摄主要包括两个部分:一是外景拍摄的案例展示部分,二是来自虚拟演播室的主持人主持场景。

(1) 外景拍摄部分。

根据分镜头稿本进行拍摄,对拍摄的每一个镜头都必须严格要求质量,同时对每一个镜头,编导都要做到心里有数,镜头宜多不宜少。在前期拍摄的时候尽量多拍摄素材,并且对同一个被拍摄对象进行多角度、多景别的拍摄,这样后期编辑的时候才有足够的选择余地,避免后期编辑时镜头不够用而需要重拍,既浪费了人力物力又影响了节目的制作进度。外景剧照如图81所示。

图81 外景拍摄剧照

(2) 演播室录制部分。

在拍摄前期通知主持人不要身着蓝色衣服，因为不利于后期抠像技术的实现。通过分镜头稿本，将需要主持人解说的部分进行标注。为了节目的效果，要求主持人解说时要脱稿解说。如图82所示。

图82　演播室拍摄剧照

3. "镜头组接"交互式微课后期编辑

(1) "镜头组接"交互式微课素材整理。

"镜头组接"素材来自四个部分：现有的视听教材，现场拍摄的素材，演播室录制的声音素材以及计算机图文素材。

对现有的视听教材进行整理，筛选出画面质量高、符合知识点的描述的镜头。由于现有的视听材料格式不统一，不利于后期的编辑，因此要将格式统一，符合编辑软件要求。

对现场拍摄素材的整理，筛选出拍摄清晰，不晃动，拍摄角度合理的镜头。对缺少的个别镜头做好记录，便于后期补录镜头。

对演播室录制的视频素材及声音素材进行整理，除此之外，要注意背景音乐的收集。保持背景音乐协调统一，节奏鲜明，为画面服务，深化意境。

(2) "镜头组接"交互式微课的视频编辑。

后期编辑制作阶段主要包括画面剪辑、配解说词和配背景音乐等工作。

第一步：本研究根据知识点共制作12个子视频，因此首先根据分镜头稿本将素材分类整理。

第二步：根据分镜头稿本对素材进行组织串联，形成节目雏形。

第三步：配相应的解说词，根据画面要求添加背景音乐。

第四步：添加动画，增强其生动性。动画是相对不可见的实体而言的，即利用动画将不可见的事物转化成可见的生动形象，把枯燥的科学原理和深奥的理论形象化。如在表现轴线规律时，采用正确机位镜头组接与错误机位镜头组接进行对比的展示手法，为更清晰地表现机位的位置，采用动画表现机位的方法。如图83所示。

图83　动画截图

（3）"镜头组接"交互式微课交互实现。

将制作好的视频与交互界面进行整合，采用 flash 技术并添加视频代码完成交互制作。制作完成后要反复进行测试，保证导航结构清晰，无无效导航，归类合理，节省页面空间，位置导航能够完全地反映出交互式微课的层级结构。布局合理，无杂乱布局。界面一致，每个页面都有共同的部分用于交互。交互界面简洁大方，色彩使用适宜，学生能够快速看清所有的元素并能选择自己需要的内容迅速进行交互。交互操作流畅，反馈及时，无无效交互；各交互模块的操作符合学习者交互习惯。操作流程简单和操作的元素比较容易找到。部分代码如表40所示。

表40　视频播放区域中，链接到 .xml 的 Flash 代码

```
stop（）；
    System.useCodepage = true；

    //useage：
    //you can modify the fellow code：
    var easing = true；//true or false mean easing or not.
    var auto = false；//true or false mean autoscroll or not var mouseWheel = true；//true or fale mean support mousewheel or not.
    var mouseCoord = true；//true or false mean use mouse coordinates or not.
```

续表 40

```
    var barVisual = true; //when useing mouse Coordinates you can set scroll bar hid or
not. false mean hid. Note: If you
    //didn't use mouse coordinates and set barVisual = false. you will only use
mouseWheel scroll
    //content.
    var space = 5; //between list item space.
    var path = "list1.xml"; //xml path
    contentMain.createEmptyMovieClip("back_mc", this.getNextHighestDepth());
    contentMain.setMask(maskedView);
    var myxml = new XML();
    myxml.ignoreWhite = true;
    myxml.onLoad = function(success){
        var item = this.firstChild.childNodes;
        trace(this.firstChild.firstChild.attributes.videotitle);
        if(success){
            for(var i:Number = 0; i < item.length; i++){

                var temp_mc = contentMain.attachMovie("item", "item"+i, i);
                temp_mc._y += i*(temp_mc._height+space);
                contentMain.back_mc._height = i*(temp_mc._height+space);
                temp_mc.tname = item[i].attributes.name;
                temp_mc.tlink = item[i].attributes.link;
                temp_mc.videotitle = item[i].attributes.videotitle;
                temp_mc.thumb = item[i].firstChild.firstChild.nodeValue;
                    temp_mc.item_txt.text = temp_mc.tname;
                temp_mc.item_thumb.loadMovie(temp_mc.thumb);
```

二、"镜头组接"交互式微课的评价

（一）评价指标

运用本研究设计的"镜头组接"交互式微课的评价指标体系，评价"镜头组接"交互式微课。如表 41 所示。

表41 "镜头组接"交互式微课的评价指标体系

一级指标及权重	二级指标及权重	评价标准	评价等级			
			优	良	中	差
教育性（32分）	教学目标（9分）	教学目标明确，主题突出，符合新课标要求，符合教学大纲要求				
	教学对象（7分）	教学对象定位准确，符合大学生的年龄特征、心理认知规律				
	教学内容（10分）	从教学实际出发，紧扣教学目标，具有一定的代表性和典型性、广度与深度，易于发挥电视教学的优势				
	教学策略（6分）	教学过程符合教学原则，策略选择得当，能够激发学生的学习兴趣和积极性，加深学生对知识的理解				
科学性（26分）	画面内容（8分）	内容必须真实、科学，不能虚构，不能出现知识性的错误；具有典型性				
	声音效果（9分）	解说词应精炼、准确，声画同步；背景音乐与音响的应用合理、真实，符合主题思想				
	镜头组接（5分）	镜头组接能正确反映教材的基本过程，符合现实客观规律和逻辑，特技、动画、字幕等不能违反客观事实和规律				
	组织结构（4分）	组织结构合理，符合认知习惯				
交互性（20分）	导航功能（6分）	导航结构清晰，无无效导航，归类合理，节省页面空间，位置导航能够完全地反映出电视教材的层级结构				
	内容布局（5分）	布局合理，无杂乱布局。界面一致，每个页面都有共同的部分用于交互				
	界面设计（4分）	交互界面简洁大方，色彩使用适宜，学生能够快速看清所有的元素并能选择自己需要的内容迅速进行交互				
	交互操作（5分）	交互操作流畅，反馈及时，无无效交互；各交互模块的操作符合学习者的交互习惯。操作流程简单和操作的元素比较容易找到				

续表41

一级指标及权重	二级指标及权重	评价标准	评价等级			
			优	良	中	差
技术性（12分）	画面质量（4分）	画面清晰度高、色彩真实，字幕准确、工整				
	声音质量（3分）	视频声音无杂吵声或杂波				
	剪辑质量（3分）	镜头组接合理、无视觉跳动现象				
	性能质量（2分）	视频播放流畅、同步性能稳定				
艺术性（10分）	画面效果（4分）	电视画面布局合理，构图美观，字幕清晰、准确				
	声音效果（2分）	电视声音清晰洪亮、无噪音，解说词普通话标准，背景音乐选曲合理				
	剪辑效果（3分）	镜头转换流畅，节奏合理，突出主题。无不必要的特技、特效				
	组织结构（1分）	资源组织合理，链接有效，人性化				
备注	优秀：86～100分；良好：76～85分；中等：60～75分；较差＜60分					

（二）评价结果

为了调查专家和专业教师对"镜头组接"交互式微课的评价，根据本研究建立的"镜头组接"交互式微课评价指标体系，设计了"镜头组接"交互式微课专家与教师调查问卷，本次向评判专家和专业教师发放问卷35份，回收35份，有效问卷35份，问卷有效率100%，经过统计分析，"镜头组接"交互式微课整体评估总分90.35。结果表明"镜头组接"交互式微课质量优秀。

第三节 实验实施与数据分析

一、实验实施

第一阶段：在华南师范大学教育技术学专业2011级本科生的"教育电

视节目制作"课程中开展教学。教师通过"镜头组接"交互式微课讲解知识要点，学生通过"镜头组接"交互式微课自主学习，实验为期一个课程单元教学时间。

（一）教学目标设计

通过对"镜头组接"课程大纲的分析和对相关专家与教师的访谈，将"镜头组接"交互式微课的教学目标确定为以下三个方面。

1. 提高学生对"镜头组接"的知识理解

提高学生对镜头组接的原则、镜头组接的技巧以及镜头组接的转场方式的理解。理解镜头组接要符合人们的生活习惯和认知规律，包括镜头组接要合乎逻辑，遵循镜头调度的轴线规律，景别过渡要自然合理，动接动、静接静，光线色彩的过渡要自然。理解镜头组接的技巧有有技巧组接及无技巧组接。理解镜头组接的常用转场方式。

2. 提高学生影视编辑中镜头组接的技能习得

在对镜头组接相关理论理解的基础上，能够进行教育电视节目的编辑，能够运用淡变或者划变技巧或无技巧组接进行镜头之间的连贯组接，能够运用几种常用的转场方式中的一种或几种进行镜头组接转场。

3. 提高学生对镜头组接的兴趣与鉴赏能力

提高学生对镜头组接理论知识以及动手操作的兴趣，包括如何让镜头组接得更流畅，促进学习者对镜头组接的各种技巧进行操作尝试，在观看其他影视节目时能够关注所用的转场方式，能够识别影视节目中的错误组接方式，有兴趣尝试适合自己节目的更多新颖有创意的转场方式。

（二）教学过程设计

交互式微课的学习过程强调教师和学生以理论知识为基础，以电视教材为教学主线，以教师、学生与电视教材的交互为教学活动的主要方式，构建一种教师、学生及电视教材三者互动的关系，教师是教学活动的主导，学生是学习活动的主体，电视教材是教学的辅助手段。利用交互式微课辅助课堂教学的过程如图84所示：

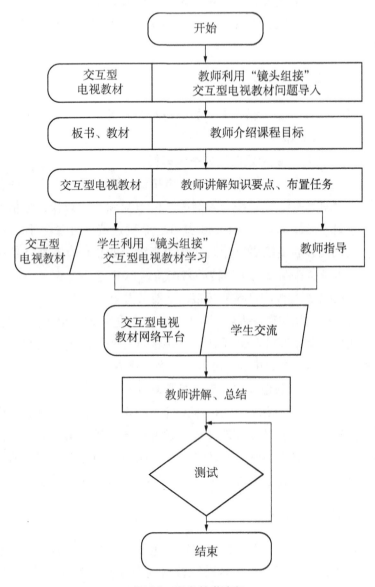

图84　课堂教学流程

第二阶段：在课程教学结束后对学生发放"'镜头组接'交互式微课学习效果调查问卷"（见附录10），进行学习效果测量。

在对华南师范大学某教育技术学专业48名本科生开展的教学实验中，发出问卷48份，回收48份，问卷有效率为100%。

二、测验结果与分析

在实验结束前,向学生发放"'镜头组接'交互式微课学习效果调查问卷",了解"镜头组接"交互式微课的应用效果。

(一) 知识理解

表42 "知识理解"维度得分

	评价等级 问题	非常不同意 -2	不同意 -1	不确定 0	同意 +1	非常同意 +2	得分率 Fi
知识理解	我理解了镜头组接要符合逻辑,合乎事物发展规律,合乎生活习惯	1	2	5	12	28	0.67
	我知道拍摄时要遵循轴线规律	0	4	4	14	26	0.65
	我知道在一组叙事镜头中,景别的过渡要自然合理	0	1	4	16	27	0.72
	我知道在拍摄运动镜头时,必须有足够的起幅落幅的时间	1	2	3	14	28	0.69
	我能够认识并区分X淡变、U淡变、V淡变	0	1	5	13	29	0.73
	我能够认识并区分圈入圈出与划入划出	0	0	3	15	30	0.78
	我知道常用的几种转场方式有利用动作、利用出入画面、利用物体、利用因果关系、利用声音、利用空镜头	0	1	7	12	28	0.70

表42显示,学生在利用"镜头组接"交互式微课学习的"我理解了镜头组接要符合逻辑,合乎事物发展规律,合乎生活习惯"维度,得分率 Fi 为0.67,得分率 Fi>0.5,表明总体态度倾向量处于同意的位置。

学生在利用"镜头组接"交互式微课学习的"我知道拍摄时要遵循轴线规律"维度,得分率 Fi 为0.65,得分率 Fi>0.5,表明总体态度倾向量处于同意的位置。

学生在利用"镜头组接"交互式微课学习的"我知道在一组叙事镜头中,景别的过渡要自然合理"维度,得分率 Fi 为 0.72,得分率 Fi > 0.5,表明总体态度倾向量处于同意的位置。

学生在利用"镜头组接"交互式微课学习的"我知道在拍摄运动镜头时,必须有足够的起幅落幅的时间"维度,得分率 Fi 为 0.69,得分率 Fi > 0.5,表明总体态度倾向量处于同意的位置。

学生在利用"镜头组接"交互式微课学习的"我能够认识并区分 X 淡变、U 淡变、V 淡变"维度,得分率 Fi 为 0.73,得分率 Fi > 0.5,表明总体态度倾向量处于同意的位置。

学生在利用"镜头组接"交互式微课学习的"我能够认识并区分圈入圈出与划入划出"维度,得分率 Fi 为 0.78,得分率 Fi > 0.5,表明总体态度倾向量处于同意的位置。

学生在利用"镜头组接"交互式微课学习的"我知道常用的几种转场方式有利用动作、利用出入画面、利用物体、利用因果关系、利用声音、利用空镜头"维度,得分率 Fi 为 0.70,得分率 Fi > 0.5,表明总体态度倾向量处于同意的位置。

由此可见,学生在"知识理解"的各个维度,得分率都为正,而且 Fi > 0.5,即"镜头组接"交互式微课能促进学生对镜头组接的知识理解。

(二)技能习得

表43 "技能习得"维度得分

问题	评价等级	非常不同意 −2	不同意 −1	不确定 0	同意 +1	非常同意 +2	得分率
技能习得	我会运用淡变作为两个镜头之间的有技巧组接	0	3	4	13	28	0.69
	我会运用划变作为两个镜头之间的有技巧组接	0	2	4	11	31	0.74
	我能够合理地运用有技巧组接和无技巧组接编辑出流畅的视频	1	1	5	14	27	0.68
	我能够运用几种常用的转场方式中的一种或几种进行镜头组接转场	0	3	1	16	28	0.72

表43 显示，学生在利用"镜头组接"交互式微课学习的"我会运用淡变作为两个镜头之间的有技巧组接"维度，得分率 Fi 为 0.69，得分率 Fi > 0.5，表明总体态度倾向量处于同意的位置。

学生在利用"镜头组接"交互式微课学习的"我会运用划变作为两个镜头之间的有技巧组接"维度，得分率 Fi 为 0.74，得分率 Fi > 0.5，表明总体态度倾向量处于同意的位置。

学生在利用"镜头组接"交互式微课学习的"我能够合理地运用有技巧组接和无技巧组接编辑出流畅的视频"维度，得分率 Fi 为 0.68，得分率 Fi > 0.5，表明总体态度倾向量处于同意的位置。

学生在利用"镜头组接"交互式微课学习的"我能够运用几种常用的转场方式中的一种或几种进行镜头组接转场"维度，得分率 Fi 为 0.72，得分率 Fi > 0.5，表明总体态度倾向量处于同意的位置。

由此可见，学生在"技能习得"的四个维度，得分率都为正，而且 Fi > 0.5，即"镜头组接"交互式微课能提高学生影视编辑中镜头组接的技能习得。

（三）兴趣与鉴赏能力

表44 "兴趣与鉴赏能力"维度得分

	评价等级 问题	非常不同意 -2	不同意 -1	不确定 0	同意 +1	非常同意 +2	得分率
兴趣与鉴赏能力	我对于如何让镜头组接得更流畅很感兴趣	0	4	2	13	29	0.70
	镜头组接的知识对于我进行电视节目编制实践有启发作用	1	3	3	14	27	0.66
	我有兴趣对镜头组接的各种技巧进行操作尝试	0	2	5	14	27	0.69
	我在看其他影视节目时能够关注所用的转场方式	0	2	2	16	28	0.73
	我能够识别影视节目中的错误组接方式	1	1	4	14	28	0.70
	我有兴趣尝试更多新颖有创意的转场方式	0	1	4	16	27	0.72

表 44 显示，学生在利用"镜头组接"交互式微课学习的"我对于如何让镜头组接得更流畅很感兴趣"维度，得分率 Fi 为 0.70，得分率 Fi > 0.5，表明总体态度倾向量处于同意的位置。

学生在利用"镜头组接"交互式微课学习的"镜头组接的知识对于我进行电视节目编制实践有启发作用"维度，得分率 Fi 为 0.66，得分率 Fi > 0.5，表明总体态度倾向量处于同意的位置。

学生在利用"镜头组接"交互式微课学习的"我有兴趣对镜头组接的各种技巧进行操作尝试"维度，得分率 Fi 为 0.69，得分率 Fi > 0.5，表明总体态度倾向量处于同意的位置。

学生在利用"镜头组接"交互式微课学习的"我在看其他影视节目时能够关注所用的转场方式"维度，得分率 Fi 为 0.73，得分率 Fi > 0.5，表明总体态度倾向量处于同意的位置。

学生在利用"镜头组接"交互式微课学习的"我能够识别影视节目中的错误组接方式"维度，得分率 Fi 为 0.70，得分率 Fi > 0.5，表明总体态度倾向量处于同意的位置。

学生在利用"镜头组接"交互式微课学习的"我有兴趣尝试更多新颖有创意的转场方式"维度，得分率 Fi 为 0.72，得分率 Fi > 0.5，表明总体态度倾向量处于同意的位置。

由此可见，学生在"兴趣与鉴赏能力"的六个维度，得分率都为正，而且 Fi > 0.5，即"镜头组接"交互式微课能提高学生对镜头组接的兴趣与鉴赏能力。

第四节 实 验 结 果

通过实验研究，检验了"镜头组接"交互式微课的应用效果，本研究观点如下。

1. 提高学生"镜头组接"的知识理解

通过对学生态度量表的分析，学生在"知识理解"的 4 个维度，得分率都为正，而且 Fi > 0.5，即"镜头组接"交互式微课能促进学生对该课程理论知识的理解。

可以得出，"镜头组接"交互式微课在教学应用中能提高学生对镜头组接的原则、镜头组接的技巧以及镜头组接的转场方式的理解。理解镜头组接要符合人们的生活习惯和认知规律，包括镜头组接要合乎逻辑，遵循镜头调度的轴线规律，景别过渡要自然合理，动接动、静接静，光线色彩的过渡要自然。理解镜头组接的技巧有有技巧组接及无技巧组接。理解镜头组接的常用转场方式。

2. 提高学生影视编辑中镜头组接的技能习得

通过对学生态度量表的分析，学生在"技能习得"的四个维度，得分率都为正，而且 $F_i > 0.5$，即"镜头组接"交互式微课能提高学生影视编辑中镜头组接的技能。

可以得出，"镜头组接"交互式微课在教学应用中能够促进学生在对镜头组接相关理论理解的基础上，进行教育电视节目的编辑，能够运用淡变或者划变技巧或无技巧组接进行镜头之间的连贯组接，能够运用几种常用的转场方式中的一种或几种进行镜头组接转场。

3. 提高学生对镜头组接的兴趣与鉴赏能力

通过对学生态度量表的分析，学生在"兴趣与鉴赏能力"的六个维度，得分率都为正，而且 $F_i > 0.5$，即"镜头组接"交互式微课能提高学生对镜头组接的兴趣与鉴赏能力。

可以得出，"镜头组接"交互式微课在教学应用中提高了学生对镜头组接理论知识以及动手操作的兴趣，包括如何让镜头组接得更流畅，促进学习者对镜头组接的各种技巧进行操作尝试，在观看其他影视节目时能够关注所用的转场方式，能够识别影视节目中的错误组接方式，学生有兴趣尝试适合自己节目的更多新颖有创意的转场方式。

第八章 "视觉暂留与动画"交互式微课个案研究

第一节 交互式微课学习平台的设计原则

以国内外对交互式微课、交互式教育视频研究现状分析为基础,本研究从用户界面设计和交互式微课学习平台功能两个方面提出基于交互式微课学习平台设计原则。

一、交互式微课学习平台用户界面设计原则

1. 用户导向原则

交互式微课学习平台是综合性的,是为大众学习者搭建的平台,为使网页从形式上获得良好的吸引力,鲜明地突出主题,从版式、色彩、风格等方面入手,并通过对网页的空间层次、主从关系、视觉秩序的把握运用来达到。

2. 一致性原则

界面设计要保持一致性。一致的风格设计,可以让学习者对学习平台的形象有深刻的记忆;一致的结构设计,可以让学习者迅速而又有效地进入在平台中自己所需要的部分。因此,在生成不同子网页的同时,要注意子网页与主页的风格形式与整体内容的统一。另外,为了便于学习者使用交互式微课学习平台,便捷地进入微课的学习,网站设置少量的提示图标以减轻学习者的认知负荷,图标风格统一、布局简洁。

3. 视觉平衡原则

使用眼球跟踪仪对人观测计算机屏幕的研究发现,人的视觉注意会

对屏幕左上角40%的区域比较敏感，而对右下角15%的区域最不敏感。同时，学习者浏览网页一般都是从左至右，因此，视觉平衡也要遵循这个道理。同时，过分密集的信息不利于读者阅读，甚至会引起读者反感，破坏该网站的形象。在界面设计上，适当增加一些空白，使页面变得简洁。

二、交互式微课学习平台功能设计原则

1. 教学性原则

教学性原则是指系统的设计和开发要符合教育的目的。这是教育视频策划与其他电视策划的本质区别，也是教育视频策划的根本出发点。平台的设计以建构主义的学习环境设计为基础，从设置问题情境、为受众提供相关的实例、提供相关的信息资源、提供认知工具及会话与协作工具等方面设计交互式微课学习平台。

2. 系统性原则

网络学习平台的设计与开发要遵循系统性原则，就是要从整体出发来建设，设定教学平台的总体目标与规划，并循序渐进地将各个部分建设完成；提供与学习相关的数据库，便于学习者搜集和检索资料；构建协作学习平台，有利于学习者之间围绕学习内容进行讨论，这样才能够保证系统的完整性与可用性。系统性原则的要求是循序、系统、连贯。

3. 易用性原则

易用性是用户体验考虑的重要因素之一，易用性是可用性的一个重要方面，指的是产品对用户易于学习和使用、减轻记忆负担、使用的满意程度等。网络学习平台是以学生为中心的学习环境，要求课件应操作简单，使用方便，导航清晰，交互性强，学生可以运用热字或按钮等导航进行跳跃，随意地选择和控制学习内容，使学生牢牢地掌握学习的主动权。例如，注册流程不应太烦琐，使用流程不应太复杂，各种按钮的大小、位置设置要合理。所以，应当给予用户良好的体验，功能设计要简单易用，用户界面要美观、结构要清晰。

4. 主动性原则

在学习过程中，学习者是信息加工的主体，是知识意义的主动建构者，因此，交互式微课学习平台中各要素的设计与运作，要以激发学习者的学

习动机、增强学习者的学习责任感为核心,从而发挥学习者学习的主观能动性,促进学习者对知识意义的主动建构。

第二节 交互式微课学习平台开发技术线路

本研究采用 Adobe Premiere Pro CS3 和 Adobe Flash CS3 视频制作软件来制作视频、剪辑工具来进行二次编辑"视觉暂留与动画"交互式微课;采用 Dreamweaver CS3 进行网页设计,利用脚本编程语言 Javascript 进行交互;用基于 PHP 的 DedeCMS 织梦后台管理系统进行后台管理及数据库信息的读写。在本地使用 APMServ 便捷地搭建起基于 Apache + PHP + MySQL 的服务器端运行平台,方便测试与展示。如图 85 所示。

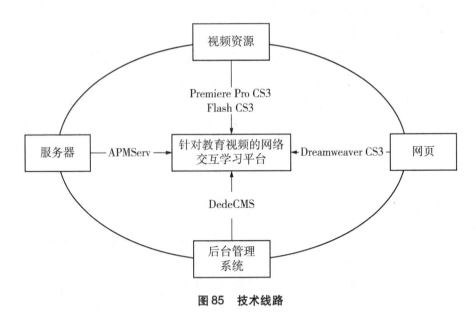

图 85 技术线路

第三节 "视觉暂留与动画"交互式微课学习平台的设计与开发

本研究中的交互式微课是以"视觉暂留与动画"微课为载体,融入用户互动技术的视频,从教育视频本身和微课平台的其他辅助架构入手,设计学习者与教学工具、教学资源之间的交互,搭建交互式微课学习平台。选取的"视觉暂留与动画"科普节目,是面向中学生的科普类微课,知识点简要、清晰,视频篇幅不长,便于二次开发。

一、学习平台页面的设计与开发

(一)学习平台目标设计

"视觉暂留与动画"交互式微课学习平台的设计基本目标如下:
(1)为学习者提供支持个性化学习的交互式微课学习平台。
(2)保证学习者对交互式微课学习内容的自主选择性。
(3)设计框架清晰,操作界面简便、友好,色彩搭配合理,符合学习者的认知习惯。
(4)登录身份验证,增强平台的安全性,同时为个性化学习提供技术保障。

(二)学习平台板块设计

交互式微课学习平台的设计是基于相关理论和设计的原则,同时也考虑开发和应用的可行性,设计出交互式微课学习平台的架构及其功能。根据需求分析所描述的总体目标,本交互式微课学习平台分为如下三个板块:首页、个人信息页面和微课学习页面。如图86所示。

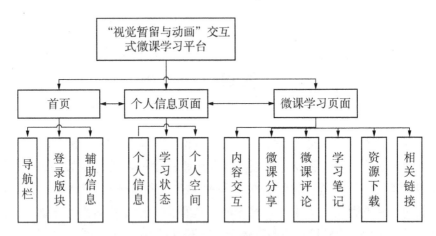

图86 "视觉暂留与动画"交互式微课学习平台板块设计

1. 首页的板块设计与开发

模块设计：首页应体现整个交互式微课学习平台的风格，及其主要的组成架构。首页设计的板块包括：导航栏、登录板块和辅助信息板块。导航栏应该清晰展示出本平台微课学习的内容分类，分别是首页、人文科学、自然科学和社会科学；登录板块应占据视觉最敏感的位置，提示学习者进行操作；辅助信息板块包括公告、最新信息和友情链接。

交互功能：首页是学习平台的窗口，除了要求美观之外，功能也要简明。本平台是一个学习者社区，只有登录了个人账号才能使用其互动功能，因此，注册与登录是进入微课学习的第一步。

2. 个人信息页面的板块设计与开发

模块设计：个人信息模块是显示学习者学习状态的重要模块，学习者可以通过点击自己的登录名进入个人信息模块。其内容分为三个部分：①学习者个人信息；②学习者的学习状态（包括微课学习信息和学习笔记情况等）；③个人空间，包括发表博文、留言板等交互功能。

交互功能：个人信息页面应用DedeCMS软件进行后台管理的个人信息相关功能进行代码改写。

3. 交互式微课学习页面的设计与开发

模块设计：在微课学习环境中，微课是核心，几乎所有的学习和互动都是围绕微课来展开的。因此，微课及其实时讲解的幻灯片板块是最主要的交互区，根据以上的设计原则，将其设置于上方，学习笔记在页面中间方便学习者键入信息，其他附加信息或学习材料设置在页面其余的空间。

交互功能：该学习平台的主要功能包括：①内容交互。微课内容的交互功能按照一定的结构分成不同的学习节点，支持学习者直接点击进入相应的目标，同时控制幻灯片同步播放。②微课分享。至学习者把学习的微课分享到其他社交网络平台中。③微课评论。④学习笔记。⑤资源下载。⑥相关链接。全方位的交互技术可以全面地满足学习者的交互学习。

二、"视觉暂留与动画"交互式微课的二次开发

对"视觉暂留与动画"交互式微课的场景分隔和知识点进行剖析，分析学习者的学习特征和网络学习习惯，实现视频内部、幻灯片、微课的同步控制技术，支持学习者自主点击微课中的提示选择框以直接进入相关学习内容，达到交互的目的。此外，分析微课囊括的知识点，提供相关的辅助学习资源，以促进深层次的学习。

（一）微课教学目标的分析

教学目标是教学所追求的预期的教学结果，也是教师教学思想和教学理念的具体量化或质化的表现。[①] 一般情况下，特定的网络学习平台有与其性质一致的教学目标。如问题式学习平台着眼于培养学生发现问题、解决问题的能力；而探究式学习平台则侧重于培养学生的研究能力和发散思维；而本平台是混合式学习下的网络学习平台，因此，要综合考虑上述教学目标形式。

在本研究中，"视觉暂留与动画"交互式微课的教学目标确定为以下四个方面：①对视觉暂留现象的认知与理解；②对动画的形成及制作过程的理解；③可以动手进行视觉暂留测试及动画制作的相关实验；④培养对科普类小知识的兴趣。

（二）学习对象分析

在微课学习环境中，主要分析的学习者信息有：①分析学习者的生理、心理特征，包括学习者的年龄、性别、学习经验、学习动机、学习期望等；

---

① 参见程达《教学目标论》，湖南教育出版社2000年版，第20页。

②分析学习者的知识和技能基础，如学习者对计算机的认识程度、计算机操作熟练程度等；③分析学习者的学习风格，即此类学习者持续一贯的带有个性特征的学习方式。

"视觉暂留与动画"微课的教学内容决定了其学习对象主要是中学生，通过分析，中学生主要有如下特点。

1. 中学生对感兴趣的知识非常渴望

中学阶段是认知能力、思维方式、人格特点及社会经验形成的重要年龄阶段，对新生事物的好奇和对知识的渴望，都要求在进行教学内容设计时，注意抓住中学生的兴趣点，利用和调动情感因素，有利于增强学生对新事物和新知识的学习积极性，获得较好的学习效果。

2. 中学生有一定的科普知识基础

中学生从初中阶段便开始接触有一定理论性的物理知识，并层层深入，到高中学习阶段物理知识已经相对巩固。但由于不同中学生的知识基础参差不齐，在进行教学内容的设计以及补充学习材料的选择时，应该做到深入浅出，尽量适应不同基础的学习者。

3. 中学生有基本的计算机操作能力

进行网络学习的中学生往往都会有基本的计算机操作能力，因此，在教学设计过程中，可以利用较为灵活的知识表示工具，但注意给予相应的操作提示。

4. 中学生利用网络自主学习的时间较短

中学生的主要学习环境还是在课堂，对网络学习的信赖程度相对不高，再加上个别家长对网络学习的消极态度，致使他们往往不愿意花太多的时间在网络环境上，因此，微课的篇幅应该尽量短，知识点应简要呈现。

（三）教学内容的交互设计

"视觉暂留与动画"微课传授的知识点可分为视觉暂留和动画制作两个部分，从中涵盖的知识点有"视觉暂留实验""视觉暂留的发现""相关实验及实验总结""电影拍摄标准""台灯的动画制作实验""二维动画的制作步骤""三维动画的例子"。

本微课传授的知识浅显易懂，知识点层层递进，常用引导性的提问来过渡不同的知识点，因此，可以从此入手将微课分离成不同的模块，使用微课中的提问设计选项供学习者选择接下来想要学习的内容。此外，微课本身缺乏文字信息，因此，对于对微课内容起到补充说明作用的文字信息，需要在微课的右边方框借助幻灯片同步播放的方式展示文字内容。学习者可以通过鼠标直接点击视频的相应选项，对视频和幻灯片进行操作控制。如图 87 所示。

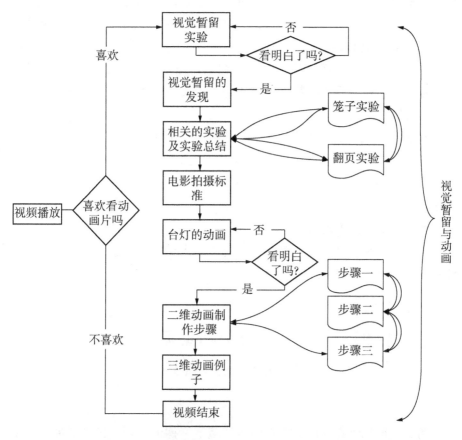

图 87 "视觉暂留与动画"微课交互设计结构

  交互式微课的交互元素嵌入 Flash 视频内部，如学习者观看完"视觉暂留实验"的知识点板块之后，页面会出现与语音同步的文字选项"看明白了吗"，这时页面会停止，直到学习者反应过来，并自己根据自身的学习情况，在两个选项中选择一项，可以重看微课，也可以进入下一个知识点"视觉暂留的发现"。

  学习者点击"看明白了"选项之后，可以看到微课进入了"视觉暂留的发现"知识点板块，幻灯片也进行了同步更新。

（四）学习资源的选择与设计

"视觉暂留与动画"微课的视频篇幅不长，囊括的知识点相对较少；同时由于交互式微课学习平台是一个虚拟的学习社区，难以给予学习者真实的实验享受。因此，相关的补充学习资源会以链接的方式呈现，以提示学习者课后进行深层次的学习和实践。本个案选取的素材主要包括以下几种。

1. 视听补充资料

"视觉暂留与动画"微课中对动画的制作介绍得相对简单，因此，选取了《动画的制作流程》视频作为补充的视听资料，供对动画制作有兴趣的学习者观摩，深入地了解动画制作。

2. 附加的文字材料指引性学习材料和实验素材

"视觉暂留与动画"微课多次用实验来吸引学习者的眼球，因此，设计了"人行走的实验"和附加连贯性的动作图片，来指导对实验操作有兴趣的学习者进行实际的实验操作。

3. 相关的视频网址链接

类似的视频不仅可以加深学习者对本微课传授的知识点的了解，还会激发对这一研究领域的兴趣。

第四节 "视觉暂留与动画"交互式微课的应用效果

为了验证本研究提出的泛在学习环境下微课的学习模式与策略的有效性，采用对比组实验研究方法，实验组为广州某初中二年级（1）班42个学生，控制组为该校同年级（2）班43个学生，研究"视觉暂留与动画"交互式微课的应用效果。

一、实验假设

运用"视觉暂留与动画"交互式微课，能够改善学习方法，优化学习过程，提高知识掌握率、应用技能、学习质量，提升情感态度与价值观方面的信息素养。

二、学习效果的调查

1. 调查问卷设计

为检验学习效果,设计了学习效果的调查问卷。学习效果的调查问卷包含"知识""技能""学习过程与方法"和"情感态度与价值观"4 个一级指标,18 个二级指标,设计了"完全同意""基本同意""一般""基本不同意"和"完全不同意"5 个等级双向量表。(见附录 11)

2. 检验学习效果

根据本研究设计的"视觉暂留与动画"交互式微课学习平台开展教学后,运用学习效果的调查问卷与 F 检验,检验学生的学习效果。

三、学习质量的测试

1. 测验卷设计

为检验学习的质量,设计了学习质量的测验卷。包含 5 道大题、15 道小题。

2. 实验组与控制组

实验组利用"视觉暂留与动画"交互式微课学习平台开展教学。控制组由教师在课堂讲解,不利用"视觉暂留与动画"交互式微课学习平台。学习结束后,运用学习质量的测验卷进行测试,并利用 IBM SPSS Statistics 20.0 对实验组与控制组成绩进行 t 检验,检验学生的学习质量。

四、实验结果与分析

学生的学习效果,采用上述设计的学习效果调查问卷测量。"视觉暂留与动画"学习内容的效果调查结果如表 45 所示。

表 45　"视觉暂留与动画"学习内容的效果调查结果

项目	标准描述	得分率 Fi
知识	理解了小鸟入笼实验的原理	0.95
	理解了书页中画的花开原理	0.92
	掌握了二维动画制作的原理	0.92
	掌握了三维动画制作的原理	0.89
	掌握了动画片制作的原理	0.83
	理解了视觉暂留现象的原理	0.88
技能	能根据视觉暂留现象画出两个连续的动画画面	0.92
	能根据影片中小台灯动画制作方法，制作逐格动画	0.87
	掌握了制作二维动画时分层处理动作部分的方法	0.85
	掌握了二维动画制作的步骤流程	0.88
	掌握了三维动画制作的步骤流程	0.81
学习过程与方法	能在"视觉暂留与动画"交互式微课学习平台中开展学习	0.90
	能使用"视觉暂留与动画"交互式微课学习平台中的拓展资源	0.89
	能使用"视觉暂留与动画"交互式微课学习平台与他人交流互动	0.87
	能使用"视觉暂留与动画"交互式微课学习平台进行学习过程记录和学习评价	0.85
情感态度与价值观	激发对科学原理学习的求知欲，形成积极主动学习的态度	0.90
	在学习活动中逐步学会与他人合作，形成积极的合作学习意识	0.89
	养成对自己学习和生活现象进行思考的习惯	0.82

　　数据统计结果显示，学生在"知识""技能""学习过程与方法"和"情感态度与价值观"四个维度的各题项得分率 Fi 均大于 0.5。运用本研究设计的"视觉暂留与动画"交互式微课学习平台，能够改善学习方法，优化学习过程，提高知识掌握率、应用技能、提升情感态度与价值观。

　　运用 IBM SPSS Statistics 20.0 对实验组和控制组成绩进行 t 检验，检验学生的学习质量结果。从前测与后测的配对样本 t 检验结果可以看出，差异显著概率 $p = 0 < 0.05$，实验组和控制组的成绩差异显著。实验组和控制组的平均分值差为 8.73 分，实验组的平均分比控制组的平均分高。因此可以看出，运用"视觉暂留与动画"交互式微课学习平台开展教学，提高了

"动态构图"的学习质量。

目前,交互式微课学习平台的发展相对缓慢,各种微课的网络学习平台的功能接近于视频资源库,缺乏必要的教学、学习互动。本研究设计与开发了"视觉暂留与动画"交互式微课学习平台,作为交互式微课研究的一个尝试。得到以下结论:

(1)提出交互式微课学习平台的基本原则和技术路线,设计与开发了"视觉暂留与动画"交互式微课学习平台,让学习者的学习更具主动性。从目前的微课学习平台来看,过多强调教的功能,往往忽视学的功能、忽视学的对象的参与、忽视远程学习者意义建构必需的情境资源与环境,而基于交互式微课学习平台可以使用户根据自身兴趣和需求,选择不同的学习目标,使常规教育视频的缺陷在一定程度上得到克服,切实地提高学习者在学习过程中的参与性。

(2)充分利用开放的网络平台,整合多方面资源,为微课内容的完善创造更好的条件。视频资源具有文字不可比拟的优越性,但视频的呈现特质决定了它不容易帮助学习者形成知识的沉淀,因此,教学设计者要利用好开放的网络平台搜集、整合相关学习材料以供学习者吸收,学习者也要在学习过程中善于利用互联网搜索相关信息,这也是具有交互特质的学习平台的优越性之一,也是更好地开展微课学习的必要条件。

(3)利用开源工具可以加快交互式微课学习平台的开发。由于学习平台的实现需要网页前端和后台的开发,前端需体现教学设计的理念,难以利用现有的网络开源平台,而后台则可利用 DedeCMS 软件进行管理,包括实现用户登录、评论,管理者上传视频等功能,加快网络学习平台的开发。

第九章 研究总结

第一节 研究分析和讨论

泛在通信技术促使教学环境向泛在学习环境变化，致使教与学的过程中原有的规则和运作方式受到了极大的冲击，学习模式更强调受众的小众化、个性化、泛在化、多元化、互动性和参与性等。微课是一种新型的教学资源，更适合泛在学习环境。开展泛在学习环境下微课学习平台、学习模式和学习策略的研究，是因应信息技术的发展，推动教育变革和创新，对构建网络化、数字化、个性化、终身化的教育体系，建设"人人皆学、处处能学、时时可学"的学习型社会，培养创新人才具有重要的意义。

1. 提出泛在学习环境下微课学习平台的设计策略，让学习者的学习更具主动性

从目前的泛在学习环境下微课学习平台来看，过多强调教的功能，往往忽视学的功能、忽视学的对象的参与、忽视远程学习者意义建构必需的情境资源与环境，而基于泛在学习环境下的微课学习平台可以使用户根据自身兴趣和需求，选择不同的学习目标，使常规教育视频的缺陷在一定程度上得到克服，切实地提高学习者在学习过程中的参与性。

2. 学习模式、策略与学习过程结合，提高泛在学习环境下微课学习策略支持

本研究将学习模式、策略与泛在学习环境下微课学习过程结合，从中找出学习模式、策略与学习过程之间的联系，设计泛在学习环境下微课的学习模式与策略，提高学习策略对泛在学习环境下微课的学习过程的策略支持，提升学生的学习效果。

3. 泛在学习环境下微课学习模式与策略的运用为新学习方式的变革带来内在动力

技术作为手段要对学习主题起变革作用，需要教育原理或方法作为规则。本研究通过学习模式与策略体系作用于泛在学习环境下的微课学习内容、学习活动过程和学习互动情景几个方面，设计泛在学习环境下微课的学习模式与策略，解决移动网络技术和视频技术支持学习的手段问题，为新学习方式的变革提供内在动力。

4. 微课与泛在学习的融合能促进新型学习资源与新型学习方式的融合

影响学习的技术，在相互作用下，能产生更优的效果。移动网络技术和视频技术的相互作用，是泛在学习与微课的融合，两者的作用能优化泛在学习的资源形式，也是对微课学习方式的优化。微课与泛在学习的融合，从技术客体的角度为新型学习资源与新型学习方式的融合，提供了优化的策略支持。

5. 泛在学习环境下微课的学习策略促进知识建构和学习策略的生成

技术手段通过学习策略作用于学习，其效果由知识建构和学习策略的生成检验。本研究设计的泛在学习环境下微课的学习策略促进了实验中学习者知识的建构，提高了其学习效果，此外，通过学习策略量表的测量，发现促进了学习者学习策略的生成。

第二节　研究创新点

1. 研究框架创新

本研究以教学系统设计理论、全球学习联盟的学习设计规范、建构主义学习理论、混合学习理论、学习活动理论、情景认知理论和学习共同体理论等为指导，从学习共同体、学习活动、微课学习资源、学习过程与个性化学习等方面，设计了泛在学习环境下微课的学习模式，并根据学习策略理论，设计泛在学习环境下微课的学习策略。该学习模式与策略对改善学习方法、优化学习过程、提高知识掌握率、应用技能、学习质量，提升情感态度与价值观方面的信息素养具有重要意义。

2. 策略模型创新

研究整合了温斯坦（Weinstein）等人编制的学习策略量表，构建了泛在学习环境下微课学习策略调查问卷。

3. 研究应用创新

研究通过本科生、中学生学习的个案分析与研究，推动了泛在学习环境下微课的学习模式与策略在高校及基础教育中的应用，提高了学生的学习质量；在分析学习效果的同时，从学习策略的角度对学生的学习进行了扩展分析。

参 考 文 献

[1] Office of Educational Technology U. S. Department of Education, Transforming American Education: Learning Powered by Technology——National Educational Technology Plan 2010 [DB/OL]. http://www.ed.gov/technology, 2013 – 07 – 01.

[2] 国家中长期教育改革和发展规划纲要（2010—2020 年）[DB/OL]. http://www.gov.cn. 2013 – 08 – 09.

[3] 教育部关于印发《教育信息化十年发展规划（2011—2020 年）》的通知 [DB/OL]. http://www.moe.gov.cn/publicfiles/business/htmlfiles/moe/s3342/201203/133322.html. 2013 – 08 – 09.

[4] 吴忠才. 当代知识观及其对教学观与教学行为的要求 [J]. 教学与管理, 2008 (12): 17 – 19.

[5] 焦建利. 微课及其应用与影响 [J]. 中小学信息技术教育, 2013 (4): 13 – 14.

[6] 张金磊, 王颖, 张宝辉. 翻转课堂教学模式研究 [J]. 远程教育杂志, 2012 (4): 46 – 51.

[7] 胡铁生. 中小学微课建设与应用难点问题透析 [J]. 中小学信息技术教育, 2013 (4): 15 – 18.

[8] 胡铁生. 中小学微课建设与应用难点问题透析 [J]. 中小学信息技术教育, 2013 (4): 15 – 18.

[9] 成永常, 邬家炜, 宋欢. 普适学习中的上下文感知技术研究 [J]. 现代教育技术, 2010 (2): 112.

[10] 余胜泉, 程罡, 董京峰. E-learning 新解: 网络教学范式的转换 [J]. 远程教育杂志, 2009 (3): 3 – 15.

[11] 张海, 李馨. 日本移动学习实践研究前沿——对话东京大学教育技术首席专家山内祐平副教授 [J]. 中国电化教育, 2009 (9): 1 – 6.

[12] Palace of Fine Arts. Exploratorium[DB/OL]. http://www.exploratorium.edu/Guidebook.

[13] MIT. Hand held Augmented Reality Simulations[DB/OL]. http://education.mit.edu/drupal/ar.

[14] Trifonova A. Accessing learning content in a mobile system: Does mobile mean alwaysconnected [A]. M. Lytras A. Naeve. Ubiquitous and pervasive knowledge and learning management: semantics, social networking and new media to their full potential [C]. Hershey, PA: Idea Group, Inc: 2007: 198 – 215.

[15] 冯宜. 基于 Podcasting 的泛在学习研究 [J]. 中国教育技术装备, 2011 (24): 6 – 9.

[16] Palitha Edirisingha. Podcasting to provide teaching and learning support for an undergraduate module on English language and communication [J]. Turkish online journal of distance education, 2007 (8): 87 – 107.

[17] Huang R H, Salomaa J. Mobile learning: theories, current status, and future trends [M]. Beijing: Science Publishing, 2008.

[18] Shih Y, Mills D. Setting the new standard with mobile computing in online learning. International review of research in open and distance learning, 2007, 8 (2): 16.

[19] Andreas Holzinger, Alexander Nischelwitzer, Silvia Friedl, Bo Hu. Towards life long learning: three models for ubiquitous applications [J]. Wireless communications and mobile computing, 2010, 10 (10): 1350 – 1365.

[20] So H J, Tan E, Tay J. Collaborative mobile learning in situ from knowledge building perspectives [J]. Asia-pacific education researcher, 2012, 21 (1): 51 – 62.

[21] Yen J C, Lee C Y, Chen I J. The effects of image-based concept mapping on the learning outcomes and cognitive processes of mobile learners [J]. British journal of educational technology, 2012, 43 (2): 307 – 320.

[22] Marco Renchetti. The VOLARE methodology: using technology to help changing the traditional lecture model [J]. TECH-EDUCA-TION, 2010: 134 – 140.

[23] André Wagner, Jorge Luis Victória Barbosa, Débora Nice Ferrari Barbosa. A model for profile management applied to ubiquitous learning environments [J]. Expert systems with applications, 2014, 41 (2): 2023 – 2034.

[24] Fatemeh Behjat, Mortaza Yamini, Mohammad Sadegh Bagheri. Blended learning: a ubiquitous learning environment for reading comprehension [J]. international journal of english linguistics, 2012, 2 (1): 97.

[25] Victoria Barbosa J L, Machado Hahn R, Ferrari Barbosa D N. A ubiquitous learning model focused on learner interaction [J]. International journal of learning technology, 2011, 6 (1): 62 – 83.

[26] Tsung-Yu Liu, YU-ling Chu. Using ubiquitous games in an English listening and speaking course: impact on learning outcomes and motivation [J]. Computers & education, 2010, 55 (2): 630 – 643.

[27] Victoria Barbosa J L, Nice Ferrari Barbosa D, Wagner A. Learning in u-biquitous computing environments [J]. International journal of information and communication technology education, 2012, 8 (3): 64 – 77.

[28] Gwo-Jen Hwang, Chih-Hsiang Wu, Tseng J C R. Development of a ubiquitous learning platform based on a real-time help-seeking mechanism [J]. British journal of educational technology, 2011, 42 (6): 992 – 1002.

[29] 刘小晶, 张剑平. 教学视频微型化改造与应用的新探索 [J]. 中国电化教育, 2013 (3): 101 – 105.

[30] 胡铁生, 詹春青. 中小学优质"微课"资源开发的区域实践与启示 [J]. 中国教育信息化, 2012 (22): 65 – 69.

[31] 党保生. 基于泛在学习环境的高职英语资源库建设探析 [J]. 职教通讯, 2012 (12): 63 – 65.

[32] 李超, 郝玲玲. 面向泛在学习的教学资源设计探析 [J]. 中国教育技术装备, 2012 (18): 38 – 39.

[33] 李彦忠, 孙少坤, 肖新华, 等. 泛在学习数字化资源技术标准的设计原则研究 [J]. 中国远程教育, 2010 (9): 64 – 68.

[34] 孙滨. 泛在学习模式下数据结构立体教学研究 [J]. 河南科技学院学报, 2013 (4): 113 – 115.

[35] 肖君, 王敏娟, 李雪. 移动学习资源和活动的综合模型设计研究 [J]. 现代教育技术, 2011 (7): 15 – 20.

[36] 吴祥恩. 移动学习背景下微型视频案例与其创新应用 [J]. 中国电化教育, 2012 (6): 73-77.

[37] 李素琴. 大学生诗词鉴赏移动学习课程的设计与开发 [D]. 保定: 河北大学, 2010.

[38] 郑军, 王以宁, 王凯玲, 等. 微型学习视频的设计研究 [J]. 中国电化教育, 2012 (4): 21-24.

[39] 周文娟. 基于云计算的英语泛在学习模态与学习资源研究 [J]. 远程教育杂志, 2012 (4): 73-78.

[40] 王斐, 傅钢善. 基于云服务的微内容移动学习在教师专业能力发展中的模式探析 [J]. 中国教育信息化, 2013 (1): 46-49.

[41] 蒋云平. 面向iPad的移动学习系统研究与实现 [D]. 武汉: 华中师范大学, 2012.

[42] 赵琦. 基于平板电脑的移动学习资源设计研究 [D]. 武汉: 华中师范大学, 2012.

[43] Stephen J H Yang. Context aware ubiquitous learning environments for peer-to-peer collaborative learning [J]. Educational technology & society, 2013, 9 (1): 188-201.

[44] 肖君, 朱晓晓, 陈村, 等. 面向终身教育的U-learning技术环境的构建及应用 [J]. 开放教育研究, 2009 (3): 89-93.

[45] 杨孝堂. 泛在学习: 理论、模式与资源 [J]. 中国远程教育, 2011 (6): 69-73.

[46] 郭成, 赵婷婷, 陈敏. 泛在学习理论视野下的终身学习模式的构建 [J]. 中国教育技术装备, 2013 (3): 19-22.

[47] 曹超. 利用Podcasting技术构建英语听说移动学习模式 [J]. 中国电化教育, 2010 (9): 99-103.

[48] 吴军其, 齐利利, 胡文鹏, 等. 微课件的学习活动设计 [J]. 中国电化教育, 2012 (9): 106-109.

[49] 程志, 龚朝花. 活动理论观照下的微型移动学习活动的设计 [J]. 中国电化教育, 2011 (4): 21-26.

[50] 汪文静, 赵爱红. 泛在学习融入传统课堂中的学习模式设计 [J]. 中国教育技术装备, 2009 (27): 7-9.

[51] 吴军其, 张纯, 刘治强. 微课件的交互学习策略研究 [J]. 软件导刊

（教育技术），2012（5）：5-7.

[52] 曹双双. 基于泛在环境的无缝学习策略研究[D]. 北京：北京交通大学，2012.

[53] 顾小清，顾凤佳. 微型学习策略：设计移动学习[J]. 中国电化教育，2008（3）：17-21.

[54] 顾小清. 终身学习视野下的微型移动学习资源建设[M]. 上海：华东师范大学出版社，2011.

[55] 程志，龚朝花. 活动理论观照下的微型移动学习活动的设计[J]. 中国电化教育，2011（4）：27-32.

[56] Rosenberg M J. E-learning：strategies for delivering knowledge in the digital age[M]. New York，NY：McGraw-Hill，2001.

[57] Urban T L，Weggen C C. Corporate e-learning：exploring a new frontier[M]. WR Hambrecht + Co，2000.

[48] Mark Weiser. The computer for the twenty-first Century[J]. Scientific American，1991.

[59] Mark Weiser. Ubiquitous computing[EB/OL]. http://www.ubiq.com/hypertext/weiser/UbiHome.html.2007-11-03.

[60] Education Development Center（2003）. The Maine Learning Technology Initiative：Technology-enhanced middle school mathematics. http://www.edc.org/newsroom/articles/maine_learning_technology_initiativeRetrieved 10.11，2009.

[61] Hiroaki Ogata，Yoneo Yano. Context-Aware Support for Computer-Supported Ubiquitous Learning. Proceedings of the The 2ndIEEE International Workshop on Wireless and Mobile Technologies in Education（WMTE'04）. 2004.

[62] Guozhen Zhang，Qun Jin，Timothy K Shih. Peer-to-Peer Based Social Interaction Tools in Ubiquitous Learning Environment. Proceedingsof the 11th International Conference on Parallel and Distributed Systems（ICPADS'05）. 2005.

[63] 章伟民，徐梅林. 全球视阈中的教育技术：应用与创新[M]. 上海：华东师范大学出版社，2006.

[64] 刘婷，丘丰. 论未来终身教育模式——泛在学习[J]. 广东广播电视大学学报，2007（3）：106-108.

[65] 付道明, 徐福荫. 普适计算环境中的泛在学习 [J]. 中国电化教育, 2007 (7): 94-98.

[66] 余胜泉, 杨现民, 程罡. 泛在学习环境中的学习资源设计与共享——"学习元"的理念与结构 [J]. 开放教育研究, 2009 (1).

[67] 李卢一, 郑燕林. 泛在学习环境的概念模型 [J]. 中国电化教育, 2006 (12): 9-12.

[68] 白娟, 禹淑芳. M-learning21世纪教育技术的新发展 [J]. 现代远程教育研究, 2003 (4): 45-48.

[69] 汪琼. "网络教育技术发展趋势及战略规划研究"专题结题报告 [R]. 北京: 北京大学教育学院, 2005.

[70] 梁瑞仪, 李康. 若干学习相关概念的解读与思考 [J]. 中国远程教育, 2009 (1): 31-35.

[71] 潘基鑫, 雷要曾, 程璐璐, 等. 泛在学习理论研究综述 [J]. 远程教育杂志, 2010 (2): 93-98.

[72] Bomsdorf, B. Adaptation of Learning spaces: supporting ubiquitous learning in higher distance education. [EB/OL]. http://www.doc88.com/p-2691687491661.html. 2013-8-11.

[73] 徐方. 新媒体环境下的数字艺术课程发展研究——以上海师范大学数字音频课程教学为例 [J]. 电化教育研究, 2009 (3): 94-97.

[74] 刘富逵, 刘美伶. 关于泛在学习研究的思考 [J]. 软件导刊 (教育技术), 2009 (2): 5-7.

[75] Oliver K, Hannafin M. Developing and refining mental models in open-ended learning environments: a case study [J]. ETR & D, 2001, 49 (4): 5-6.

[76] 黄荣怀, 杨俊锋, 胡永斌. 从数字学习环境到智慧学习环境——学习环境的变革与趋势 [J]. 开放教育研究, 2012 (1): 75-84.

[77] Bomsdorf B. Adaptation of Learning spaces: supporting ubiquitous learning in higher distance education. [EB/OL]. http://www.doc88.com/p-2691687491661.html. 2013-8-11.

[78] Boyinbode O K, Akintola K G. A sensor-based framework for ubiquitous learning in nigeria [J]. International journal of computer science and network security, 2008, 8 (11): 401-405.

[79] 陈凯泉,张凯. 融合学习科学与普适计算:构建大学生泛在学习环境的路径选择[J]. 远程教育杂志,2011(5):50-57.

[80] Kee T P. The one minute lecture[J]. Education in chemistry,1995(32):100-101.

[81] Kee T P. The one minute lecture[J]. Education in chemistry,1995(32):100-101.

[82] 关中客. 微课程[J]. 中国信息技术教育,2011(17):14.

[83] 教育部全国高校教师网络培训中心. 关于举办首届全国高校微课教学比赛的通知. 教培函[2012]7号. 2012-11-20.

[84] 徐福荫. 新技术. 新媒体. 新时代[R]. 2013-08-08.

[85] 黎加厚. 微课的含义与发展[J]. 中小学信息技术教育,2013(4):10-12.

[86] 胡铁生. "微课":区域教育信息资源发展的新趋势[J]. 电化教育研究,2011(10):61-65.

[87] 梁乐明,曹俏俏,张宝辉. 微课程设计模式研究——基于国内外微课程的对比分析[J]. 开放教育研究,2013(2):65-73.

[88] 李玉平. 微课程——走向简单的学习[J]. 中国信息技术教育,2012(11):15-19.

[89] 查有梁. 课堂模式论[M]. 桂林:广西师范大学出版社,2001.

[90] 扈中平,李方,张俊洪. 现代教育学(新编本)[M]. 北京:高等教育出版社,2000.

[91] 何克抗. E-learning的本质——信息技术与学科课程的整合[J]. 电化教育研究,2002(1):3-6.

[92] 钟志贤. 面向知识时代的教学设计框架[D]. 上海:华东师范大学,2004.

[93] 赵建华,李克东. 协作学习及其协作学习模式[J]. 中国电化教育,2000(10):5-6.

[94] 梁瑞仪. 基于问题的学习模式的研究[J]. 中国电化教育,2001(6):15-17.

[95] 徐红彩,冯秀琪. 基于网络的研究性学习模式初探[J]. 中国电化教育,2002(7):30-32.

[96] 李运林,徐福荫. 教学媒体的理论与实践[M]. 北京:北京师范大

学出版社，2003.

[97] [匈]贝拉·巴拉兹. 电影美学［M］. 北京：中国电影出版社，1986：73.

[98] [苏联] B. 日丹. 影片的美学［M］. 北京：中国电影出版社，1992：78.

[99] 张晓峰. 解构电视. 电视传播学新论［M］. 北京：中国广播电视出版社，2006：151.

[100] [法] 马赛尔·马尔丹. 电影语言［M］. 北京：中国电影出版社，1980.

[101] 林崇德. 当代学习心理学丛书［M］. 武汉：湖北教育出版社，1999.

[102] 施良方. 学习论——学习心理学的理论与原理［M］. 北京：人民教育出版社，1994.

[103] 徐晓东. 存在万能的教育技术学基础理论吗？［J］. 电化教育研究，2004（9）：28 - 34.

[104] 莫雷. 教育心理学［M］广州：广东高等教育出版社，2002.

[105] 李克东，赵建华. 混合学习的原理与应用模式［J］. 电化教育研究，2004（7）：1 - 6.

[106] Driscoll M. Blended learning：let's get beyond the hype. Learning and training innovations［Z］. （2002）.

[107] Brown J S, Collins A, and Duguid P. Situated cognition and the cul-ture of learning［J］. Educational researcher, 1989, 18（Jan-Feb）：32 - 42.

[108] 姚梅林. 从认知到情境：学习范式的变革［J］. 教育研究，2003（2）：60 - 64.

[109] Gattiker U E, Perlusz S, Bohmann, Srensen C M（2000）. The virtual community：Building on social structure, relations and trust to achieve value［EB/OL］.［2009 - 09 - 02］. http://papers.weburb.dk/archive/00000006/01/The_Virtual_Community.PDF

[110] 黄娟，徐晓东. 校际主题综合学习共同体的构建与实践研究［J］. 中国电化教育，2003（10）.

[111] 南国农. 信息化教育概论［M］. 北京：高等教育出版社，2004.

[112] 何克抗，等. 教育技术学［M］，北京：北京师范大学出版社，2002.

[113] 约翰·D. 布兰斯福特，等. 人是如何学习的——大脑、心理、经验

及学校［M］. 程可拉, 等, 译. 上海: 华东师范大学出版社, 2002: 147.

［114］戴维·H. 乔纳森. 学习环境的理论基础［M］. 郑太年, 任友群, 译. 上海: 华东师范大学出版社, 2002: 85 – 91.

［115］IMS Global Learning Consortium. IMS Learning Design Best Practice and Implementation Guide.［OL］. http://www.imsglobal.org/learningdesign/ldv1p0/imsld_bestv1p0.html. 2013 – 11 – 2.

［116］李卢一, 郑燕林. 泛在学习环境的概念模型［J］. 中国电化教育, 2006 (12): 9 – 12.

［117］吴金红. 基于普适计算的高校泛在学习环境研究［J］. 武汉纺织大学学报, 2011 (2): 48 – 51.

［118］余胜泉. 从知识传递到认知建构、再到情境认知——三代移动学习的发展与展望［J］. 中国电化教育, 2007 (6): 7 – 18.

［119］隋清江, 张艳萍, 张进宝. 移动教育: 国内外实践研究综述［J］. 教育探索, 2004 (8): 66 – 67.

［120］Laura Naismith, Peter Lonsdale, Giasemi Vavoula, MikeSharples. Mobile Technologies and Learning_review［DB/OL］. http://www.futurelab.org.uk/research. 2013 – 08 – 18.

［121］Information Society Technologies (IST). MOBILearn Project Final Report［DB/OL］, http://www.mobilearn.org/results/results.htm. 2013 – 08 – 18.

［122］张渝江. 美国教育培训中应用 Podcasting 的启示［DB/OL］. http://www.jukui.com/cnews/Article/ArticleShow.asp?ArticleID = 289.

［123］黄荣怀. 移动学习——理论·现状·趋势［M］. 北京: 科学出版社, 2008.

［124］Masanori Sugimoto, Pamela Ravasio, Hitoshi Enjoji. SketchMap: a system for supporting outdoor Collaborative learning by Enhancing and Sharing learner's Experiences［C］. Proceedings of The International Workshop on Mobile and Ubiquitous Learning Environments (MULE) in conjunction with ICCE2006, 2006: 9 – 16.

［125］叶成林, 徐福荫. 移动学习及其理论基础［J］. 开放教育研究, 2004 (3): 23 – 26.

［126］Oliver K M, Hannafin. Developing and Refining Mental Models in Open-

Ended Learning Environments: A Case Study [J]. ETR & D, 2001, 49 (4): 5-6.

[127] Khan B H. Web-based Instruction (WBI): What is it and why is it? [A]. In Khan B H (Ed.). Web-based Instruction [C]. Englewood Cliffs, New Jersey: Educational Technology publications, 1997: 5-18.

[128] Khan B H. A Framework for E-learning [DB/OL]. E-learning Magazine, http://lomo. kyberia. net/diplomovka/webdownload/partial/elearningmag. com/E-learning%20-%20A%20Framework%20for%20E-learning. pdf,2013-08-18.

[129] Khan B H. Discussion of E-learning Dimensions [J]. Education Technology, 2002 (1): 59-60.

[130] 张伟远. 网上学习环境评价模型、指标体系及测评量表的设计与开发 [J]. 中国电化教育, 2004 (7): 29-33.

[131] Vicki Jones, Jun H. Jo. Ubiquitous learning environment: An adaptive teaching system using ubiquitous technology, http://www. ascilite. org. au/conferences/perth04/procs/pdf/jones. pdf, 2013-08-18

[132] 亢春艳. 终身学习理念下的 U-learning 环境设计 [J]. 现代教育技术, 2011 (10): 83-86.

[133] Li L Y, Zheng Y L, Ogata H, Yano Y. Ubiquitous Computing in Learning: Toward a Conceptual Framework of Ubiquitous Learning Environment [J]. Journal of Pervasive Computing and Communications, 2005 (3): 207-215.

[134] 张洁. 基于境脉感知的泛在学习环境模型构建 [J]. 中国电化教育, 2010 (2): 16-22.

[135] 刘树娜. 浅议泛在学习的支持环境 [J]. 中国教育技术装备, 2012 (18): 36-37.

[136] [美] 罗伯特·D. 坦尼森, [美] 罗伯特·L. 埃尔莫尔. 教学设计的学习理论基础, 载 [美] 罗伯特·D. 坦尼森, [德] 弗兰兹·肖特, [德] 诺伯特·M. 西尔, [荷] 山尼·戴克斯特拉主编, 任友群, 裴新宁主译, 教学设计的国际观(第一册) 理论·研究·模型 [M]. 北京: 教育科学出版社, 2005: 80.

[137] Duffy T, Jonassen D H (Eds.). Constructivism and the technology of

instruction：conversation. Hillsdale, NJ：Lawrence Erlbaum Associates. 1992：12.

[138] ［荷］戴克斯特拉，［德］西尔，［德］肖特，［美］坦尼森. 教学设计的国际观（第2册）解决教学设计问题［M］. 任友群，等译. 北京：教育科学出版社，2007：278

[139] Wenger E. Communities of Practice：Learning, meaning, and identity ［M］. Cambrigde university Press. 1998：9.

[140] 约翰·D. 布兰斯福特. 人是如何学习的——大脑、心理、经验及学校［M］. 程可拉，孙亚玲，王旭卿，译. 上海：华东师范大学出版社，2002：272

[141] 肖安庆. 关于微课教学的几点思考［J］. 青年教师，2013（2）：44-46.

[142] Theo Hug. Micro learning and narration［R］. Fourth media in transition conference：the work of stories, 2005. 5.

[143] Hug T. Microlearning：a new pedagogical challenge—proceedings of microlearing 2005 learning & working in new media［M］. Austria：Innsbruck University Press, 2005.

[144] Martin Lindner, Peter A, Bruck. Macromedia and corporate learning. proceedings of the 3rd international microlearing 2007 conference［M］. Innsbruck：Innsbruck University Press, 2007.

[145] Mosel S. Self-directed learning with Personal publishing and micro content—proceedings of microlearning 2005 learning & working in new media［M］. Austria：Innsbruck University Press, 2005.

[146] David Weinberger. Small pieces loosely joined［M］. New York：PerusersBooks Group, 2002.

[147] 顾小清. 终身学习视野下的微型移动学习资源建设［M］. 上海：华东师范大学出版社，2011.

[148] 何克抗，郑永柏，谢幼如. 教学系统设计［M］. 北京：北京师范大学出版社，2002.

[149] 顾小清. 终身学习视野下的微型移动学习资源建设［M］. 上海：华东师范大学出版社，2011.

[150] 程达. 教学目标论［M］. 长沙：湖南教育出版社，2000.

[151] 胡小勇，郑朴芳，陈学宏. 浅议经济发达地区基础教育信息资源建设——以广东省深圳市龙岗区为例［J］. 中小学信息技术教育，2009（1）：89-90.

[152] Wenger E. Communities of Practice: Learning, meaning, and identity［M］. Cambrigde University Press. 1998：9.

[153] IMS Global Learning Consortium. IMS Learning Design Best Practice and Implementation Guide. ［OL］. http://www.imsglobal.org/learningdesign/ldv1p0/imsld_bestv1p0.html. 2013-11-2

[154] 束定芳. 外语教学改革：问题与对策［M］. 上海：上海外语教育出版社，2004.

[155] 董卫，付黎旭. 对建构主义指导下大学英语多媒体网络课堂的调查［J］. 外语界，2004（2）.

[156] 张学波，林秀瑜. 信息化环境中的教育传播实践应用模式研究［J］. 电化教育研究，2011（9）：37-40.

[157] 黄荣怀. 关于协作学习的结构化模型研究［D］. 北京：北京师范大学，2000.

[158] Yuh-Shyan Chen, Tai-Chien Kao, Gwo-Jong Yu. A MobileButterfly-Watching Learning System for SupportingIndependent Learning［A］. Proceedings of the 2nd IEEEInternational Workshop on Wireless and MobileTechnologies in Education（WMTE2004）［C］. Los Angeles：IEEE Computer Society Press, 2004：11-18.

[159] Chengjiu Yin, Hiroaki Ogata, YoneoYano. Ubiquitou S-Learning System for the Japanese polite Expressions［A］. Proceedings of the 3rd IEEE international workshop on wireless and mobile technologies in education（WMTE 2005）［C］. Los Angeles：IEEE ComputerSociety Press, 2005：269-273.

[160] 莫雷. 教育心理学［M］. 广州：广东教育出版社，2002.

[161] 刘电芝. 小学儿童数学学习策略的发展与加工机制研究［D］. 重庆：西南师范大学，2003.

[162] Weinstein C E, Schulte A C, Palmer D R（1987）. Learning and study strategies inventory（LASSI）［M］. Clearwater, FL：H & H Publishing.

[163] Weinstein C E (1987). LASSI user's manual [M]. Clearwater, FL: H & H Publishing.

[164] H & H Publishing Co. (1994). 1189 institutions have used the LASSI or E-lASSI as of June 1, 1994. Clearwater, FL: Author.

[165] 陈义勤. 人大网院完全基于 Internet 的研究性学习效果分析与评价 [DB/OL]. http://www.cmr.com.cn/websitedm/elearning/guest/magazine/index.asp.

附　　录

附录1　首届全国高校微课教学比赛评审规则

一级指标	二级指标	指标说明	评分
作品规范（10分）	材料完整（5分）	包含微课视频，以及在微课录制过程中使用到的全部辅助扩展资料：教学方案设计、课件、习题、总结等	
	技术规范（5分）	1. 微课视频：时长10～20分钟；视频图像清晰稳定、构图合理、声音清楚，主要教学环节有字幕提示等；视频片头应显示标题、作者、单位。 2. 多媒体教学课件：配合视频讲授使用的主要教学课件限定为PPT格式，需单独文件提交；其他拓展资料符合网站上传要求。 3. 教学方案设计表内应注明讲课内容所属学科、专业、课程及适用对象等信息	
教学安排（35分）	选题价值（5分）	选取教学环节中某一知识点、专题、实验活动作为选题，针对教学中的常见、典型、有代表性的问题或内容进行设计，类型包括但不限于教授类、解题类、答疑类、实验类、活动类。选题尽量"小而精"，具备独立性、完整性、示范性、代表性，能够有效解决教与学过程中的重点、难点问题	
	教学设计与组织（15分）	1. 教学方案：围绕选题设计，突出重点，注重实效；教学目的明确，教学思路清晰，注重学生全面发展。 2. 教学内容：严谨充实，无科学性、政策性错误，能理论联系实际，反映社会和学科发展。 3. 教学组织与编排：要符合学生的认知规律；教学过程主线清晰、重点突出，逻辑性强，明了易懂；注重突出学生的主体性以及教与学活动的有机结合	

续上表

一级指标	二级指标	指标说明	评分
教学安排（35分）	教学方法与手段（15分）	教学策略选择正确，注重调动学生的学习积极性和创造性思维能力；能根据教学需求选用灵活适当的教学方法；信息技术手段运用合理，正确选择使用各种教学媒体，教学辅助效果好	
教学效果（35分）	目标达成（10分）	实现设定的教学目标，有效解决实际教学问题，能促进学生思维能力的提高	
	教学特色（15分）	教学形式新颖，教学过程深入浅出，形象生动，趣味性和启发性强，教学氛围的营造有利于提升学生学习的积极主动性	
	教师风采（10分）	教师教学语言规范、清晰，富有感染力；教师仪表得当，严守职业规范，能展现良好的教学风貌和个人魅力	
网络评价（20分）		依据参赛微课作品发布后受欢迎程度、点击率、投票率、用户评价、作者与用户互动情况、收藏次数、分享次数、讨论热度等综合评价	

附录2　第二届全国高校（高职高专）微课教学比赛评审规则

一级指标	二级指标	指标说明	评分
作品规范（10分）	材料完整（5分）	包含微课视频，以及在微课录制过程中使用到的全部辅助扩展资料：教学方案设计、课件、习题、动画、视频、图片、答案、总结等。辅助扩展资料以单个文件夹形式上传提供	

续上表

一级指标	二级指标	指标说明	评分
作品规范 （10分）	技术规范 （5分）	1. 微课视频：时长5～15分钟；视频图像清晰稳定、构图合理、声音清楚，主要教学环节有字幕提示等；视频片头应显示微课标题、作者、单位。 2. 演示文稿：配合视频讲授使用的主要教学课件限定为PPT格式，需单独文件提交；其他拓展资料符合网站上传要求。 3. 教学方案设计表内应注明讲课内容所属大类专业（2位代码）、专业（4位代码）、课程名称、知识点（技能点）名称及适用对象等信息	
教学安排 （40分）	选题价值 （10分）	选取教学环节中某一知识点、技能点、专题、实训活动作为选题，针对教学中的常见、典型、有代表性的问题或内容进行设计，类型包括但不限于教授类、解题类、答疑类、实训实验类、活动类。选题尽量"小而精"，具备独立性、完整性、示范性、代表性，能够有效解决教与学过程中的重点、难点问题。鼓励深入浅出、通俗易懂、短小精悍的作品	
	教学设计与组织 （15分）	1. 教学方案：围绕选题设计，突出重点，注重实效；教学目的明确，教学思路清晰，注重学生全面发展。 2. 教学内容：严谨充实，无科学性、政策性错误，能理论联系实际，反映社会和学科发展。 3. 教学组织与编排：要符合高职高专学生的认知规律；教学过程主线清晰、重点突出，逻辑性强，明了易懂；注重突出以学生为主体的教学理念以及教与学活动有机的结合	
教学安排 （40分）	教学方法与手段 （15分）	1. 教学策略选择正确，注重调动学生的学习积极性和创造性思维能力；能根据教学需求选用灵活适当的教学方法；信息技术手段运用合理，正确选择使用各种教学媒体，教学辅助效果好。 2. 鼓励参赛教师采用多元设计理念、方法、手段设计微课，教师在授课过程中，可使用但不限于把图片、动画、视频、HTML网页等多种媒体技术，恰到好处地运用在教学过程中，以实现较好的教学效果	

续上表

一级指标	二级指标	指标说明	评分
教学效果（40分）	目标达成（15分）	实现设定的教学目标，有效解决实际教学问题，能促进学生知识运用及专业能力的提高	
	教学特色（15分）	教学形式新颖，教学过程深入浅出，形象生动，趣味性和启发性强，教学氛围的营造有利于提升学生学习的积极主动性	
	教学规范（10分）	1. 教师出镜类微课作品：教师教学语言规范、清晰，富有感染力；教学逻辑严谨，教师仪表得当，教态自然，严守职业规范，能展现良好的教学风貌和个人魅力。此类作品本项分值10分在评审时单独计算使用。 2. 教师不出镜类微课作品：教学表述规范、清晰，教学逻辑严谨，严守职业规范，能够较好地运用各种现代教育技术手段把相关教学内容、教学环节、知识点等讲解清楚。此类作品本项分值10分结合评审规则中教学安排部分合并评审使用	
网络评价（10分）		依据参赛微课作品发布后受欢迎程度、点击率、投票率、用户评价、作者与用户互动情况、收藏次数、分享次数、讨论热度等综合评价	

附录3 "中国微课大赛"评审标准

一级指标	二级指标	指标说明	评分
选题设计（10分）	选题简明（5分）	主要针对知识点、例题/习题、实验活动等环节进行讲授、演算、分析、推理、答疑等教学选题。尽量"小（微）而精"，建议围绕某个具体的点，而不是抽象、宽泛的面	
	设计合理（5分）	应围绕教学或学习中的常见、典型、有代表的问题或内容进行针对性设计，要能够有效解决教与学过程中的重点、难点、疑点、考点等问题	

续上表

一级指标	二级指标	指标说明	评分
教学内容 （20分）	科学正确 （10分）	教学内容严谨，不出现任何科学性错误	
	逻辑清晰 （10分）	教学内容的组织与编排，要符合学生的认知逻辑规律，过程主线清晰、重点突出，逻辑性强，明了易懂	
作品规范 （15分）	结构完整 （5分）	具有一定的独立性和完整性，作品必须包含微课视频，还应该包括在微课录制过程中使用到的辅助扩展资料（可选）：微教案、微习题、微课件、微反思等，以便于其他用户借鉴与使用	
	技术规范 （5分）	微课视频时长一般不超过10分钟，视频画质清晰、图像稳定、声音清楚（无杂音）、声音与画面同步； 微教案要围绕所选主题进行设计，要突出重点，注重实效； 微习题设计要有针对性与层次性，设计合理难度等级的主观、客观习题； 微课件设计要形象直观、层次分明、简单明了，教学辅助效果好； 微反思应在微课拍摄制作完毕后进行观摩和分析，力求客观真实、有理有据、富有启发性	
	语言规范 （5分）	语言标注，声音洪亮、有节奏感，语言富有感染力	
教学效果 （40分）	形式新颖 （10分）	构思新颖，教学方法富有创意，不拘泥于传统的课堂教学模式，类型包括但不限于教授类、解题类、答疑类、实验类、活动类、其他类；录制方法与工具可以自由组合，如用手写板、电子白板、黑板、白纸、PPT、iPad、录屏软件、手机、DV摄像机、数码相机等制作	
	趣味性强 （10分）	教学过程深入浅出，形象生动，精彩有趣，启发引导性强，有利于提升学生学习积极主动性	
	目标达成 （20分）	实现设定的教学目标，有效解决实际教学问题，促进学生思维的提升、能力的提高	
网络评价 （15分）	网上评审 （15分）	参赛作品发布后受到欢迎，点击率高、人气旺，用户评价好，作者能积极与用户互动。根据线上的点击量、投票数量、收藏数量、分享数量、讨论热度等综合评价	
总计			

附录4 泛在学习环境下微课的评价指标体系各因素加权意见调查问卷

尊敬的专家和老师：

　　本问卷旨在了解您对泛在学习环境下微课的评价指标体系各因素加权的意见和看法，以下是泛在学习环境下微课的评价具体指标项目，请您根据重要程度对它们进行排序，在相应重要性程度的序号上打"√"。谢谢您的支持与合作！

表一：主因素加权意见征询表

主因素 \ 重要程度	第一位	第二位	第三位	第四位	第五位
（1）教学内容					
（2）教学活动					
（3）教学效果					
（4）作品规范					
（5）泛在学习体验					

表二：子因素加权意见征询表

1. 教学内容

主因素	子因素及描述 \ 重要性	第一位	第二位	第三位
教学内容	选题价值：选取教学环节中某一知识点、技能点、专题、实训活动作为选题，针对教学中的常见、典型、有代表性的问题或内容进行设计。选题"小而精"，具备独立性、完整性、示范性、代表性，能够有效解决教与学过程中的重点、难点问题			
	科学正确：教学内容严谨充实，无科学性、政策性错误，能理论联系实际，反映社会和学科发展			
	逻辑清晰：教学内容的组织与编排，要符合学生的认知逻辑规律，过程主线清晰、重点突出，逻辑性强，明了易懂			

2. 教学活动

主因素	子因素及描述 / 重要性	第一位	第二位	第三位	第四位
教学活动	教学设计：围绕选题设计，突出重点，注重实效；教学目的明确，教学思路清晰，注重学生全面发展				
	教学组织：要符合学生的认知规律；教学过程主线清晰、重点突出，逻辑性强，明了易懂；注重突出以学生为主体的教学理念以及教与学活动有机的结合				
	教学策略：教学策略选择正确，注重调动学生的学习积极性和创造性思维能力；能根据教学需求选用灵活适当的教学方法；信息技术手段运用合理，正确选择使用各种教学媒体，教学辅助效果好				
	教学手段：采用多元设计理念、方法、手段设计微课，教师在授课过程中，将多种媒体技术恰到好处地运用在教学过程中，以实现较好的教学效果				

3. 教学效果

主因素	子因素及描述 / 重要性	第一位	第二位	第三位
教学效果	目标达成：实现设定的教学目标，有效解决实际教学问题，能促进学生知识的运用及专业能力的提高			
	教学特色：教学形式新颖，教学过程深入浅出、形象生动			
	教学启发：趣味性和启发性强，教学氛围的营造有利于提升学生学习的积极主动性			

4. 作品规范

主因素	子因素及描述 / 重要性	第一位	第二位	第三位
作品规范	材料完整：包含微课视频，以及在微课录制过程中使用到的全部辅助扩展资料，如教学方案设计、课件、习题、动画、视频、图片、答案、总结等。辅助扩展资料以单个文件夹形式上传提供			
	技术规范：微课视频图像清晰稳定、构图合理、声音清楚，主要教学环节有字幕提示等			

续上表

主因素	子因素及描述 / 重要性	第一位	第二位	第三位
作品规范	教学规范：教师教学语言规范、清晰，富有感染力；教学逻辑严谨，教师仪表得当，教态自然，严守职业规范，能展现良好的教学风貌和个人魅力			

5. 泛在学习体验

主因素	子因素及描述 / 重要性	第一位	第二位	第三位
泛在学习体验	网络适用：适用于泛在学习环境下的学习，能支持课前、课中和课后的学习			
	用户评价：用户对利用微课的学习评价好			
	用户互动：点击率高、收藏数量多、分享数量多、讨论热度高，能积极与用户互动			

附录5　泛在学习环境下微课的评价指标体系

一级指标及权重	二级指标及权重	评价标准	评价等级			
			优	良	中	差
教学内容（20分）	选题价值（9分）	选取教学环节中某一知识点、技能点、专题、实训活动作为选题，针对教学中的常见、典型、有代表性的问题或内容进行设计。选题"小而精"，具备独立性、完整性、示范性、代表性，能够有效解决教与学过程中的重点、难点问题				
	科学正确（7分）	教学内容严谨充实，无科学性、政策性错误，能理论联系实际，反映社会和学科发展				
	逻辑清晰（4分）	教学内容的组织与编排要符合学生的认知逻辑规律，过程主线清晰、重点突出，逻辑性强，明了易懂				

续上表

一级指标及权重	二级指标及权重	评价标准	评价等级			
			优	良	中	差
教学活动（31分）	教学设计（12分）	围绕选题设计，突出重点，注重实效；教学目的明确，教学思路清晰，注重学生的全面发展				
	教学组织（6分）	要符合学生的认知规律；教学过程主线清晰、重点突出，逻辑性强，明了易懂；注重突出以学生为主体的教学理念以及教与学活动有机的结合				
	教学策略（9分）	教学策略选择正确，注重调动学生的学习积极性和创造性思维能力；能根据教学需求选用灵活适当的教学方法；信息技术手段运用合理，正确选择使用各种教学媒体，教学辅助效果好				
	教学手段（4分）	采用多元设计理念、方法、手段设计微课，教师在授课过程中，将多种媒体技术恰到好处地运用在教学过程中，以实现较好的教学效果				
教学效果（27分）	目标达成（12分）	实现设定的教学目标，有效解决实际教学问题，能促进学生知识的运用及专业能力的提高				
	教学特色（9分）	教学形式新颖，教学过程深入浅出、形象生动				
	教学启发（6分）	趣味性和启发性强，教学氛围的营造有利于提升学生学习的积极主动性				
作品规范（9分）	材料完整（2分）	包含微课视频，以及在微课录制过程中使用到的全部辅助扩展资料：教学方案设计、课件、习题、动画、视频、图片、答案、总结等。辅助扩展资料以单个文件夹形式上传提供				
	技术规范（3分）	微课视频图像清晰稳定、构图合理、声音清楚，主要教学环节有字幕提示等				
	教学规范（4分）	教师教学语言规范、清晰，富有感染力；教学逻辑严谨，教师仪表得当，教态自然，严守职业规范，能展现良好的教学风貌和个人魅力				

续上表

一级指标及权重	二级指标及权重	评价标准	评价等级			
			优	良	中	差
泛在学习体验（13分）	网络适用（4分）	适用于泛在学习环境下的学习，能支持课前、课中和课后的学习				
	用户评价（3分）	用户对利用微课的学习评价好				
	用户互动（6分）	点击率高、收藏数量多、分享数量多、讨论热度高，能积极与用户互动				

附录6 "电视教材编导与制作"静态构图测试题

专业_____ 年级_____ 班级_____ 姓名_____ 学号_____

题号	一	二	三	四	五	总分
得分						

一、填空题（每空1分，共10分）

1. 静态构图常见的形式有_____、_____、_____、_____等。

2. 为了吸引观众的注意力，画面的构图中心必须是观众的_____中心和_____中心。

3. 黄金分割构图是按美学原则，把一段直线分成大小两段，使小段与大段的比等于大段与全段的比，比值为_____。

4. 色块对比构图是按照心理学原则，将暗调中的_____，亮调中的_____，色块对比强烈的色块等作为画面的_____，以引起观众的无意注意。

二、选择题（每小题2分，共10分）

1. 将构图中心安排在画面横竖三分线的四个交叉点上（人们所说的"九宫格"各交点），即视觉中心位置上，符合_____构图法则。
   A. 黄金分割构图　　　　　B. 中心构图
   C. 线条会聚构图　　　　　D. 色块对比构图
2. 利用纪念碑在水面倒影的十字构图，属于_____构图法则。
   A. 黄金分割构图　　　　　B. 中心构图
   C. 线条会聚构图　　　　　D. 色块对比构图
3. 以实物、图表、实验为主的图解型电视教材，把主体安排在画面中心的最近处，且占画面较大面积，属于_____构图法则。
   A. 黄金分割构图　　　　　B. 中心构图
   C. 线条会聚构图　　　　　D. 色块对比构图
4. 高山的斜坡与斜向的山间林荫小道在远处，有一古代寺庙隐藏在绿林深处，为吸引观众的视线自然地注视到寺庙上，可使用_____构图法则。
   A. 黄金分割构图　　　　　B. 中心构图
   C. 线条会聚构图　　　　　D. 色块对比构图
5. 表现高山逆光下的黑色松树的剪影成了画面骨架的空镜头，寓意松树的坚强风格，可使用_____构图法则。
   A. 黄金分割构图　　　　　B. 中心构图
   C. 线条会聚构图　　　　　D. 色块对比构图

三、简答题（每小题10分，共30分）

1. 简述黄金分割构图。
2. 简述中间位置构图。
3. 简述线条会聚构图。

四、论述题（每小题15分，共30分）

1. 论述静态构图在电视教材拍摄中的应用原则。
2. 论述黄金分割构图实用于哪些画面的构图。

五、设计题（20分）

以学生社团开放日为主题，以静态构图的形式设计画面，拟定一段30秒以内的电视短片分镜头脚本，要求以画面和声音准确描述现场。

附录7 "电视教材编导与制作"动态构图测试题

专业_____ 年级_____ 班级_____ 姓名_____ 学号_____

题号	一	二	三	四	五	总分
得分						

一、填空题（每空1分，共10分）

1. 摄像动态构图通常受到_____和_____两种因素影响。
2. 在同一环境里，人物运动产生空间位置变化，构图要区分出_____和_____，并以_____为依据，选择适当的角度和景别，使各位置有主次、有变化地得到表现。
3. 人物在不同环境的连续运动变化，如教师从学校到学生家里家访，往往用分切镜头表现。开始镜头的构图，以_____为构图依据，确定出画面的方向，给运动留有空间；运动过程的画面，有戏的地方以_____为构图重点，无戏的地方以_____为构图重点。
4. 摄像机运动构图很讲究镜头_____和_____的画面构图。

二、选择题（每小题 2 分，共 10 分）

1. 用_____拍藤黄粉在水中作布朗运动的实验，可以使学生连续地看清楚每个实验环节的全过程。
   A. 拉　　　　B. 移　　　　C. 推　　　　D. 跟

2. 群体运动，常用中景或全景构图，随着内容和场面调度的变化，主次人物关系会发生变化，要以_____为构图依据。
   A. 主要人物运动　　　　B. 人物关系
   C. 场面　　　　　　　　D. 运动方向

3. 关于镜头运动画面构图与拍摄目的论述正确的是_____。
   A. 镜头运动画面构图可以不完整，但要有目的
   B. 镜头运动画面构图必须完整，同时也要有目的
   C. 镜头运动画面构图可以不完整，也可以没有目的
   D. 镜头运动画面构图必须完整，但不一定有目的

4. 在电视教材的结尾，可使用_____拍摄手法，使观众渐渐退出，并留有余韵。
   A. 移镜头　　B. 推镜头　　C. 摇镜头　　D. 拉镜头

5. 用_____拍摄手法将作案现场过渡到作案犯，使画面显得更加紧张。
   A. 移动　　　B. 缓慢变焦　　C. 急推变焦　　D. 拉镜头

三、简答题（每小题 10 分，共 30 分）

1. 简述推镜头的拍摄方法与表意作用。
2. 简述拉镜头的拍摄方法与表意作用。
3. 简述摇镜头的拍摄方法与表意作用。

四、论述题（每小题 15 分，共 30 分）

1. 论述摄像构图与照相构图有何区别。
2. 论述动态构图在电视教材画面表现的优势。

五、设计题（20分）

以学生社团开放日为主题，以动态构图的形式设计画面，拟定一段30秒以内的电视短片分镜头脚本，要求以画面和声音准确描述现场。

附录8　泛在学习环境下微课学习效果调查问卷

亲爱的同学们：

  欢迎您参与本次问卷调查。本次问卷旨在了解您参加"电视教材编导与制作"动态构图微课学习的情况。您的意见对本次调查非常重要，请您如实填写您的看法。请您在相应的答案编号上画上"√"就可以了。承担这次调查任务的单位对您所有的回答均严格保密，请不要有顾虑。谢谢您的合作！

《泛在学习环境下微课的学习模式与策略》课题组

项目	标准描述	完全不同意	基本不同意	一般	基本同意	完全同意
知识	理解了摄像构图与照相构图的区别					
	理解了动态构图与静态构图的区别					
	理解了动态构图在摄像构图中的作用					
	掌握了影响摄像动态构图的因素					
	理解了摄像机运动构图的变化要求					
	掌握了变焦镜头的构图特点与应用					
技能	能根据被摄像体运动变化的特点组织画面构图					
	能根据摄物机运动变化的特点组织画面构图					
	掌握了摄像机运动构图时镜头起幅和落幅的画面构图要点					
	掌握了拍摄运动物体时，镜头运动画面构图要求					
	掌握了变焦镜头的构图的拍摄技能					

续上表

项目	标准描述	完全不同意	基本不同意	一般	基本同意	完全同意
学习过程与方法	能在泛在学习环境下微课系统中开展学习					
	能使用泛在学习环境下微课系统中的拓展资源					
	能使用泛在学习环境下微课系统与他人交流互动					
	能使用泛在学习环境下微课系统进行学习过程记录和学习评价					
情感态度与价值观	激发对动态构图学习的求知欲，形成积极主动学习的态度					
	在动态构图学习活动中逐步学会与他人合作，形成积极的合作学习意识					
	养成对自己学习和生活进行反思的习惯					

附录9 泛在学习环境下微课学习策略调查问卷

亲爱的同学们：

  欢迎您参与本次问卷调查。本次问卷旨在调查泛在学习环境下微课学习策略应用水平。您的意见对本次调查非常重要，请您如实填写您的看法。请您在相应的答案编号上画上"√"的符号。承担这次调查任务的单位对您所有的回答均严格保密，请不要有顾虑。谢谢您的合作！

           《泛在学习环境下微课的学习模式与策略》课题组

项目	标准描述	完全不同意	基本不同意	一般	基本同意	完全同意
学习态度（ATT）	A1 提高了坚持微课学习计划的能力					
	A2 提高了坚持完成学业的态度策略水平					
	A3 提高了微课学习兴趣					
	A4 提高了有效的微课学习能力					
	A5 提高了分析学习目标的能力					
	A6 提高了渴求知识的态度策略水平					
	A7 正确对待微课中教师所教内容的态度					
学习动机（MOT）	B1 提高了自觉完成微课中自学任务的能力					
	B2 提高了专注地完成微课学习任务的能力					
	B3 在学习中设立高标准					
	B4 提高了主动学习微课的能力					
	B5 明确了学习的目的					
时间管理能力（TMT）	C1 提高了按时交作业的时间管理能力					
	C2 提高了按时进行学习的时间管理能力					
	C3 提高了应对考试而安排好学习时间的管理能力					
	C4 提高了及时阅读微课中所分配课程学习材料的时间管理能力					
	C5 提高了学习时间管理能力，以缓解考试压力					
	C6 提高了应对每次考试的记忆分配时间管理能力					
	C7 提高了协作学习中及时完成协作任务、合理安排学习时间的能力					
学习焦虑情绪（ANX）	D1 缓解了担心考试不及格的焦虑					
	D2 缓解了因考试不好而感到泄气的焦虑					
	D3 缓解了在学习课程时的紧张情绪					
	D4 提高了考试前的自信心					
	D5 缓解了因工作与学习之间的冲突造成的情绪上的烦躁不安					

续上表

项目	标准描述	完全不同意	基本不同意	一般	基本同意	完全同意
学习专心程度（CON）	E1 避免了在微课学习时开小差					
	E2 提高了专注于微课课程内容的学习能力					
	E3 避免了由于注意力不集中造成的对一些知识不理解					
	E4 避免了因家庭、经济、社会关系等问题影响学习					
	E5 避免了因心情不好而无法集中注意力					
	E6 避免了因抵制不了娱乐或休闲性网页的诱惑而分散注意力					
信息加工能力（INP）	F1 提高了将不同观点和主题联系在一起的信息加工能力					
	F2 提高了将微课学习中学到的知识运用到日常生活中的能力					
	F3 提高了微课学习中对信息进行加工使其符合逻辑的能力					
	F4 提高了在微课的问题讨论时，对重要信息的分析能力					
	F5 提高了将所学知识转换为自己语言的能力					
	F6 提高了将所学到的知识应用到生活实践的能力					
	F7 提高了将学到的新法则运用到实践中的能力					
	F8 提高了使用搜索引擎检索资料，并对信息进行分析和鉴别，用自己的语言进行归纳的能力					
选择要点能力（SMI）	G1 提高了微课学习时区分信息的重要性的能力					
	G2 提高了听讲时找出重点的能力					
	G3 提高了在微课学习中找到需要的信息的能力					
	G4 避免了在微课学习时漏掉重要信息					
	G5 避免了在与同学讨论时因把握不住重点而偏离主题和方向					
辅助学习能力（STA）	H1 提高了在微课学习中找到学习伙伴和学习小组的能力					
	H2 提高了使用标题作为微课学习材料指南的能力					
	H3 提高了根据特殊符号如粗体、斜体、字号或颜色来辅助学习的能力					
	H4 提高了通过画图或表格来帮助理解的能力					

续上表

项目	标准描述	完全不同意	基本不同意	一般	基本同意	完全同意
自我测试能力（SFT）	I1 形成了阶段性复习的习惯					
	I2 形成了复习时在有可能考到的知识点上做记号的习惯					
	I3 形成了在一有空时就参加复习的习惯					
	I4 形成了经常性自我测试以检验对所学知识的理解的习惯					
	I5 提高了选择合适的学习材料的能力					
	I6 形成了每次学习前总是先对上次的内容进行复习的习惯					
	I7 形成了阅读中时不时地在脑海中回顾阅读过的内容的习惯					
合作交流能力（ANX）	J1 提高了使用电子邮件进行交流的能力					
	J2 提高了面对面交流的能力					
	J3 提高了使用聊天室与老师和同学交流的能力					
	J4 提高了参加小组协作交流的能力					
	J5 提高了通过移动通信工具与同学交流的能力					
	J6 形成了在学习中遇到困难时经常向辅导教师和同学寻求帮助的习惯					

附录10 "镜头组接"交互式微课学习效果调查问卷

亲爱的同学们：

　　欢迎您参与本次问卷调查。本次问卷旨在了解您参加"镜头组接"微课学习的情况。您的意见对本次调查非常重要，请您如实填写您的看法。请您在相应的答案编号上画上"√"就可以了。承担这次调查任务的单位对您所有的回答均严格保密，请不要有顾虑。谢谢您的合作！

《泛在学习环境下微课的学习模式与策略》课题组

问题 \ 评价等级	完全不同意	基本不同意	一般	基本同意	完全同意
知识理解 我理解了镜头组接要符合逻辑，合乎事物发展规律，合乎生活习惯					
我知道拍摄时要遵循轴线规律					
我知道在一组叙事镜头中，景别的过渡要自然合理					
我知道在拍摄运动镜头时，必须有足够的起幅、落幅的时间					
我能够认识并区分X淡变、U淡变、V淡变					
我能够认识并区分圈入圈出与划入划出					
我知道常用的几种转场方式有利用动作、利用出入画面、利用物体、利用因果关系、利用声音、利用空镜头					
技能习得 我会运用淡变作为两个镜头之间的有技巧组接					
我会运用划变作为两个镜头之间的有技巧组接					
我能够合理地运用有技巧组接和无技巧组接编辑出流畅的视频					
我能够运用几种常用的转场方式中的一种或几种进行镜头组接转场					
兴趣与鉴赏能力 我对于如何让镜头组接得更流畅很感兴趣					
镜头组接的知识对于我进行电视节目编制实践有启发作用					
我有兴趣对镜头组接的各种技巧进行操作尝试					
我在看其他影视节目时能够关注所用的转场方式					
我能够识别影视节目中的错误组接方式					
我有兴趣尝试更多新颖有创意的转场方式					

附件11 "视觉暂留与动画"交互式微课学习效果调查问卷

亲爱的同学们：

　　欢迎您参与本次问卷调查。本次问卷旨在了解您参加"视觉暂留与动画"微课学习的情况。您的意见对本次调查非常重要，请您如实填写您的看法。请您在相应的答案编号上画上"√"就可以了。承担这次调查任务的单位对您所有的回答均严格保密，请不要有顾虑。谢谢您的合作！

《泛在学习环境下微课的学习模式与策略》课题组

项目	标准描述	完全不同意	基本不同意	一般	基本同意	完全同意
知识	理解了小鸟入笼实验的原理					
	理解了书页中画的花开原理					
	掌握了二维动画制作的原理					
	掌握了三维动画制作的原理					
	掌握了动画片制作的原理					
	理解了视觉暂留现象的原理					
技能	能根据视觉暂留现象画出两个连续的动画画面					
	能根据影片中小台灯动画制作方法，制作逐格动画					
	掌握了制作二维动画时分层处理动作部分的方法					
	掌握了二维动画制作的步骤流程					
	掌握了三维动画制作的步骤流程					
学习过程与方法	能在"视觉暂留与动画"交互式微课学习平台中开展学习					
	能使用"视觉暂留与动画"交互式微课学习平台中的拓展资源					

续上表

项目	标准描述	完全不同意	基本不同意	一般	基本同意	完全同意
学习过程与方法	能使用"视觉暂留与动画"交互式微课学习平台与他人交流互动					
	能使用"视觉暂留与动画"交互式微课学习平台进行学习过程记录和学习评价					
情感态度与价值观	激发对科学原理学习的求知欲,形成积极主动学习的态度					
	在学习活动中逐步学会与他人合作,形成积极的合作学习意识					
	养成对自己学习和生活现象进行思考的习惯					

后 记

本研究历经 5 年有余,从我攻读博士研究生期间开始,到完成博士学位论文,直至完成主持的全国教育科学"十二五"规划 2013 年度教育部青年课题"泛在学习环境下微课的学习模式与策略研究"(编号:ECA130372),本书是对这一课题阶段性总结。

本书得以完稿,要感谢我的导师徐福荫教授。多年以来,徐老师一直是我的引路人,谆谆教诲如春风,似瑞雨,永铭我心!与徐老师每次的接触都让我受益匪浅,也让我愈发尊敬和佩服。徐老师严谨认真的工作态度、勤勉治学的为学之道都将成为我终生的学习榜样。徐老师和师母关心着我每一步的成长,每每念起,感恩不已,同时也总在不断鞭策自己,勿忘了恩师如父!

在求学期间,同时得到了华南师范大学教育信息技术学院各位老师精心的培育。感谢李克东教授、丁新教授、许骏教授、胡钦太教授、黄慕雄教授、张学波教授、吴鹏泽教授、胡小勇教授、徐晓东教授、焦建利教授、赵建华教授、谢幼如教授的悉心教诲!

在开展研究期间,感谢胡钦太教授、黄慕雄教授、吴鹏泽教授和张学波教授对本书所述研究提供切实可行的指导!

感谢家人的支持!

感谢华南师范大学社科处对本著作出版的资助!感谢中山大学出版社金继伟老师的辛勤付出!

林秀瑜
2018 年 10 月